文物对外交流展览

陈　昀　编著

文物出版社

图书在版编目（CIP）数据

文物对外交流展览 / 陈昀编著 . -- 北京 : 文物出
版社，2024.7

ISBN 978-7-5010-8428-9

Ⅰ .①文… Ⅱ .①陈… Ⅲ .①文物工作—中外关系—
文化交流—概况—中国 Ⅳ .① G125

中国国家版本馆 CIP 数据核字（2024）第 091812 号

文物对外交流展览

编　　著：陈　昀

书名题签：苏士澍
责任编辑：贾东营　王　瑶
封面设计：王文娴
责任印制：王　芳

出版发行：文物出版社
社　　址：北京市东城区东直门内北小街 2 号楼
邮政编码：100007
网　　址：http ://www.wenwu.com
经　　销：新华书店
印　　刷：宝蕾元仁浩（天津）印刷有限公司
开　　本：787mm×1092mm　1/16
印　　张：21.5
版　　次：2024 年 7 月第 1 版
印　　次：2024 年 7 月第 1 次印刷
书　　号：ISBN 978-7-5010-8428-9
定　　价：168.00 元

文物对外交流展览

苏士澍题

序言（一）

中国拥有悠久的历史、多元的文化、灿烂的文明，中国无与伦比的文物资源是讲好中国故事、传播好中国声音、阐发中国精神、展现中国风貌的基础资源。

在抗日战争初期的 1935 年 12 月到 1936 年 3 月，以故宫博物院为主的中国有关文博机构的 1022 件精美文物（其中故宫博物院 735 件）赴英国参加"伦敦中国艺术国际展览会"。这是中国文物第一次远渡重洋出国展览。观众达 42 万余人（次）。展览所在地的皇家艺术学院举办了 24 场有关中国艺术的专题讲演，展览会还编印售卖了 108914 册图录，各种刊物登载了以中、英、法、德、日等语言撰写的有关中国艺术的文章 100 多篇。这是一次意义深远的文化交流活动。不仅为英国人民了解中国悠久的历史和璀璨的文明打开了大门，而且在英国甚至欧洲掀起了一股"中国热"。

中华人民共和国成立后，文物外展工作在新的国际环境下逐渐展开。改革开放以来，我国文博部门以更加开阔的视野和更加开放的意识，加强与国际的联系与沟通，对外展览出现了蓬勃发展的新局面，不仅数量大幅增加，展览主题也日益多样。

据不完全统计，截至 2019 年，中华人民共和国举办的文物出国（境）展览共 1000 余项，足迹遍及世界 60 多个国家和地区，境外观众超过 1 亿人（次），这些交流展览是增进民心相通和文化认同的重要手段，在对外交往中具有不可替代的作用。

《文物对外交流展览》一书是总结中华人民共和国成立 70 余年来对外文物交流展览的著作。本书通过对我国对外文物交流展览发展历程的四个时期的综述，提出文物交流与合作也是重要的文物公共外交，是一种面对外国公众，以文化传播为主要方式，加深各国人民的相互了解、互动共融，增强本国文化吸引力和政治影响力的对外交流活动。这无疑是一种深刻的认识。

本书对对外文物交流展览的特点与意义进行了探索，认为文物交流与国家关系同频共振，与国家实力同休戚戚；文物交流展览跨越政治和经济分歧，超越意识形态和社会制度偏见，是最容易被国际接受的文化传递形式；文物交流润物无声，作用巨大持久。作者把对外文物交流展览的作用总结为：促进交流对话，增进民心相通；展示国家形象，提升国家文化软实力；满足人民美好生活需求，增强人民文化福祉。此外，本书还介绍了我国对外文物交流展览法规与制度的建设情况。

文化是潜移默化的，文物是通过实实在在的"物"来说话。对外文物交流展览是通过发掘和利用文物承载的信息和价值，将其加工为对外文化产品，从而服务于对外战略、促进中外民心相通的重要渠道，也是最为有效的中外人文交流方式之一。因此需要我们认真总结经验，不断做好这方面的工作。

本书作者陈昀同志多年来对中国文物对外交流展览进行了较为深入、全面地梳理，总结了其发展历程和意义，并提出了一些具有探索性的观点和建设性的建议，这都是值得重视的，因此我也向广大文博工作者、外事工作者及文物爱好者推荐此书。

原文化部副部长
故宫博物院原院长

序言（二）

文物展览是国家的"金色名片"，是中华文明对外传播的桥梁，也是中外文明交流互鉴的纽带，在多种文明、多元文化的交流碰撞中，彰显着中华优秀传统文化的特有风姿和独特魅力，展现着中国历史底蕴深厚，各民族文化多元一体、多样和谐的文明大国形象，对于服务国家外交大局、提升中华文化国际影响力、促进世界文明交流互鉴具有重要意义。

2021年，中国文物交流中心迎来了成立50周年的特殊年份，陈昀以此为契机，收集整理了中华人民共和国成立以来文物对外交流的相关资料，进行了系统地梳理和研究，写成了这本书。全书回顾了文物对外交流的发展历程，总结了工作成绩，归纳了工作特点，分析了工作规程，提出了工作建议。全书共分为七章，在这些章节中提出了文物公共外交概念以及文物交流在国家间关系的意义；介绍了文物对外交流展览发展历程；阐释了文物对外交流展览的特点与作用；论述了文物对外交流展览法规与审批；分析了中国文物交流中心、故宫博物院和陕西省文物对外交流的发展轨迹和统计特征。

本书第一次提出了"文物公共外交"这个概念，指出"文物交流与合作也是重要的文物公共外交，是一种面对外国公众，以文化传播为主要方式，加深各国人民的相互了解、互动共融，增强本国文化吸引力和政治影响力的对外交流活动"，"开展文物公共外交的目的是展现国家文化吸引力，塑造本国形象，改善外国公众对本国的态度，进而影响外国政府对本国的政策"。书中还指出："文物对外交流展览是通过发掘和利用以文物为承载的信息和价值，将其加工为对外文化产品，从而服务于对外战略、促进中外民心相通的重要渠道。"文物对外交流展览"以物带宣、以史说话"的方式易于被社会大众接受，也易于进入各国主流社会，是最为有效的中外人文交流方式之一。简明扼要地概括了文物对外交流展览的本质和意义。

70年来，中国做过那么多文物出入境展览，但还没有人系统梳理总结，更没有文物对外交流展览系统理论研究书籍的出版，而这本书的出版填补该领域的空白，这是难能可贵的。在世界格局发生深刻变革、国际战略互信和经贸合作不确定性增强的背景下，我们尤其要用好资源打好牌，进一步加强文物对外交流展览工作。陈昀撰写的这本书恰逢其时，总结过去，展望未来，具有思想性、学术性和知识性，建议相关从业者和爱好者好好读读这本书。

中国文物交流中心主任 谭平

目录
CONTENTS

第一章

文物对外交流展览综述

第一节
文物公共外交

（一）文物公共外交主要内涵

中国是拥有"百万年的人类史、一万年的文化史、五千多年的文明史"的文明古国。中华文明是世界上唯一自古延续至今、从未中断的文明。中华大地上蕴藏着数量巨大、类型多样、内涵丰富的文化遗产，其中不可移动文物总数超过76.7万处，国有可移动文物1.08亿件/套。文化遗产展示了中华民族开拓创新、与时俱进、自强不息的进取精神，是蕴涵着丰富知识、智慧、艺术的宝藏，是中华民族和中国人民坚定文化自信的重要源泉。文物是中国在国际舞台上展现国家形象的优势资源，中外文物交流是扩大中华文化国际影响力的高效方式。文物对外交流展览是通过文物传递知识、信息、观念、情感和信仰等的人文社会交往活动，根据文物出入境情况，可分为文物出境展览和文物入境展览。作为传播中华文化的"形象大使"和"金色名片"，文物对外交流展览是最高等级、最深内涵、最具魅力的国际人文交流形式（见图1–1–1）。

图 1-1-1　1973 年 11 月 8 日英国女王伊丽莎白二世参观"中华人民共和国出土文物展览"

文物交流与合作也是重要的文物公共外交，是一种面对外国公众，以文化传播为主要方式，加深各国人民的相互了解、互动共融，增强本国文化吸引力和政治影响力的对外交流活动。文物对外交流展览是重要的文物公共外交形式，此外，还包括联合考古、文化遗产保护修复、世界遗产保护与申报、防止文物非法贩运和人才培养等领域。参与文物公共外交的国家应从各种角度向外国公众展示本国文化国情，说明本国文化特点，解释外国公众对本国的不解之处，同时在对外交流中了解对方的有关观点。文物公共外交是大国政府外交重要组成部分，它对政府的外交工作有相辅相成的支持性意义。开展文物公共外交的目的是展现国家文化吸引力，塑造本国形象，改善外国公众对本国的态度，进而影响外国政府对本国的政策。文物公共外交的任务是服务国家改革发展和对外战略，促进中外民心相通和文明交流互鉴，为国家利益的实现创造良好的外部环境（见图1-1-2）。文物交流展览作为文物交流与合作的一种形式，有助于增进理解，提升本国的存在感与形象，是以他国公众为主要工作对象的文化外交活动。

文物公共外交是一种符合公众取向的双向交流过程，具有对知名度、美誉度和认同度的不同层次追求；是一种针对性极强的外交活动；同时也是一种具有协同性的政治支援手段。它具有以下特征：一是广泛性，文物公共外交面向社会各个阶层，包括官方与民间的各种双、多边对话交流；二是互动性，文物公共外交不是单向灌输，而是通过双向交流达成理解和共识，政府通过文物交流合作对公众民意产生影响，民意也对政府决策产生反作用；三是渐进性，公共外交是一项系统工程，需要循序渐进，持之以恒，细

图1-1-2　1974年观众排队等候参观赴美举办的"中华人民共和国出土文物展览"

水长流，以量变促质变[1]；四是间接性，文物公共外交工作更多的是以文化机构、民间组织、智库、媒体及民众活动为主，间接地代表国家进行的对外交往活动；五是包容性，文物是古代人类文明的见证物，与当今国家间的分歧关联性较弱，因而以文物交流展览为主要途径的文物公共外交容易被不同文化族群和社会组织形态认同和包容，会产生深入人心的感召力和长远的影响力（见图1-1-3、1-1-4）。

中外人文交流是夯实中外关系社会民意基础、提高我国对外开放水平的重要途径[2]。据不完全统计，1949至2019年，中国举办的文物出境展览共有1000余项[3]，足迹遍及世界六大洲60多个国家和地区，境外观众超过1亿人（次），这些交流展览在讲好中国故事、传播好中国声音、阐发中国精神、展现中国风貌方面起到了独特而重要的作用。正如2005年12月中国国家主席胡锦涛与英国女王伊丽莎白二世共同为"盛世华章——故宫博物院藏文物精品展"开幕时，胡锦涛主席所说："一个好的文物外展能够起到外交家无法起到的作用。"

人文交流理念应该贯彻到对外交往的各个领域，坚持走出去和引进来

图 1-1-3　2019 年"大美亚细亚——亚洲文明展"海报

2019年，作为亚洲文明对话大会重要文化活动的"大美亚细亚——亚洲文明展"，由中国文化和旅游部、中国国家文物局主办，中国国家博物馆与中国文物交流中心共同承办。本次展览汇集包括中国在内的亚洲47国及希腊、埃及两个文明古国伙伴，共400余件组文物。这是我国首次举办、亚洲大家庭共同参与、通力合作的、集大成的亚洲文明专题展览，是一次文物的盛会、文化的盛会、文明的盛会，也是一项重要的文物公共外交活动。

1　杨洁篪. 努力开拓中国特色公共外交新局面［J］. 求是，2011（4）：43-46.
2　2017年7月，中央全面深化改革领导小组会议审议通过《关于加强和改进中外人文交流工作的若干意见》。
3　本书展览统计是以展览的开幕之时的年份作为统计标准。

图 1-1-4　唐三彩载丝骆驼

三彩骆驼，长 69.7、宽 28.4、高 81.2 厘米，一级文物，洛阳博物馆藏。唐三彩载丝骆驼呈昂首嘶鸣状，四肢劲健有力，骆驼背垫彩毯，峰驮兽囊，载有丝绸等物，它见证了丝绸之路上中外文化和商贸交流，是盛唐时期亚洲文明交流互鉴成果的缩影，是 2019 年举办的"大美亚细亚——亚洲文明展"上的一件展品。

双向发力，深入推进不同国家、不同地区、不同文明之间的民心相通和文明互鉴。中外文物交流展览有利于促进世界文化多样性的发展和世界文化的繁荣；有利于推动各国经济政治关系的发展；有利于增强我国的文化软实力、国际竞争力和影响力；有利于满足人们的精神文化需求和提高人们的生活质量。

（二）文物交流与国家关系

国家关系一般是指一国与其他国家或国际组织和团体的外交、军事、经济、文化等方面的关系，表现为外交往来、军事交流、经贸合作、文化交流等方面。国家间关系往往因国家利益和国家力量的变化而变化。在一定时期和一定条件下，国家间关系既可能表现为友好的合作与共处，也可能是竞争与冲突，国家间关系的亲疏冷热、起伏波动是很正常的现象。世界上没有永远的朋友，也没有永远的敌人，国家间关系不会一直好下去，也不会永远坏下去，宏观上看起起伏伏、好好坏坏是常态，所以需要正确看待。国家需要做的是，应用综合手段把不利的关系转变成有利的外部环境，把有利的关系发展成为维护国家利益的机遇。

文物对外交流展览远离意识形态分歧和政治经济纠纷，是容易被接受的文化交流形式之一。中国作为一个有着悠久人文历史和灿烂文化的文明大国，拥有独特的资源禀赋。以文物作为外交使者，与国外开展联络，提高国家形象和国际影响力；以文物交流为渠道，对其他国家舆论进行开发，促进国家间信息和观点的流通，这是我们的优势，也是我们需要积极开展的工作。

1. 国家间关系友好的时候，文物对外交流展览的意义

文化影响力是外交目标的重要抓手，在国家间关系友好的情况下，文物交流活动会深化两国人民的友谊、促进相互了解，巩固两国（双边）政治互信，丰富战略对话内涵，为两国合作发展创造良好氛围。

20世纪70年代中国外交领域取得巨大成就，中日两国邦交正常化，中美正式建立外交关系，中国同西欧、南太平洋、东欧及周边一些国家建立或恢复了外交关系。20世纪80年代开始，中国强调外交关系应超越社会制度和意识形态，在和平共处五项原则的基础上，同所有国家发展友好合作关系。20世纪80年代初，中美关系有了新的发展，其标志是中美"八·一七"公报的发表，80年代也是中美关系较好的时期。"伟大的中国青铜器时代展览"自1980年4月至1981年9月在美国的纽约大都会艺术博物馆等5个博物馆展出（见表1-1-1）。展品共105件，集中了我国自夏、商、西周至春秋战国时期一大批珍贵的青铜器，是迄今为止在国外举办的青铜器最为集中的展览。参观观众达130多万人（次）（见图1-1-5）。展览激发了美国民众了解中国的热情，帮助观众通过解读中国古代历史而去理解当时的中国，为中美建交、发展友谊和合作关系增强了民意基础。

▼ 表1-1-1 "伟大的中国青铜器时代展览"美国5个城市展出情况统计表

美国城市	展出博物馆	展览日期	实际开放天数	观众人（次）
纽约	大都会艺术博物馆	1980.04.12–07.09	77 天	330000
芝加哥	自然历史博物馆	1980.08.20–10.29	61 天	258713
沃斯堡	金贝尔艺术博物馆	1980.12.10–1981.02.18	59 天	281282
洛杉矶	县立艺术博物馆	1981.04.01–06.10	63 天	257410
波士顿	波士顿艺术博物馆	1981.07.22–09.27	59 天	192175

图 1-1-5　1980 年赴美国"伟大的中国青铜器时代展览"现场照片

图 1-1-6　战国青铜曾侯乙尊盘

　　1978 年湖北随州曾侯乙墓出土，战国早期，尊通高 30.1 厘米、口径 25 厘米、重 9 公斤；盘通高 23.5 厘米、口径 58 厘米、重 19.2 公斤，一级文物，湖北省博物馆藏。尊盘，由尊与盘两件器物组成。出土时尊置于盘中。尊是盛酒器，盘则一般作水器用，二者合为一器。此器原为曾侯乙的先君曾侯與所用，曾侯乙继而用之，并将盘内的铭文改刻为"曾侯乙作持用终"。春秋战国之交是青铜技术发展的巅峰期，制作复杂、精美的尊盘正是这个时期的典型代表。此尊盘是 1992 年赴日本"曾侯乙墓出土文物特别展览"的一件展品。

　　1992 年 3 月，为庆祝中日邦交正常化 20 周年，我国在日本东京博物馆举行了"曾侯乙墓出土文物特别展览"（见图 1-1-6）。5 月 1 日下午，明仁天皇和皇后在我国驻日大使杨振亚和夫人韩秋等陪同下参观展览并观赏古乐器演奏的编钟音乐。明仁天皇说："在日中邦交正常化 20 周年之际，举办这么好的展览，我深表感谢。"

　　2013 至 2021 年，中俄元首会面超过 20 次，两国高水平政治关系的积极效应不断放大，通过双方合作两国人民文化交流活动日益丰富。2017 年 6 月至 8 月，"帝国夏宫：俄国罗曼诺夫王朝时期彼得大帝夏宫藏品展"在成都博物馆展出，展品是来自俄罗斯彼得霍夫国家博物馆的 243 件珍品，其后又陆续在贵州省博物馆、

河北博物院、中华世纪坛艺术馆、颐和园巡回展出。展览集中体现了 18 至 19 世纪俄罗斯建筑艺术的辉煌成就，为罗曼诺夫王朝时期的俄罗斯做了一个简略的侧写，略述

俄罗斯文化及其崛起之路。展览是为增进中俄文化交流举办的一场文化艺术盛宴，唤起了公众对俄罗斯文化的兴趣，加强了多领域深层次的双边交往和友谊。

为庆祝中法建交 40 周年，从 2003 年 10 月至 2004 年 7 月，国家文物局先后组织了"四川省出土文物展""孔子文化展""康熙时期艺术展"以及"神圣的山峰展"四个文物展览赴法国展出，作为中法文化年的重点活动，这四个展览在中法文化交流史上写下流光溢彩的一章。2004 年 1 月，国家主席胡锦涛访法期间，在法国总统希拉克的陪同下专程参观了在国立吉美亚洲艺术博物馆举办的"孔子文物展"，两位元首兴致勃勃地参观、交流，将原定 40 分钟的参观时间延长到 2 小时，至今仍被传为佳话。正如希拉克总统指出："中国文物展览是对中法两国友谊的重大贡献。"虽然中国文物展览接踵而至，但法国观众似乎永远都不会对此产生审美疲劳，他们甚至多次参观这一个展览。据不完全统计，中国文化年期间文物展览的观众总人数近 80 万人（次），特别是"孔子文化展"还创造了国立吉美亚洲艺术博物馆参观人数的最高纪录。2003 年至 2005 年举办的中法文化年是两国关系史上的里程碑，推动了中法两国文化与文明间的对话、理解和相互尊重，为巩固、发展、充实中法全面战略伙伴关系注入了文化内涵。2014 年 10 月至 2015 年 3 月，由国家文物局与法国文化部主办的"汉风——中国汉代文物展"在法国国立吉美亚洲艺术博物馆举办（见图 1-1-7、图 1-1-8）。展览由国家主席习近平和法国总统奥朗德共同监护并为之作序，被纳入中法两国高级别人文交流机制。展览以中国汉代政治制度、社会生活、文化发展与对外交流为主线，突出中华民族艺术与人文之美，成为中法建交 50 周年系列活动的热点与亮点。

2. 双边关系困难的情况下，文物对外交流展览的作用

双边关系困难的时候，文物对外交流展览可以充分展示国家文化吸引力，改善国际舆论环境，增进

图 1-1-7 2014 年赴法国"汉风——中国汉代文物展"海报

图 1-1-8 西汉错金铜博山炉

此件文物 1968 年出土于河北省满城汉墓（刘胜墓），是西汉香熏炉，河北博物院藏。博山炉由炉身、盖、柄及底座组成，通高 26 厘米。炉身为半圆形，其上部及盖作尖锥状山形，层峦叠嶂，山峦间有人物、走兽出没。炉身下承短柄及喇叭形座。通体满布错金纹饰。炉体饰云气纹，线条圆转，与起伏的山峦相融合，富于灵动之气。柄、座错以细丝线，底缘饰金地卷云纹。这件文物是赴法国"汉风——中国汉代文物展"的展品之一。

各国人民之间的相互理解和友谊，消除误解和隔阂，进而促进国家之间的关系。

中日之间的政治和外交关系有阴晴冷暖之变，特别是在世纪之交，日本首相小泉纯一郎参拜靖国神社导致两国首脑互访中断，加之领土争端和历史问题，两国关系陷入低谷。文化交流始终是连接中日两国人民的重要纽带，也始终是两国人民友好感情的深层支撑。文物交流展览在维护国家外交关系中担负了特殊使命，中国政府和文化组织策划了一系列文物展览赴日展出，通过文化交流推动中日关系改善。这期间举办了"中国国宝展""世界四大文明·中国文明展""中国国宝展Ⅱ""遣唐使与唐代美术展"等展览，包括遣唐使井真成墓志在内的一批珍贵文物赴日展出，引起日本观众热烈反响。不少有识之士纷纷发表缅怀文章，呼吁要"以史为鉴，面向未来"。国务院新闻办、人民日报社和日本朝日新闻社也围绕展览举办了遣唐使墓志研讨会以及题为"围绕遣唐使井真成墓志——思考东亚文化交流"的大型研讨会。展览唤起日本民众和社会各界对两国历史的全面回顾与反思，为处于低潮的中日关系吹进了一缕春风，为中日关系健康发展营造了良好氛围。

2004 年 9 月 28 日，"中国国宝展Ⅱ"开幕式在东京国立博物馆举办。这次展览共展出来自中国全国各地博物馆的 170 余件珍贵文物，包括"中国佛教美术"和"中国考古新发现"两个部分。"中国佛教美术"选取公元前后到 12 世纪一千多年间的佛教美术珍品进行展出，使人们在欣赏佛教美术的同时，对佛教在中国的产生、发展、变迁有所了解。"中国考古新发现展"展出了中国考古发掘的许多重要文物，其中包括秦始皇陵墓的铜鹤、战国时代的透雕香炉等充

图 1-1-9 2004 年赴日本"中国国宝展Ⅱ"海报

图 1-1-10 2000 年日本观众参观"中国国宝展"掠影

图 1-1-11　2005 年赴日本"中国·美的十字路展"
海报

满艺术魅力的文物都是首次在日本展出
（见图 1-1-9、图 1-1-10）。2005 年 7
月至 2006 年 6 月，"中国·美的十字路
展"在东京等地举办，3 位前首相中曾
根康弘、桥本龙太郎和森喜朗同时出席
展览开幕式，盛况空前（见图 1-1-11、
图 1-1-12）。中曾根康弘在开幕致辞中
号召人们珍惜日中关系，共同开拓亚洲
的未来。他的致辞在日本引起了极大
反响。日本的社会舆论和媒体报道氛
围呈现出有利于改善两国关系的趋势。
这场展览能够让日本民众领略到中国
文化博大精深的底蕴，重温中日两国
悠久的友好往来历史，并从中得到有
益的启示。

　　2005 年 8 月"遣唐使与唐代美术
展"在东京国立博物馆开幕（见图

图 1-1-12　2005 年赴日本"中国·美的十字路展"开幕式掠影

　　2005 年 7 月 1 日，该展览在东京森美术馆开幕，日本 3 位前首相中曾根康弘、桥本龙太郎、森喜朗
及大批日本政要出席了展览开幕式。

1-1-13），日本天皇夫妇参观了该展，
这是天皇和皇后首次一同到东京国立博
物馆观看展览。日中友好协会会长平山
郁夫先生为展览发表致辞："21 世纪的
今天，日中两国关系出现了一些坎坷，
不少有识之士为之担忧，遣唐使墓志
的发现，仿佛让我听到了超越 1200 年
前的声音，它呼唤日中两国人民要友好
相处。"

　　我国以文物展览为抓手加强对外
文化交流，增进了与各个国家之间的
了解，助力消除了彼此之间的隔阂，促
进形成了良性的交往氛围，这有利于
我国和世界各国的共同发展进步（见图
1-1-14）。

　　"以文明交流超越文明隔阂、文明
互鉴超越文明冲突、文明共存超越文明
优越"。文物对外交流展览是通过发掘
和利用以文物为承载的信息和价值，将
其加工为对外文化产品，从而服务于
对外战略、促进中外民心相通的重要渠
道。文物对外交流展览"以物带宣、以
史说话"的方式易于被社会大众接受，
也易于进入各国主流社会，是最为有效
的中外人文交流方式之一。在世界格局
发生深刻变革、国际战略互信和经贸合
作不确定性增强的背景下，我们尤其要
用好资源打好牌，进一步加强中外文物
交流工作，加快文物国际传播能力建
设，服务好国家外交大局。

图 1-1-13　2005 年赴日本"遣唐使与唐代美术展"
海报

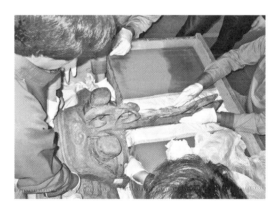

图 1-1-14　2013 年赴日本"中华大文明展"结束后
正在撤展中的三星堆青铜面具

第二节
文物对外交流展览涉及的主要概念

中华五千年的文明历史，是支撑文物对外交流事业 50 年快速发展的力量源泉；中国约 960 万平方公里国土所蕴藏的海量文物，为中国举办的 1000 项对外文物展览提供了宝贵资源；全球 70 余亿人的命运共同体，是吸引对外文物展览观众超过 1 亿多人（次）的人文基础；世界上 233 个国家和地区的多样文明，为文物对外交流展览走向世界五大洲提供了广阔空间。文物对外交流展览是一项系统、复杂的文化展示活动，涉及办展机构、展览地点、展览策划、展览类型、展览主题等事宜，每一个实施主体、办展环节都有各自的特点。

（一）文物对外交流展览办展机构

全国文博机构中无论是文物行政主管部门还是文物事业单位、文化企业、非国有博物馆，都是对外文化交流事业的积极参与者。中央文化单位中，中国文物交流中心、故宫博物院、中国国家博物馆等机构是文物对外交流展览的重要力量。

中国文物交流中心是国家文物局直属事业单位，主责主业就是组织协调和承办出入境文物展览。在各省举办文物对外交流展览力量薄弱时期，很长一段时间中交流中心成为举办文物出境展览的主要力量和渠道。在 20 世纪 80、90 年代，展品涉及两个省以上的，一般由交流中心与有关文博机构共同商谈、签署协议，并负责展览的筹备工作。交流中心 1971 年成立，至 2021 年，组织举办各类文物交流展览达 283 项。

故宫博物院既是明清故宫（紫禁城）建筑群与宫廷史迹的保护管理机构，也是以明清皇室旧藏文物为基础的中国古代文化艺术品的收藏、研究和展示机构，还是对外文物交流的重要平台和渠道，在中外文化交流中起到举足轻重的作用。据不完全统计，1949 至 2019 年，故宫博物院组织的主要文物出入境交流展览 172 项，其中组织的文物出境展览有 140 项，引进的文物入境展览有 32 项。

现在的中国国家博物馆是 2003 年由中国历史博物馆和中国革命博物馆合并组建而成。2012 年完成改造提升后，建筑面积近 20 万平方米，是世界上单体建筑面积最大的博物馆。宏大的现代化场馆，核心的位置优势，让这里成为举办大型展览的重要文化空间，中国国家博物馆也是我国引进文物入境展览的重要文博机构。20世纪70年代国家博物馆前身的两个馆就开始引进境外展览，1975年3月18日，中国革命博物馆举办的"无产阶级专政的伟大尝试——纪念巴黎公社文物展览"开幕，5月12日结束。1985年，在此基础上编辑的《巴黎公社文物资料图集》由文物出版社出版。1979年4月3日，中国历史博物馆与中国展览公司（后来更名为"中国文物交流中心"）联合举办的"突尼斯迦太基出土文物展览"在中国历史博物馆开幕，5月18日该展览又在上海博物馆展出。

陕西历史博物馆和陕西省文物交流中心、上海博物馆、广东省博物馆、湖北省博物馆、南京博物院、山东博物馆、浙江省博物馆、河南博物院、敦煌研究院、湖南博物院、广州博物馆、苏州博物馆等，也是全国地方中，组织文物对外交流展览比较活跃的文博单位。

陕西历史博物馆和陕西省文物交流中心在全国各省文博机构中，是举办文物对外交流展览较多的单位。陕西省文博机构依托丰富的文化遗存、深厚的文化积淀，充分利用秦兵马俑在海外的影响力和知名度，积极带上文物"走出去"。从1965年至2019年底，陕西省主办154项文物出境展览，协助或参与的出境展览有122项，大部分由陕西历史博物馆和陕西省文物交流中心组织与承办。

上海博物馆创建于1952年，是一座大型的中国古代艺术博物馆，其收藏、研究、展览和教育以中国古代的艺术品为重点，馆藏文物近102万件，其中珍贵文物14万余件。上海博物馆的文物收藏尤以青铜、陶瓷、书画最为突出。上海博物馆的文物艺术品展览和对外文化交流活动在国内外享有盛誉。上海博物馆作为"城市客厅""国家客厅"，2008到2019年在馆内3个临展厅内共举办展览56场，包括世界古文明系列展9场、中国文物精品系列展6场、中外文物艺术名品展14场、馆藏文物珍品和捐赠文物展10场、馆内外文物结合的专题展8场、围绕人物主题的艺术性展览9场。其中2012年"幽蓝神采：元代青花瓷器大展"和2017年"大英博物馆百物展：浓缩的世界史"先后荣获全国十大精品展。2008至2019年上海博物馆主办的文物出境展览有42项，涵盖20余个国家及地区（见表1-2-1）。

▼ 表1-2-1　2008-2019年上海博物馆赴境外举办展览统计表

序号	展览时间	展览名称	国家（地区）	展览场馆
1.	2008.02.03– 11.10	上海博物馆藏中国 古代青铜器展	荷兰	荷兰格罗宁根博物馆

序号	展览时间	展览名称	国家（地区）	展览场馆
2.	2008.06.27-2009.05.17	明代宫廷艺术展	美国	旧金山亚洲艺术博物馆、印第安纳波利斯艺术博物馆、圣路易斯艺术博物馆
3.	2008.09.16-2009.03.15	帝王之龙：上海博物馆珍品展	新西兰	达尼丁奥塔哥博物馆
4.	2008.09.09-2009.01.04	山水清晖：王翚（1632-1717）艺术展	美国	纽约大都会博物馆
5.	2008.11.25-2009.09.30	中国艺术陈列展	澳大利亚	昆士兰美术馆
6.	2009.01.29-03.27	上海博物馆藏古代青铜、玉器珍品展	英国	大英博物馆
7.	2009.04.12-07.12	独特的视角——罗聘的艺术世界展	瑞士	苏黎世李特伯格博物馆
8.	2009.10.09-2010.01.17	独特的视角——罗聘的艺术世界展	美国	纽约大都会艺术博物馆
9.	2009.09.04-11.22	豪素深心——明末清初移民金石书画特展	中国澳门	澳门艺术博物馆
10.	2009.10.09-2010.01.03	啸虎和跃鲤：中国动物画中的象征意义展	美国	辛辛那提艺术博物馆
11.	2010.01.28-05.02	描绘中国：明清绘画中的叙事艺术——上海博物馆藏品展	爱尔兰	都柏林切斯特·比替图书馆
12.	2010.02.12-09.05	上海展	美国	旧金山亚洲艺术博物馆
13.	2010.09.20-2011.01.02	忽必烈的时代——中国元代艺术展	美国	纽约大都会博物馆
14.	2010.10.14-2011.01.16	帝王之龙：上海博物馆珍藏展	哥伦比亚	波哥大共和国银行的黄金博物馆
15.	2010.11.05-2011.01.02	首阳吉金：胡盈莹和范季融藏青铜器展	美国	芝加哥博物馆
16.	2011.04.16-10.23	上海博物馆明清官窑瓷器展	荷兰	海牙市立博物馆
17.	2011.09.07-11.13	山水正宗：故宫、上博珍藏王时敏、王原祁"娄东派"绘画精品展	中国澳门	澳门艺术博物馆
18.	2012.01.07-02.26	中国近代绘画和日本展	日本	京都国立博物馆

续表

序号	展览时间	展览名称	国家（地区）	展览场馆
19.	2013.03.03－06.02	上海博物馆藏明代绘画珍品展	美国	洛杉矶郡立艺术博物馆
20.	2013.03.07－06.30	上海画派展	法国	巴黎池努奇亚洲艺术博物馆
21.	2013.07.06－10.28	上海博物馆藏中国少数民族艺术展	新西兰	达尼丁市奥塔哥博物馆
22.	2013.09.05－11.17	山水清晖——故宫、上博珍藏王鉴、王翚及"虞山派"绘画精品展	中国澳门	澳门艺术博物馆
23.	2013.10.01－11.24	上海博物馆藏中国绘画名品展	日本	东京国立博物馆
24.	2013.10.26－2014.01.19	中国古代绘画名品700-1900展	英国	维多利亚和阿尔伯特博物馆
25	2014.06.28－09.21	上海博物馆藏中国古代青铜礼器展	美国	斯特林和弗朗辛克.拉克.艺术馆
26.	2014.07.29－09.28	山水画：寻求理想乡展	韩国	韩国国立中央博物馆
27.	2014.09.26－11.16	梅影秘色——吴湖帆书画鉴赏精品展	中国澳门	澳门艺术博物馆
28.	2014.10.18－2015.03.08	变革与壮景：中国装饰青铜器展	美国	大都会艺术博物馆
29.	2016.04.12－2017.02.26	亚洲之旅——与上海博物馆共同演绎展	日本	东京国立博物馆
30.	2016.06.22－2017.02.16	上海博物馆藏中国古代瓷器珍品：10-19世纪展	意大利	罗马威尼斯宫国立博物馆
31.	2016.09.17－2017.01.09	园林／艺术／商业：中国木刻版画展	美国	洛杉矶亨廷顿图书馆
32.	2017.01.13－03.12	闺阁沧桑展	中国香港	香港中文大学文物馆
33.	2017.07.06－12.03	中国和埃及：两个文明的源流展	德国	柏林新博物馆
34.	2017.10.25－2018.01.28	悔僧：陈洪绶绘画艺术的"幻"与"灭"展	美国	加州大学伯克利分校艺术博物馆与太平洋电影档案馆
35.	2017.10.28－04.30	来自上海博物馆的珍宝展	希腊	雅典卫城博物馆
36.	2018.02.25－05.13	吉金鉴古：皇室与文人的青铜器收藏展	美国	芝加哥艺术馆

续表

序号	展览时间	展览名称	国家（地区）	展览场馆
37.	2018.03.09–08.26	中国芳香：中国古代香文化展	法国	巴黎池努奇博物馆
38.	2018.04.16–07.25	上海博物馆藏明代艺术珍品展	俄罗斯	克里姆林宫博物馆
39.	2018.09.08–11.11	渔山春色——吴历逝世三百周年书画特展	中国澳门	澳门艺术博物馆
40.	2018.10.15–12.29	青出于蓝——青花瓷的起源、发展与交流展	乌兹别克斯坦	乌兹别克斯坦国家历史博物馆
41.	2019.06.18–08.11	钱币的旅程——丝绸之路上的中国和匈牙利展	匈牙利	匈牙利中央银行、雅典娜智慧之家基金会
42.	2019.12.07–2020.06.28	海上佛影：上海博物馆藏佛教艺术展	中国台湾	台湾佛光山佛陀纪念馆

（二）文物对外交流展览组织与举办单位

展览统计中的"项"是指一个展览项目，即展品是同一批，向上级部门申请报批时用的是一个文号，获批准时也是一个批文。展览统计中的"场次"指的是一项展览，有时只在一个场地举办，有时却会在一个国家或者在几个国家巡展，所以一项展览有时只有一个场次，有时却有几个场次[1]。例如，陕西省文物交流中心于2008年5月至2010年4月在美国举办"中国秦兵马俑展"这一项展览，其先后在美国的圣安娜市宝尔博物馆、亚特兰大海伊博物馆、休斯敦自然科学博物馆、华盛顿国家地理协会博物馆举办了4个场次。

展览主办方是指展览的主导和发起单位，对活动的主旨、效果等重大事项负责。主办单位是对展览承担主要法律责任的办展单位，在法律上拥有展览的所有权。展览承办方是在展览中担任具体实施的角色，与主办方是协作关系，受雇于主办方。承办单位是直接负责展览的策划、组织、操作与管理，并对展览承担主要财务责任的办展单位。展览协办方是在展览实施过程中提供协助或赞助。展览参与方是提供部分参展展品，并不参与到展览的整体操作中。展览支持单位对展览主办或承办单位的展览策划、组织、操作与管理等工作起支持作用的单位。展览举办方是具体组织和实施展览

---

1 庞雅妮.我从秦国来：兵马俑出境展览亲历记［M］.西安：陕西师范大学出版总社.2020.

的单位，其相对宽泛，包括主办、承办等。

作为中央文化单位的故宫博物院、中国国家博物馆、中国文物交流中心等，经常会承担中央宣传部门、外事部门、文化部门等交办的服务于国家重要外事和文化活动的任务，这些文博机构在组织文物对外交流展览时，会根据工作需要，在展览中的身份或者是承办，或是主办，或是支持等。为了配合在北京召开的亚洲文明对话大会，2019 年 5 月 14 日至 8 月 11 日，"大美亚细亚——亚洲古代文明展"在中国国家博物馆展出，展览汇集包括中国在内的亚洲全部 47 国及希腊、埃及两个文明古国伙伴，共 400 余件组文物，特邀希腊、埃及两个文明古国伙伴参展，珍贵文物数量等级罕见，展览规模空前。展览的主办单位是中华人民共和国文化和旅游部和中华人民共和国国家文物局，承办单位是中国国家博物馆和中国文物交流中心，中国国家博物馆为展览提供场地，中国文物交流中心负责具体组织和实施。

（三）文物对外交流展览类型

文物出境展览是指由从事文物出境展览的单位和文物收藏单位在境外（包括外国及我国香港、澳门特别行政区和台湾地区）举办的各类文物展览。文物入境展览是指文物系统的博物馆等文物收藏单位，利用外国及香港、澳门特别行政区和台湾地区博物馆提供的文物，在境内举办的展览。

文物对外交流展览在文物和外交事业中发挥重要作用而受到党和政府重视，始于 1971 年 7 月在故宫慈宁宫举办"'文化大革命'期间出土文物展览"，该展受到来华访问的政要和驻华使节的好评，进而触动中国政府主动组织"中华人民共和国出土文物展览"到访 15 个国家和地区，中国文物对外交流展览事业也是从 1971 年开始进入快速发展的轨道，并逐步步入正规化、专业化、职业化道路。中华人民共和国成立后，文物对外交流工作主要服从国家大局和服务外交活动，另外，在 20 世纪 70 年代至 90 年代还需要通过展览去创造外汇收入，所以相关文博机构主要组织文物出境展览前往西方发达国家和地区。进入 21 世纪，随着中国经济社会发展，国家综合实力的增强，人民精神文化需求增长，文物入境的来华展览呈现逐年上升趋势，2016 年文物入境展览超过出境展览，成为文物交流的亮点和热点。1949 至 2019 年，故宫博物院从境外引进的重要的文物展览有 32 项，主要集中在近 20 年。

无论是中央文化单位还是各省级博物馆，无论是组织文物出境展览还是引进文物入境展览，进入 21 世纪的文物对外交流事业得到蓬勃发展（见表 1-2-2、表 1-2-3）。

▼ 表1-2-2 2017-2019年中国各省级博物馆举办文物出境展览统计表

序号	展览时间	展览名称	办展国家或地区	展览场馆	境内承办单位	境外合作机构
1.	2017.01.21-04.23	自然的吟唱：中国花鸟画艺术展	英国	英国威尔士国家博物馆	重庆中国三峡博物馆	英国威尔士国家博物馆
2.	2017.01.07-03.12	玉意深远——中原古代玉器文化展	中国台湾	台北历史博物馆	河南博物院	台湾财团法人鸿禧艺术文教基金会
3.	2017.01.13-03.12	闺阁沧桑展	中国香港	香港中文大学文物馆	上海博物馆	香港中文大学文物馆
4.	2017.03.24-07.16	仙境之鹿展	中国香港	香港中文大学文物馆	南京博物院	香港中文大学文物馆
5.	2016.12.26-2017.03.01	山东博物馆藏扬州画派精品展	中国台湾	台湾佛光山佛陀纪念馆	山东博物馆	台湾财团法人人间文教基金会邀请
6.	2017.02.17-05.28	王陵瑰宝——中国汉代考古新发现展	美国	美国旧金山亚洲艺术博物馆	南京博物院	美国旧金山亚洲艺术博物馆
7.	2017.04.08-2018.03.04	兵马俑：秦始皇帝的永恒守卫展	美国	美国西雅图太平洋科学博物馆	陕西历史博物馆（陕西省文物交流中心）	美国西雅图太平洋科学博物馆、费城富兰克林科学博物馆
8.	2017.02.16-08.27	成吉思汗与黄金家族的风采展	荷兰	荷兰国家军事博物馆	内蒙古博物院	荷兰国家军事博物馆
9.	2017.06.23-09.24	错彩镂金：陕西珍藏中国古代金银器展	中国香港	香港中文大学中国文化研究所文物馆	陕西历史博物馆（陕西省文物交流中心）	香港中文大学中国文化研究所文物馆
10.	2017.02.28-05.30	江南晨曦——浙江省博物馆良渚文化展	中国香港	香港艺术馆分馆香港茶具文物馆	浙江省博物馆	香港艺术馆
11.	2017.04.22-10.29	中国内蒙古辽代文物精品展	荷兰	荷兰德伦特省博物馆	内蒙古博物院	荷兰德伦特省博物馆
12.	2017.03.25-06.11	佛·缘——河北曲阳白石佛教造像艺术展	中国台湾	台湾佛光山佛陀纪念馆	河北博物院	台湾财团法人佛光山文教基金会

续表

序号	展览时间	展览名称	办展国家或地区	展览场馆	境内承办单位	境外合作机构
13.	2017.05.08–05.12	敦煌壁画精品展走进联合国展	奥地利	联合国维也纳办事处	敦煌研究院	奥地利奥中文化交流协会
14.	2017.04.26–10.01	敦煌风华再现——续说石窟故事展	中国台湾	台中自然科学博物馆	敦煌研究院	台中自然科学博物馆
15.	2017.05.15–06.14	丝绸之路上的宗教艺术：敦煌佛教石窟展	英国	英国王储传统艺术学院	敦煌研究院	英国王储传统艺术学院、香港敦煌文化弘扬基金会
16.	2017.04.01–06.25	玉意深远——中原古代玉器文化展	中国台湾	台湾佛光山佛陀纪念馆	河南博物院	台湾财团法人鸿禧艺术文教基金会、佛光山佛陀纪念馆
17.	2017.06.24–09.03	慈悲妙相——首都博物馆典藏中国古代观音菩萨造像展	中国台湾	台湾佛光山佛陀纪念馆	首都博物馆	台湾财团法人人间文教基金会、台湾佛光山佛陀纪念馆
18.	2017.07.05–08.31	印象·生活——闽台龟粿文化展	中国台湾	澎湖生活博物馆	中国闽台缘博物馆	台湾澎湖生活博物馆
19.	2017.10.25–2018.01.28	"悔僧"陈洪绶艺术中的幻境与幻灭展	美国	美国加州大学伯克利艺术馆及太平洋电影档案馆	上海博物馆	美国加州大学伯克利艺术馆及太平洋电影档案馆
20.	2017.05.23–08.05	张大千艺术特展	中国澳门	澳门艺术博物馆	四川博物院	澳门艺术博物馆
21.	2017.07.21–10.22	皇家品味——15世纪中国藩王的艺术展	俄罗斯	俄罗斯民族博物馆	湖北省博物馆	俄罗斯民族博物馆
22.	2017.07.06–12.03	中国和埃及：两个文明的源流展	德国	柏林埃及博物馆与莎草纸文稿收藏馆	上海博物馆	柏林埃及博物馆与莎草纸文稿收藏馆
23.	2017.06.09–09.10	中国秦始皇兵马俑文物展	哈萨克斯坦	哈萨克斯坦国家博物馆	秦始皇帝陵博物院、陕西历史博物馆（陕西省文物交流中心）	哈萨克斯坦国家博物馆
24.	2017.08.01–12.15	创立20周年纪念名品展——情系贝聿铭	日本	日本美秀美术馆	山东博物馆	日本美秀美术馆

续表

序号	展览时间	展览名称	办展国家或地区	展览场馆	境内承办单位	境外合作机构
25.	2017.07.31-10.08	从木匠到大师——齐白石艺术作品展	韩国	韩国艺术殿堂	湖南博物院	韩国艺术殿堂
26.	2017.07.31-10.08	渊源与流变——湖南现代名家书法作品展	韩国	韩国艺术殿堂	湖南博物院	韩国艺术殿堂
27.	2017.12.11-2018.03.11	晚明时期的中国人生活展	波兰	波兰弗罗茨瓦夫国立博物馆	首都博物馆	波兰弗罗茨瓦夫国立博物馆
28.	2017.09.22-2018.03.18	中国制造——克莱姆莱茵河上的广州展	荷兰	荷兰阿美里斯维尔特庄园博物馆	广东省博物馆	荷兰阿美里斯维尔特庄园博物馆
29.	2017.11.03-2018.03.04	牵星过洋——明代海贸传奇展	中国香港	香港文物探知馆	广东省博物馆	香港康乐及文化事务署
30.	2017.11.14-2018.03.11	辉煌大秦——兵马俑展	美国	美国弗吉尼亚美术馆	陕西省文物局、陕西历史博物馆（陕西省文物交流中心）	美国弗吉尼亚美术馆和辛辛那提艺术博物
31.	2018.04.18-08.12	辉煌大秦——兵马俑展	美国	美国辛辛那提艺术博物馆	陕西省文物局、陕西历史博物馆（陕西省文物交流中心）	美国弗吉尼亚美术馆和辛辛那提艺术博物
32.	2017.10.20-2018.03.18	有凤来仪——湖北省博物馆藏楚文化玉器特展	中国香港	香港中文大学文物馆	湖北省博物馆	香港中文大学文物馆
33.	2017.11.09-2018.05.06	中原音乐文物瑰宝——来自河南博物院的远古和声展	美国	美国亚利桑那州凤凰城乐器博物馆	河南博物院	美国亚利桑那州凤凰城乐器博物馆
34.	2017.09.28-2018.01.29	东西汇流——13至17世纪的海上丝绸之路展	意大利	意大利罗马威尼斯宫国立博物馆	广东省博物馆	意大利罗马威尼斯宫国立博物馆
35.	2017.10.28-2018.04.30	来自上海博物馆的珍宝展	希腊	希腊雅典卫城博物馆	上海博物馆	希腊雅典卫城博物馆
36.	2018.04.16-07.25	上海博物馆藏明代艺术珍品展	俄罗斯	俄罗斯克里姆林国立历史文化遗产博物馆	上海博物馆	俄罗斯克里姆林国立历史文化遗产博物馆
37.	2017.12.15-2018.03.09	白银时代——香港及珠三角外销银之来历与贸易展	中国香港	香港海事博物馆	广东省博物馆	香港海事博物馆

续表

序号	展览时间	展览名称	办展国家或地区	展览场馆	境内承办单位	境外合作机构
38.	2018.03.09– 08.26	中国芳香：古代中国的香文化展	法国	法国池努奇亚洲艺术博物馆	上海博物馆	法国池努奇亚洲艺术博物馆
39.	2017.11.28– 2018.03.05	绵亘万里：世界遗产丝绸之路展	中国香港、哈萨克斯坦、吉尔吉斯斯坦	香港历史博物馆	陕西历史博物馆（陕西省文物交流中心）	香港历史博物馆
40.	2017.11.06– 12.10	从木匠到大师——齐白石艺术作品展	韩国	韩国釜山广域市立博物馆	湖南博物院	韩国釜山广域市立博物馆
41.	2018.02.07– 04.08	丝绸之路上的宗教艺术：敦煌佛教石窟展	意大利	意大利威尼斯大学展览空间	敦煌研究院	意大利威尼斯大学
42.	2018.02.08– 10.28	秦始皇和兵马俑展	英国	英国利物浦国家博物馆	陕西历史博物馆（陕西省文物交流中心）	英国利物浦国家博物馆
43.	2018.07.10– 10.22	数码敦煌——天上人间的故事展	中国香港	香港文化博物馆	敦煌研究院	香港特别行政区康乐及文化事务署
44.	2018.06.02– 06.17	丝路瑰宝——敦煌壁画艺术精品展	德国	德国杜伊斯堡市中国国家形象展示馆	敦煌研究院	德中艺术设计交流协会
45.	2018.06.05– 07.16	山东陶瓷文化展	日本	日本山口县立萩美术馆·浦上纪念馆	山东博物馆	日本山口县立萩美术馆·浦上纪念馆
46.	2018.09.15– 2019.01.06	潘玉良作品特展	中国香港	香港亚洲协会香港中心	安徽博物院	香港特别行政区亚洲协会香港中心
47.	2018.09.07– 12.02	丝路东延：中韩文化的互动展	韩国	韩国首尔百济博物馆	山东博物馆	韩国首尔百济博物馆
48.	2018.08.14– 11.11	东西汇流——十三至十七世纪的海上丝绸之路展	中国香港	香港海事博物馆	广东省博物馆	香港海事博物馆

续表

序号	展览时间	展览名称	办展国家或地区	展览场馆	境内承办单位	境外合作机构
49.	2018.10.21–2019.01.13	最美文房——安徽博物院文房四宝特展	中国台湾	台湾佛光山佛陀纪念馆	安徽博物院	台湾财团法人佛光山文教基金会
50.	2018.11.08–2019.02.25	漆木精华：潮州木雕展	中国香港	香港历史博物馆	广东省博物馆	香港历史博物馆
51.	2018.11.15–2019.04.28	华夏文明之源——河南文物珍宝展	卢森堡	卢森堡国家历史与艺术博物馆	河南博物院	卢森堡国家历史与艺术博物馆
52.	2018.10.15–12.15	青出于蓝——青花瓷的起源、发展与交流展	乌兹别克斯坦	乌兹别克斯坦国立历史博物馆	上海博物馆联合上海科技馆、中国科学院上海硅酸盐研究所、景德镇御窑博物馆、海南省博物馆、中国（海南）南海博物馆	乌兹别克斯坦国立历史博物馆
53.	2018.11.05–2019.01.20	山东博物馆藏清人临书展	韩国	韩国国立韩古尔博物馆	山东博物馆	韩国国立韩古尔博物馆
54.	2018.12.15–2019.04.22	秦始皇兵马俑：永恒的守卫展	新西兰	新西兰蒂帕帕国家博物馆	陕西历史博物馆（陕西省文物交流中心）	新西兰蒂帕帕国家博物馆
55.	2019.05.24–10.13	秦始皇兵马俑：永恒的守卫展	澳大利亚	墨尔本维多利亚美术馆	陕西历史博物馆（陕西省文物交流中心）	墨尔本维多利亚美术馆
56.	2018.12.08–2019.03.10	妙香秘境——云南佛教艺术展	中国台湾	台湾佛光山佛陀纪念馆	云南省博物馆	台湾佛光山佛陀纪念馆
57.	2018.09.07–11.11	渔山春色——吴历逝世三百周年书画特展	中国澳门	澳门艺术博物馆	上海博物馆、故宫博物院	澳门艺术博物馆
58.	2018.11.09–12.30	韩中丝织技术与丝绸文化展	韩国	韩国国立无形遗产院	中国丝绸博物馆	韩国国立无形遗产院
59.	2018.10.26–2019.01.23	北洋军政岁月展	中国香港	香港孙中山纪念馆	天津博物馆	香港特别行政区政府
60.	2019.06.18–08.11	丝绸之路上的中国和匈牙利——钱币的旅程展	匈牙利	匈牙利中央银行钱币博物馆	上海博物馆	匈牙利中央银行

续表

序号	展览时间	展览名称	办展国家或地区	展览场馆	境内承办单位	境外合作机构
61.	2019.05.31–10.06	丝路古忆——西夏文物特展	中国澳门	澳门博物馆	宁夏回族自治区博物馆	澳门特别行政区政府文化局
62.	2019.06.22–09.06	中国·内蒙古辽代文物精品展	蒙古国	蒙古国国家博物馆	内蒙古博物院	蒙古国国家博物馆
63.	2019.09.15–12.15	秦始皇——中国第一个皇帝与兵马俑展	泰国	泰国曼谷国家博物馆	陕西历史博物馆（陕西省文物交流中心）	泰国文化部艺术厅
64.	2019.08.23–11.17	翎静芳馨——南京博物院藏陈之佛作品展	中国澳门	澳门艺术博物馆	南京博物院	澳门特别行政区政府文化局

▼ 表 1-2-3　2017-2019 年中国各省级博物馆举办文物入境展览统计表

序号	展览时间	展览名称	境外合作国家或地区	展览场馆	境内承办单位	境外合作机构
1.	2017.02.18–05.28	欧洲玻璃艺术史珍品展——捷克共和国布拉格国家工艺美术博物馆收藏	捷克	安徽博物院	山西博物院	捷克共和国布拉格国家工艺美术博物馆
2.	2017.02.21–05.22	文明之海——从古埃及到拜占庭·地中海的文明展	意大利	湖北省博物馆	湖北省博物馆、秦始皇帝陵博物院、辽宁省博物院、河北博物院	意大利卡萨德·卡拉雷兹博物馆
3.	2017.01.20–05.30	梵天东土并蒂莲华：公元 400–700 年印度与中国雕塑艺术大展	印度	福建博物院	故宫博物院	印度新德里国家博物馆
4.	2017.06.15–09.10	梵天东土并蒂莲华：公元 400–700 年印度与中国雕塑艺术大展	印度	浙江省博物馆	故宫博物院	印度新德里国家博物馆

续表

序号	展览时间	展览名称	境外合作国家或地区	展览场馆	境内承办单位	境外合作机构
5.	2017.09.29–2018.01.07	梵天东土 并蒂莲华：公元400–700年印度与中国雕塑艺术大展	印度	四川博物院	故宫博物院	印度新德里国家博物馆
6.	2017.03.25–06.16	马约里卡千年陶瓷精粹——意大利法恩扎国际陶瓷博物馆典藏展	意大利	浙江省博物馆	河南博物院联合浙江省博物馆、辽宁省博物馆、山西博物院、深圳博物馆	意大利法恩扎国际陶瓷博物馆
7.	2017.06.28–09.17	马约里卡千年陶瓷精粹——意大利法恩扎国际陶瓷博物馆典藏展	意大利	辽宁省博物馆	河南博物院联合浙江省博物馆、辽宁省博物馆、山西博物院、深圳博物馆	意大利法恩扎国际陶瓷博物馆
8.	2017.09.28–12.17	马约里卡千年陶瓷精粹——意大利法恩扎国际陶瓷博物馆典藏展	意大利	山西博物院	河南博物院联合浙江省博物馆、辽宁省博物馆、山西博物院、深圳博物馆	意大利法恩扎国际陶瓷博物馆
9.	2017.01.20–05.07	俄罗斯国立历史博物馆藏俄罗斯珍宝展	俄罗斯	山西博物院	山西博物院、南京博物院、广东省博物馆	俄罗斯国立历史博物馆
10.	2017.05.25–09.10	俄罗斯国立历史博物馆藏俄罗斯珍宝展	俄罗斯	南京博物院	山西博物院、南京博物院、广东省博物馆	俄罗斯国立历史博物馆
11.	2017.09.29–2018.01.08	俄罗斯国立历史博物馆藏俄罗斯珍宝展	俄罗斯	广东省博物馆	山西博物院、南京博物院、广东省博物馆	俄罗斯国立历史博物馆
12.	2017.09.08–12.07	俄国罗曼诺夫王朝时期彼得大帝夏宫藏品展	俄罗斯	贵州省博物馆	中国文物交流中心	俄罗斯彼得霍夫国家博物馆
13.	2017.12.20–2018.02.28	俄国罗曼诺夫王朝时期彼得大帝夏宫藏品展	俄罗斯	河北博物院	中国文物交流中心	俄罗斯彼得霍夫国家博物馆
14.	2017.06.28–10.08	大英博物馆100件藏品中的世界历史展	英国	上海博物馆	上海博物馆	英国大英博物馆

续表

序号	展览时间	展览名称	境外合作国家或地区	展览场馆	境内承办单位	境外合作机构
15.	2017.04.28–07.28	浪漫苏格兰展	英国	南京博物院	南京博物院	英国诺曼德展览有限公司
16.	2017.06.16–10.16	泰坦尼克文物精品展	美国	广东省博物馆	广东省博物馆	美国普利尔展览公司
17.	2017.06.01–09.03	茜茜公主与匈牙利：17–19世纪匈牙利贵族生活展	匈牙利	上海博物馆	上海博物馆、故宫博物院、云南省博物馆、陕西历史博物馆（陕西省文物交流中心）	匈牙利国家博物馆
18.	2017.06.06–08.06	文明之海——从古埃及到拜占庭·地中海的文明展	意大利	天津博物馆	湖北省博物馆	意大利卡萨德·卡拉雷兹博物馆
19.	2017.09.29–12.03	香江雅集——香港回归祖国二十周年特展	中国香港	首都博物馆	北京市文物局、首都博物馆	世界华人收藏家协会、香港特别行政区政府康乐及文化事务署
20.	2017.10.28–2018.03.28	百年回眸：孙中山和他的新加坡友人展	新加坡	辛亥革命武昌起义纪念馆	辛亥革命武昌起义纪念馆	新加坡孙中山南洋纪念馆
21.	2017.11.07–2018.02.07	纪念十月革命100周年——俄罗斯国家历史博物馆藏十月革命文物展	俄罗斯	中国国家博物馆	中国国家博物馆	俄罗斯国家历史博物馆
22.	2017.11.25–2018.03.25	穆夏——欧洲新艺术运动瑰宝展	捷克	广东省博物馆	广东省博物馆	捷克布拉格市艺术博物馆、布拉格国家工艺美术博物馆
23.	2017.12.01–2018.04.01	扇子上的东方与西方：18–19世纪的中西成扇展	英国	广东民间工艺博物馆	广东民间工艺博物馆	英国维多利亚与阿尔伯特博物馆、格林尼治扇子博物馆、剑桥大学菲茨威廉博物馆
24.	2017.12.08–2018.03.22	金字塔·不朽之宫展	意大利	河南博物院	河南博物院	意大利都灵埃及博物馆

续表

序号	展览时间	展览名称	境外合作国家或地区	展览场馆	境内承办单位	境外合作机构
25.	2018.01.26–04.22	茜茜公主与匈牙利：17–19世纪匈牙利贵族生活展	匈牙利	云南省博物馆	上海博物馆、故宫博物院、云南省博物馆、陕西历史博物馆（陕西省文物交流中心）	匈牙利国家博物馆
26.	2018.05.28–08.28	茜茜公主与匈牙利：17–19世纪匈牙利贵族生活展	匈牙利	陕西历史博物馆（陕西省文物交流中心）	上海博物馆、故宫博物院、云南省博物馆、陕西历史博物馆（陕西省文物交流中心）	匈牙利国家博物馆
27.	2018.01.27–04.30	在最遥远的地方寻找故乡——13–16世纪中国与意大利的跨文化交流展	意大利	湖南博物院	湖南博物院	美国大都会艺术博物馆、意大利乌菲齐美术馆、意大利罗马等26家国外博物馆
28.	2018.02.10–05.05	不朽之旅——古埃及人的生命观展	意大利	贵州省博物馆	贵州省博物馆	意大利佛罗伦萨国立考古博物馆
29.	2018.03.26–06.22	文艺复兴时期意大利的艺术、文化和生活展	意大利	首都博物馆	首都博物馆	意大利文化遗产活动与旅游部，乌菲齐美术馆、巴杰罗国家博物馆、翁布里亚国家美术馆等意大利17家博物馆和机构
30.	2018.04.14–06.24	金字塔·不朽之宫展	意大利	山西博物院	山西博物院	意大利都灵埃及博物馆
31.	2018.04.17–07.17	百年时尚——香港长衫故事展	中国香港	广东省博物馆	广东省文化厅、广东省博物馆	香港特别行政区康乐及文化事务署、香港历史博物馆
32.	2018.04.27–08.26	亚洲内海——13至14世纪亚洲东部的陶瓷贸易展	韩国	广东省博物馆	广东省博物馆	韩国国立海洋文化财研究所

序号	展览时间	展览名称	境外合作国家或地区	展览场馆	境内承办单位	境外合作机构
33.	2018.05.18－08.28	穆夏——欧洲新艺术运动瑰宝展	捷克	南京博物院	南京博物院	捷克布拉格市艺术博物馆、布拉格国家工艺美术博物馆
34.	2018.05.18－09.04	不朽之旅——古埃及人的生命轮回展	意大利	安徽博物院	安徽博物院	意大利佛罗伦萨国立考古博物馆
35.	2018.06.01－08.24	庞贝：瞬间与永恒——庞贝出土文物特展	意大利	秦始皇帝陵博物院	秦始皇帝陵·博物院	意大利那不勒斯考古博物馆
36.	2018.07.06－09.16	尼罗河的馈赠——古埃及文物展	意大利	辽宁省博物馆	辽宁省博物馆	意大利都灵埃及博物馆
37.	2018.08.01－10.31	平山郁夫的丝路世界——平山郁夫丝绸之路美术馆文物展	日本	敦煌研究院敦煌石窟文物保护研究陈列中心	敦煌研究院	日本平山郁夫丝绸之路美术馆
38.	2018.09.21－12.14	庞贝：瞬间与永恒——庞贝出土文物特展	意大利	天津博物馆	天津博物馆	意大利那不勒斯考古博物馆
39.	2018.09.28－11.28	金字塔·不朽之宫展	意大利	湖南博物院	湖南博物院	意大利都灵埃及博物馆
40.	2018.10.02 2019.01.11	法老的国度——古埃及文物展	意大利	湖北省博物馆	湖北省博物馆	意大利罗维戈研究院、威尼斯国立考古博物馆、罗伦萨埃及博物馆、威尼斯国立历史博物馆、佛罗伦萨埃及博物馆
41.	2018.12.07－2019.03.10	丹青宝筏：董其昌书画艺术大展	美国、日本	上海博物馆	上海博物馆	美国波士顿美术馆、美国克利夫兰美术馆、美国纳尔逊阿特金斯艺术博物馆、美国大都会艺术博物馆、美国史密森学会赛克勒艺术博物馆、美国普林斯顿大学艺术博物馆、日本大阪美术馆、日本东京国立博物馆，日本东京书道博物馆

续表

序号	展览时间	展览名称	境外合作国家或地区	展览场馆	境内承办单位	境外合作机构
42.	2018.12.18- 2019.03.24	重生：巴洛克时期的西里西亚——波兰弗罗茨瓦夫国立博物馆馆藏精品展	波兰	首都博物馆	首都博物馆	波兰弗罗茨瓦夫国立博物馆
43.	2018.12.20- 2019.03.20	尼罗河畔的回响——古埃及文明特展	意大利	广东省博物馆	广东省博物馆	意大利都灵埃及博物馆
44.	2018.12.20- 2019.03.19	不朽之旅——古埃及人的生命观展	意大利	秦始皇帝陵博物院	秦始皇帝陵博物院	意大利佛罗伦萨国立考古博物馆
45.	2019.01.17- 04.16	彩绘地中海：一座古城的文明与幻想展	意大利	河北博物院	河北博物院	意大利帕埃斯图姆考古遗址公园
46.	2019.01.22- 05.05	法老的国度——古埃及文明展	意大利	浙江省博物馆	浙江省博物馆	意大利罗维戈研究院、威尼斯国立考古博物馆、罗伦萨埃及博物馆、威尼斯国立历史博物馆、佛罗伦萨埃及博物馆
47.	2019.02.03- 05.01	立体音符城市景观——郇达克与近代上海建筑展	匈牙利	上海市历史博物馆	上海市历史博物馆	匈牙利郇达克文化基金会
48.	2019.03.31- 06.21	不朽传奇：古埃及人的生命观特展	意大利	山东博物馆	山东博物馆	意大利佛罗伦萨国立考古博物馆
49.	2019.04.27- 07.20	庞贝：瞬间与永恒——庞贝出土文物特展	意大利	辽宁省博物馆	辽宁省博物馆	意大利那不勒斯考古博物馆
50.	2019.07.02- 10.24	丝绸之路上的文化交流：吐蕃时期艺术精品展	美国、俄罗斯、瑞士、卡塔尔	敦煌研究院	敦煌研究院	美国普利兹克艺术合作基金会、俄罗斯圣彼得堡埃尔米塔什博物馆、美国芝加哥艺术博物馆、瑞士多米尼克和马德莲花·凯勒、卡塔尔阿勒萨尼收藏基金会

（四）文物对外交流展览主题

展览主题是展览主要内容的概括。依据不同的分类标准可以分为：常设展览与临时展览；综合类展览与专题类展览；公益展览与商业展览；社会历史类展览、审美艺术类、人物传记类与自然科技类展览等。综合类展览是以多个历史时间段选取多种展品以反映一个综合性的展览主题。专题类展览是按照某一历史专题，某一历史时段或者某一类文物选取展品，以反映一个专门性的展览主题。

中国文物交流中心既做综合主题也做专题展览，展览主题包括古代史展、考古文物展、民俗展、民族展、文化展、艺术展、自然展、宗教展、革命展等。还有一种"瑰宝"展，主要是汇聚中国古代国宝文物于一堂的大型展览，在国外很受欢迎，交流中心举办有 45 项该类出境文物展览。如：1980 年赴丹麦的"中国古代艺术珍宝展览"、1986 年赴加拿大"中国文明史——华夏瑰宝展览"、1997 年赴香港"国宝——中国历史文物精华展览"、2000 年赴日本"中国国宝展"、2018 年赴沙特阿拉伯"华夏瑰宝展"等。故宫博物院文物对外交流展览以"古代艺术珍品"和"宫廷历史文物"为基础，多以宫廷文化、艺术和生活为主题。陕西历史博物馆和陕西省文物交流中心依托文物大省资源优势，主要利用出土文物，组织秦兵马俑、佛教艺术、丝绸之路、碑林拓本等主题出境展览。截至 2019 年，陕西以秦代兵马俑为主题的展览最多，达 53 项，占陕西省主办出境展览的三分之一。上海博物馆主办的文物出境展览主要展现江南文人生活与收藏，主题主要是字画、瓷器和青铜器等专题类展览，前往美国办展最多。

（五）文物对外交流展览去往国家和地区

▼ 表 1-2-4　中国文物交流中心赴日本举办展览信息统计表（1973-2019 年）

序列	展览名称	展出时间	展览场地
1.	中国河南省画像石碑刻拓片展览	1973.04.20–1974.01.20	东京等地
2.	中华人民共和国出土文物展览	1973.06.09–09.30	东京国立博物馆、京都国立博物馆
3.	中华人民共和国明清工艺美术展览	1974.09.17–11.24	东京日本桥三越百货店、札幌三越百货店、仙台三越百货店、名古屋中村百货店

续表

序列	展览名称	展出时间	展览场地
4.	中华人民共和国汉唐壁画（摹本）展览	1974.11.03–1975.02.04	北九州市立美术馆、东京日本桥高岛屋、大阪难波高岛屋
5.	西安文物图片展览	1975.05–06	京都、奈良文化机构
6.	中华人民共和国古代青铜器展览	1976.03.30–08.08	东京国立博物馆、京都国立博物馆
7.	中华人民共和国鲁迅展览	1976.10.19–1977.02.23	仙台市博物馆、东京西武美术馆、名古屋丸荣百货店、神户SOGO百货店、广岛SOGO百货店
8.	中华人民共和国出土文物展览	1977.10.02–1978.02.26	名古屋市博物馆、北九州市立美术馆、东京西武美术馆
9.	中华人民共和国丝路文物展览	1979.03.19–07.08	东京国立博物馆、大阪市立美术馆
10.	中国西安古代金石拓本、壁画展览	1980.01–07	京都、大阪、名古屋、福冈、奈良文化机构
11.	中国战国时期中山国王墓出土文物展览	1981.03.17–08.30	东京国立博物馆、兵库县立近代美术馆、名古屋市博物馆
12.	中国敦煌壁画展览	1982.04.08–10.27	东京、大阪、京都、北九州、秋田、仙台、名古屋、札幌文化机构
13.	中国古都洛阳珍宝展览	1983.03.19–05.08	冈山市立东方美术馆
14.	中国秦兵马俑展览	1983.10.01–1984.05.13	大阪城公园、福冈县文化会馆、东京古代东方博物馆、静冈产业馆
15.	中国内蒙古北方骑马民族文物展览	1983.10.27–1984.05.06	东京日本桥高岛屋、大阪难波高岛屋、京都四条高岛屋、名古屋松阪屋、北九州市立美术馆
16.	中国云南省博物馆青铜器展览	1984.8.01–10.17	东京古代东方博物馆、名古屋名铁百货店
17.	中国历代陶俑展览（中国陶俑之美）	1984.09.22–1985.05.06	名古屋市博物馆、福冈市美术馆、京都国立博物馆、东京国立博物馆
18.	黄河文明展览	1986.05.20–11.03	东京国立博物馆、石川县立美术馆、名古屋市博物馆、北海道立近代美术馆
19.	中国西夏文物展览	1988.01.05–09.04	下关市美术馆、广岛SOGO百货店、大阪阪急百货店、高知县立乡土文化会馆、静冈县立美术馆、名古屋三越百货店、札幌三越百货店、东京高岛屋、福岛县文化中心
20.	中国西藏文物秘宝展览	1988.07.23–1989.02.13	西武百货东京池袋店、大阪尼崎つかしんホール、西武百货滨松店、西武百货筑波店、熊本鹤屋百货店

续表

序列	展览名称	展出时间	展览场地
21.	为了和平反对战争展览	1990.07.21–07.29	大阪通天阁
22.	中国古代玻璃器、金银器——正仓院宝藏的源流展览	1992.04.25–11.08	东京三得利美术馆、神户市立博物馆、冈山县立美术馆、福冈市博物馆、大阪市立博物馆
23.	中国内蒙古戈壁恐龙展览	1992.07.22–08.31	东京阳光大厦
24.	中国恐龙和北京人特展览	1992.08.01–08.30	大阪文化机构
25.	中国大恐龙展览	1993.07.24–08.21	横滨王子饭店
26.	中国长城砖展览	1993–2010	舞鹤市红砖博物馆
27.	秦始皇帝文物展览（秦始皇及其时代展览）	1994.09.17–1995.08.20	东京世田谷美术馆、名古屋市博物馆、福冈市博物馆、爱媛县立美术馆、北海道开拓纪念馆
28.	四川省遂宁窖藏文物展览（封藏的宋代陶瓷展览）	1998.09.09–1999.05.16	东京小田急美术馆、山口县立萩美术馆·浦上纪念馆、京都文化博物馆、爱知县陶瓷资料馆
29.	中国古代帝王陵墓展览（中国历代王朝 2200 年展览）	1999.03.12–06.13	大阪万博纪念公园
30.	中国宫廷贵族妇女文化与珍宝展览（紫禁城的女性们——中国宫廷文化展览）	1999.04.01–11.23	福冈三越美术馆、京都大丸博物馆、笠间日动美术馆、横滨 SOGO 美术馆、IWAKI 市立美术馆、熊本县立美术馆
31.	世界四大文明·中国文明展	2000.08.05–2001.06.17	横滨美术馆、仙台市博物馆、石川县立美术馆、香川县历史博物馆、广岛县立美术馆
32.	中国国宝展	2000.10.24–12.17	东京国立博物馆
33.	中国历代王朝展	2004.04.24–11.23	静冈县立美术馆、ゲリーンドーム前桥、东京上野松坂屋、石川县立美术馆、FKD购物中心宇都宫インターパーク店、长野市立博物馆
34.	中国国宝展 II	2004.09.28–2005.03.27	东京国立博物馆、大阪国立国际美术馆
35.	古代都市诞生展	2004.10.27–2005.02.20	大阪历史博物馆、北九州市自然历史博物馆
36.	大唐女性之美展	2004.11.13–2005.07.31	名古屋松坂屋美术馆、福冈亚洲美术馆、冈山县立美术馆、大阪市立美术馆、宫崎县综合博物馆
37.	2005 爱知世博会主题馆中国文物展	2005.03.25–09.25	爱知世博会长久手会场、爱知世博会中国馆

续表

序列	展览名称	展出时间	展览场地
39.	中国历代王朝展	2005.03.26-2006.02.19	熊本县立美术馆、大分县立艺术会馆、鹿儿岛县历史资料中心——黎明馆、新潟市大和百货店美术馆、京都市伊势丹百货店美术馆、福冈亚洲美术馆
40.	井真成墓志特展	2005.05.15-07.20	爱知世博会中国馆
41.	中国·美的十字路展	2005.07.01-2006.06.18	东京森美术馆、滋贺MIHO美术馆、福冈九州国立博物馆、仙台东北历史博物馆
42.	遣唐使与唐代美术展	2005.07.20-10.10	东京国立博物馆、奈良国立博物馆
43.	九州国立博物馆开馆纪念特别展：美之国日本	2005.10.16-11.27	福冈九州国立博物馆
44.	东亚古代苑池展	2005.10.22-12.11	奈良文化财研究所飞鸟资料馆
45.	井真成墓志返乡展	2005.12.01-12.11	大阪府藤井寺市立生涯学习中心
46.	日中书法的传承展	2008.03.13-03.23	东京美术俱乐部
47.	天马的传说展	2008.04.05-06.01	奈良国立博物馆
48.	大三国志展	2008.05.02-2009.03.15	东京富士美术馆、北海道立旭川美术馆、关西国际文化中心、福冈亚细亚美术馆、香川具立博物馆、名古屋松坂屋美术馆、群马前桥文化馆
49.	西藏艺术与考古展	2009.04.10-2010.05.20	福冈九州国立博物馆、北海道立近代美术馆、东京上野之森美术馆、大阪历史博物馆、仙台博物馆
50.	中华之耀——山东省古玉器展	2009.12.19-2010.2.21	山口县立萩美术馆·浦上纪念馆
51.	丝路之马展	2010.07.13-09.05	九州国立博物馆
52.	孙文·梅屋庄吉与长崎展	2011.10.01-2012.03.25	日本长崎县历史文化博物馆
53.	中华大文明展	2012.10.05-2013.09.16	东京国立博物馆、神户市立博物馆、名古屋市博物馆、九州国立博物馆
54.	中国西域·丝路传奇展	2013.02.08-2014.01.13	长崎孔子庙中国历代博物馆
55.	十里红妆——中国浙东地区婚俗文物展	2014.06.07-2015.05.25	长崎孔子庙中国历代博物馆
56.	兰房旧梦——中国明清贵族妇女生活展	2015.06.08-07.26	东京涩谷区立松涛美术馆

续表

序列	展览名称	展出时间	展览场地
57.	唯一的汉字，唯一的美——汉字的历史与美学展	2016.10.19–2017.09.10	东京富士美术馆、京都市美术馆（分馆）、新潟县立近代美术馆、东北历史博物馆、高崎市美术馆
58.	18世纪的江户与北京展	2017.02.18–04.09	江户东京博物馆
59.	文白之变——民国大师与中国新文学展	2018.08.31–12.22	长崎孔子庙中国历代博物馆
60.	多彩草原——呼伦贝尔民俗文物展	2019.04–09	长崎孔子庙中国历代博物馆
61.	风雅江南——常熟博物馆藏文房珍玩展	2019.07.29–10.30	长崎孔子庙中国历代博物馆
62.	三国志展	2019.07–2020.01	东京国立博物馆、九州国立博物馆

中国组织的文物出境展览主要去往日本、美国、中国港澳台地区以及西欧主要国家（意大利、法国、英国、德国等）。1971–2021年，中国文物交流中心举办展览最多的国家是日本（见表1-2-4），有61项（至少177场次），占比22%，到中国台湾地区举办展览有20项，中国香港有18项，美国有17项。1949–2019年，故宫博物院举办的文物出境交流展览有140项（不完全统计）。故宫博物院举办文物出境展览主要去往日本、中国港澳台地区以及美国，合计有98项，占比达70%，其中日本是故宫博物院举办文物出境展览最多的国家，有32项；在中国香港和澳门分别举办23和21项，在中国台湾地区举办有6项；在美国举办的展览有16项。1985–2019年，陕西省主办出境展览到过36个国家和地区，其中日本最多，达38项，其次是美国，有19项；之后是中国香港、中国台湾和韩国各有10项；德国有7项、法国和比利时各有5项，中国澳门、英国和澳大利亚各有4项。中国组织的文物出境展览主要前往日本、美国等发达国家和地区主要原因有以下3点：

1. 服务外交大局

改革开放之初确立了"大国是关键，周边是首要，发展中国家是基础，多边是重要舞台"的总体外交布局。大国间关系是中国外交布局的关键，构建良好的大国关系有利于营造我国发展与复兴的外部环境。经营好中国与西方主要国家的关系成为外交工作的重要任务，文物对外交流展览也服从服务于这个战略。

2. 国外文博机构的积极争取和引进

日本和美国不仅是全球两个重要的经济体，而且在本国博物馆对外展览的引进方面给予鼓励和支持。推动国际化、开展国际文化交流是日本文化政策的一个很重要特点[1],具体到博物馆领域,强化与地方之间关系以及扩大国际交流的计划,是受政府支持最重要的两个方面[2]。政府行政管理主要以参观人数来评价博物馆,也导致了日本博物馆对"特别企划展"的看重与依赖[3]。美国实行对非营利文化机构通过中间机构实行有限拨款,以及以税收政策鼓励对文化事业进行捐赠和赞助的政策[4],使得博物馆也需要经常举办吸引社会和公众的新展览,以获得相关机构和投资人的支持和资助。这些文化政策的引导,促使日本和美国文博机构积极主动地引进中国文物展览在其国家展出。

3. 创造一定的经济效益

20 世纪 80 年代初,鉴于改革开放初期我们既需要良好的外部环境又需要先进的理念、资金和人才的社会现实,国务院明确提出了文物外展"既重政治作用、也重经济效益的方针"的指导性意见。同时,允许地方文博单位"以文补文",从而推动了外展工作的长足发展[5]。因而,很长一段时间出境展览承担着为国家挣取外汇,为地方和部门弥补资金的职责,经济因素成为举办出境展览的一个重要考量,这也是为什么文物出境展览主要会在亚、欧、美三大洲的发达国家和地区举办的重要原因所在[6]。

1 熊澄宇.世界文化产业研究[M].北京:清华大学出版社,2012:185-194.
2 小林真理著,林珮钰译.日本公立美术馆的现状与课题:自文化政策的观点分析[M]."文化政策与博物馆管理"国际学术研讨会——2009 博物馆馆长论坛暨亚太地区博物馆策略联盟[C].2009:112-113.
3 安永幸一著,黄姗姗译.日本公立美术馆的绩效:关于参观人数与预算问题[M]."文化政策与博物馆管理"国际学术研讨会——2009 博物馆馆长论坛暨亚太地区博物馆策略联盟[C].2009:71-72.
4 熊澄宇.世界文化产业研究[M].北京:清华大学出版社,2012:77.
5 中国文物交流中心.光荣使命——中国文物交流中心四十年[M].北京:文物出版社.2011.
6 庞雅妮.陕西文物出境展览三十年大数据分析[J].文博.2016(1):58-67.

第二章

文物对外交流展览发展历程

第一节
文物对外交流展览发展阶段分析

　　中华人民共和国成立以来，文物对外交流展览可分为开创阶段（1949–1970 年）、起步阶段（1971–1991 年）、稳步发展阶段（1992–2001 年）、持续发展阶段（2002–至今）这四个时期。据不完全统计，1949–2019 年，中国举办的文物出境展览共有 1000 余项（见图 2-1-1），足迹遍及世界六大洲 60 多个国家和地区，外国观众超过 1 亿人（次）。文物对外交流展览不仅向世界人民介绍了博大精深的中国历史文化，也展现了改革开放给中国带来的深刻变化。文物对外交流展览成为双边外交活动的亮点，通过文物展览所表现出的中华民族的悠久文明和现代活力，对世界有着巨大而永恒的吸引力，也成为中外文化交流中最有影响、最受欢迎、最具特色、最有实效的活动。

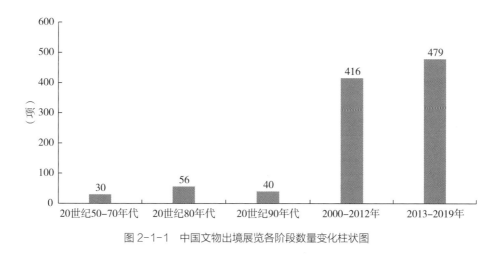

图 2-1-1　中国文物出境展览各阶段数量变化柱状图

（一）1949–1970 年：开创阶段

　　中华人民共和国成立初期，奉行独立自主的和平外交政策，积极参与国际活动。在建国的第一年，中国与苏联、东欧等 17 个国家正式建立外交关系，为国民经济的恢复和各项工作的展开创造了良好的外部环境。在党和国家领导人的关心和指导下，文

图 2-1-2　1955 年中国博物馆工作代表团访问苏联
（图为代表团成员在莫斯科大学）

物工作者开创了文物对外交流与合作工作的新局面，出境文物展览担负着"宣扬中华文化、树立中国形象、交流感情、巩固友谊"的使命，为我国在国际政治环境中争取更多的理解和支持。

自 20 世纪 50 年代起，中国政府先后组织人员赴苏联、印度、波兰、捷克斯洛伐克、日本、罗马尼亚、匈牙利、保加利亚、阿尔巴尼亚等国家参加或者举办文物展览。与此同时，中国与苏联、波兰、捷克斯洛伐克等国家的博物馆馆际交流也十分活跃，为中国博物馆最初的发展模式提供了参考（见表 2-1-1、图 2-1-2）。1950 年 10 月 1 日赴苏联莫斯科、列宁格勒（圣彼得堡）举办的"中华人民共和国艺术展览会"（以下简称中国艺术展），是新中国成立一年后，第一个赴外举办的文物展览，以 600 件文物精品向苏联人民介绍了中国及中国文化。1950 年文化部文物局应捷克斯洛伐克政府邀请，选送故宫博物院 155 件展品参加该国举办的"中国月展览"。

▼ 表 2-1-1　20 世纪 50 和 60 年代中国主要文物对外交流展览统计表

序号	展览名称	展览时间	展出国家	参观人（次）
1.	中国艺术展览	1950.10–1951.01	苏联	30 万
2.	敦煌艺术展览	1956	印度、缅甸	/[1]
3.	敦煌艺术展览	1957.02–03	捷克	12 万
4.	中国美术工艺品展览	1957	越南	2.3 万
5.	中国敦煌艺术展览	1957.11–1958.01	日本	20 万
6.	中国永乐宫壁画展览	1963.08–1964.03	日本	35 万
7.	中国古瓷器和西安碑林拓片展览	1965.09–1966.01	日本	20 万

1　注：全书中"/"表示未找到相应信息。

展览结束后又赴德国、波兰、罗马尼亚、匈牙利、保加利亚和阿尔巴尼亚等国巡回展出，1951年5月15日在德国柏林国立博物院开幕，1951年10月1日在波兰首都华沙展出。

1951年11月4日"中国文化艺术展览会"在印度首都新德里开幕，展览包括敦煌壁画复制品、介绍新中国情况的木刻和摄影以及公元前8世纪的手工艺品三部分。1954年4月至7月的日内瓦会议期间，曾借用12件故宫博物院文物陈列于日内瓦驻地。这是以文物陈列的方式，在中华人民共和国第一次以大国身份参加的重要国际会议上展示中国形象。1956年10月，为纪念释迦牟尼诞生2500年，敦煌文物研究所应邀赴印度、缅甸汇仁集团举办"敦煌艺术展览"。1957年1月，根据中波和中捷文化合作协定，"中华人民共和国敦煌艺术展览会"在波兰华沙开幕，2月10日展览会在捷克斯洛伐克布拉格展出，展期一个半月，观众2万余人（次）。1957年10月1日，"中国美术工艺品展览"应邀在越南河内展出，为期20天，观众2.3万余人（次）。1958年1月5日"中国敦煌艺术展览会"在日本东京开幕，此后该展又到大阪展出。1962年，"中国考古学图片展览"应邀在英国展出。

1950至1960年，我国陆续举办了赴苏联及捷克的"中国艺术展览"，赴印度的"中国佛教艺术展览"、赴波兰及捷克斯洛伐克的"敦煌艺术展览"、赴日本的"中国敦煌艺术展览""中国永乐宫壁画展览"和"中国古瓷器和西安碑林拓片展览"等展览。这些文物出境展览在当时为增进与各国人民的友谊，为加强我国与各国友好关系起到了积极的促进作用。到60年代后期，受国内局势影响，对外文物展览基本停滞。

（二）1971-1991年：起步阶段

文物出境展览交流工作破冰前行，服务国家大局，助力发展外交关系。70年代初期，为促进国际社会特别是西方国家对中国的了解，为外交工作营造良好的国际氛围，在周恩来总理直接指导下，成立出土文物展览筹备小组（中国文物交流中心前身），经过近两年的艰苦筹备，"中华人民共和国出土文物展览"自1973至1978年，先后赴法、日、英、美等15个国家和地区展出，观众人数累计达到650多万人（次），展览所到之处引起巨大轰动。这些承载着中国古老文明的文物展是一张张外交名片，使外国公众从大量关于中国的负面报道中醒来，重新观察中国的发展。文物对外交流与合作为实现中国外交的突破做出了历史性的贡献，被赞誉为"文物外交"。

除了"中华人民共和国出土文物展览"之外，还举办一些文物出境展览，具体是：

图 2-1-3　1974 年赴日本"中华人民共和国汉唐壁画
（摹本）展览"海报

1973 年 4 月 16 日，"中华人民共和国河南碑帖拓片展览"在日本东京开幕，展出汉画像石和汉唐碑刻拓片 152 件，展览于 5 月 6 日闭幕。1974 年 9 月，"中华人民共和国明清工艺美术展览"在日本东京开幕，展品 114 件。日本天皇之弟三笠宫崇仁亲王出席开幕式并剪彩，出席开幕式的还有日中文化交流协会会长中岛健藏、日本经济新闻社社长圆城寺次郎等，故宫博物院院长吴仲超率代表团参加了开幕式。随后，展览又在札幌、仙台、名古屋、大阪等地展出，展期两个半月，观众 13 万人（次）。1974 年 11 月 2 日，"中华人民共和国汉唐壁画（摹本）展览"在日本北九州市立美术馆开幕（见图 2-1-3），展品 141 件。1976 年

9 月，"中华人民共和国汉唐壁画（摹本）展览"又到美国波士顿展出，尔后在旧金山、西雅图、夏威夷、帕萨迪纳、奥斯汀、孟菲斯、图桑等城市展出。展览至 1978 年 7 月 30 日结束，观众达 100 万人（次）。日中文化交流协会会长中岛健藏出席开幕式，国家文物事业管理局局长王冶秋率代表团参加开幕式。随后，展览又在东京、大阪展出，展期三个多月，观众 12 万人（次）。1975 年 3 月 18 日，中国革命博物馆举办的"无产阶级专政的伟大尝试——纪念巴黎公社文物展览"开幕。1976 年 3 月 29 日，"中华人民共和国古代青铜器展览"在日本东京国立博物馆开幕，展品 130 件。三笠宫崇仁亲王、内阁首相三木武夫出席开幕式，王冶秋率代表团参加开幕式。之后，又在京都展出，历时四个多月，观众 40 万人（次）。1976 年 9 月，上海鲁迅纪念馆应日本日中文化交流协会和日本经济新闻社的邀请，赴日本仙台举办"中华人民共和国鲁迅展览"，王冶秋率代表团参加开幕式。该展后又在东京、名古屋、神户、广岛等地展出，为期四个月。1978 年 10 月 1 日，"中华人民共和国鲁迅展览"应邀在瑞典斯德哥尔摩国家博物馆开幕。瑞典教育大臣斯特拉姆出席开幕活动，王冶秋、鲁迅博物馆馆长李何林率代表团参加了开幕式。在瑞典展出 1 个月，接待观众 1.8 万余人（次）。该展览于翌

年 4 月转往挪威展出，1980 年初又转赴德意志联邦共和国各大城市巡回展出，于当年 11 月结束。

1978 年 12 月召开的党的十一届三中全会，作出了将党和国家工作中心转移到经济建设上来、实行改革开放的历史决策。文物对外展览开文物事业对外开放风气之先，为推动中国文物事业的发展做出特殊的贡献。改革开放后，我国外交工作方针调整为"周边是重点，大国是关键，发展中国家是基础"。文物出境展览的统计数据所显示的展览数量在不同地区与国家分布上呈现的特点，与我国外交工作方针基本吻合。

1979 年 3 月 19 日，"中华人民共和国古代文物展览——丝绸之路上（陕西、甘肃、新疆）的汉唐文物"应邀在日本东京开幕，展品 156 件（组）。天笠宫崇仁亲王出席开幕式并剪彩，王冶秋率代表团参加开幕式。该展览随后又在大阪展出，历时三个半月，观众 50 万人（次）。1979 年 4 月 3 日，中国历史博物馆与中国展览公司联合举办的"突尼斯迦太基出土文物展览"在中国历史博物馆开幕，5 月 18 日该展览又在上海博物馆展出。1979 年 11 月 7 日，国务院批准出国文物展览工作室对外改称中国对外文物展览公司（即后来的中国文物交流中心）。1979 年 11 月 7 日，天津市艺术博物馆在南斯拉夫贝尔格莱德市和萨格勒布市举办"中国清代、近现代绘画展览"，展出该馆藏画 20 幅，画展于 1980 年 2 月 8 日结束。1980 年 1 月，"中国西安古代金石拓本、壁画展览"应邀先后在日本京都、大阪、名古屋、福冈、奈良等城市展出，展览于 7 月结束。1980 年 2 月 14 日，天津市艺术博物馆应邀在日本东京、福冈、大阪举办"明清、现代书法展览"，其中有该馆馆藏明清书法作品 20 件，展览于 5 月 17 日结束。1980 年 3 月 26 日，"中国陶瓷古窑址展览"应邀赴英国，在大英博物馆和牛津阿什莫林博物馆展出，展品 500 件，展览于 7 月结束。1980 年 4 月 12 日，"伟大的中国青铜器时代展览"在美国纽约大都会博物馆开幕，展品 105 件（组）。国家文物事业管理局副局长齐光率代表团参加了开幕式。随后，该展览又在芝加哥、德克萨斯、洛杉矶、波士顿等地展出，历时一年零五个月，观众 130 万人（次）。1980 年 5 月 4 日，日中文化交流协会、朝日旅行社、唐招提寺、中国佛教协会、中日友好协会联合举办的"鉴真大师像回国巡展览"在中国历史博物馆开幕。中国佛教协会会长赵朴初主持开幕式，人大常委会副委员长邓颖超为开幕式剪彩。1980 年 5 月 24 日，"中国古代艺术珍宝展览"在丹麦哥本哈根路易斯安那博物馆开幕，展品 133 件（组）。丹麦首相耶恩森出席开幕式，女王玛格丽特夫妇及皇太后先后参观了展览。此后，该展又分别在瑞士苏黎世艺术博物馆、德意志联邦共和国柏林东亚艺术博物馆和比利时布鲁塞尔艺术宫展出，直至 1982 年 4 月结束，在欧洲展出近两年，观众近百万人（次）。

1981 年 3 月 16 日，"中国战国时期中山国王墓出土文物展览"应邀在日本东京国立博物馆开幕，展品 146 件（组）。国家文物事业管理局副局长孙轶青率代表团参加开幕式。日中文化交流协会会长井上靖出席开幕式，三笠宫崇仁亲王参观了展览。随后，该展又在神户、名古屋展出，历时五个半月，观众 21 万人（次）。1981 年 3 月 20 日，"中华人民共和国南京博物院艺术展览"应邀在日本名古屋市博物馆开幕。展品 120 件（组），以中国南方文物为主。后又在大阪和东京展出，8 月 11 日结束，观众达 10 万人（次）。1981 年 4 月 1 日，"中国明清绘画展览"应邀在澳大利亚悉尼美术馆开幕，展品 100 件（组）。随后又在布里斯班、阿德莱德、珀斯、墨尔本四城市展出，历时 10 个月，观众 31 万余人（次）。1981 年 4 月，故宫博物院应香港中艺公司邀请，由副院长萧正文率团赴香港举办"故宫珍宝展览"，展品 150 件（组）。8 月故宫博物院又赴香港举办"陶瓷古窑址展览"，展出瓷片 500 件。

1982 年 5 月，"中国长城砖和中国秦兵马俑展览"在美国田纳西州举办，展品 22 件（组），至 10 月观众 500 万人（次）。12 月至翌年 6 月该展移至佛罗里达州展出，观众达 1000 万人（次）。1982 年 7 月，"故宫珍宝展览"应邀在日本东京开幕，展品 100 件（组）。随后又赴名古屋、大阪、福冈、札幌、仙台等城市展出，1983 年 3 月结束，观众 50 万余人（次）。1982 年 10 月 23 日，故宫博物院应香港中艺公司邀请赴香港举办"钟表展览"，展品 20 件（组）。1982 年 12 月 17 日，广东省博物馆、广州市美术馆、香港中文大学文物馆合办的"明清广东绘画展览"，在香港中文大学文物馆展出。1982 年 12 月 22 日，"中国秦代兵马俑展览"应邀在澳大利亚墨尔本维多利亚博物馆开幕，展品 23 件（组）。文化部文物事业管理局局长孙轶青率代表团参加开幕式。随后又在悉尼、布里斯班、阿德莱德、珀斯和堪培拉展出。澳大利亚总理霍克在堪培拉国立艺术博物馆出席开幕式。展览共九个半月，观众 79 万人（次）。1983 年 5 月 2 日，上海博物馆应美国旧金山亚洲艺术博物馆等单位邀请，赴美举办"六千年的中国艺术展览"，在旧金山、芝加哥、休斯敦、华盛顿展出，此次艺术展到 1984 年 11 月 30 日结束，观众 82 万人（次）。1983 年 5 月 31 日，中国历史博物馆应邀在意大利威尼斯市举办"中国古代文明展览"，展品 152 件（组）。出席开幕式的有意大利总理阿明托雷·范范尼、威尼斯市长马里奥·里戈、以中国文化部文物事业管理局谢辰生为团长的中国文化代表团等。展出期间意大利众议院议长约蒂·总统佩尔蒂尼等先后专程到威尼斯参观展览，展览于 1984 年 1 月 28 日闭幕，观众共 52 万人（次）。1986 年 8 月 25 日，又在威尼斯举办第二次"中国古代文明展览（东汉—宋）"。1984 年 9 月 2 日，中国历史博物馆主办的"中国古代文明展览"在南斯拉夫克罗地亚共和国首府萨格勒布开幕，展品 160 件（组）。胡耀邦总书记为展览题词。正在南斯拉夫访问的国家主席李先念出席了开幕式。展出期间，南斯拉夫联邦共和国主席贝拉诺维奇前往参观并题词。展览展出四个月，共接待观众 45 万人（次）。1987 年 9 月 14 日又举办第二次"中国古代文明展览（宋—清）"，展品 100 件（组）。南斯拉夫联邦共和国主席马利扬·罗日奇参加了开幕式。展出近四个月。共接待观众 22 万人（次）。

1980 年在美国的"伟大的中国青铜器时代展览"，1980 年开始在丹麦、瑞士、德意志联邦共和国和比利时举办的"中国古代艺术珍宝展览"，1982 年赴美国的"中国长城砖和中国秦兵马俑展览"等展览深受欢迎，产生了广泛的影响。文物出境展览数量从起步初期的屈指可数，到 1983 年时已举办赴境外文物展览近 20 项。

20 世纪 80 年代初，鉴于改革开放初期我们既需要良好的外部环境又需要先进的理念、资金和人才的社会现实，国务院明确提出了文物外展"既重政治作用、也重经济效益的方针"的指导性意见。同时，允许地方文博单位"以文补文"，从而推动了外展工作的长足发展[1]。因而，很长一段时间出境展览承担着为国家挣取外汇，为地方和部门弥补资金的职责，经济因素成为举办出境展览的一个重要考量，所以文物出境展览前往亚、欧、美三大洲的发达国家和地区举办得比较多的重要原因。

1979 年，国家文物局向国务院打了一个请示报告。报告说，出国文物展观众不完全统计达 800 万人（次）以上，在对外宣传和发展友好关系上起了积极作用，但花费也很大，筹备一次展览一般需要人民币四五万元，如要承担国际运费，则要三四十万元。报告建议，今后应以组织收费的出国文物展为主，以适应国家现代化的需要，为国家赚取外汇。"出国文物展览工作室"改为"中国对外文物展览公司"，此后机构几经变动，1992 年改名为中国文物交流中心[2]。

20 世纪 70-90 年代，随着国家对外文化交流事业的发展，作为政府间文化交流的组成部分之一，文物领域的政府间交流与合作逐步开展。据不完全统计，这一时期赴境外举办的中国文物展览达 48 项，中方派出专业人员约 400 人（次），为国家创汇近 200 万美元（见图 2-1-4、图 2-1-5）。文物展览不仅为改革开放初期中国文物的对外交流与合作构建了宝贵的人员交往和学术交流的平台，也为中国文物事业提供了弥足珍贵的经费补充。更为重要的是，通过文物展览，中国开始认识世界，世界也开始了解中国。

1　中国文物交流中心.光荣的使命——中国文物交流中心四十年［M］.北京：文物出版社，2011：40-50.
2　鲍安琪.文物外交 50 年，中国如何与世界互相"展"与"览"［J］.中国新闻网.2022-01-05.

图 2-1-4 1988 年赴美国"天子——中国
古代帝王艺术展览"海报

图 2-1-5 1990 年赴新加坡"汉代
文明展览"海报

（三）1992-2001 年：稳步发展

在中国改革开放和现代化建设的关键时期，邓小平视察南方并发表重要讲话，阐述了关系党和国家前途命运的一系列重大问题，为建设有中国特色的社会主义指明了继续前进的方向。文物工作者抓住机遇有意识地推动文物对外交流与合作，为国家外交和经济建设大局服务。有中国特色的中国文物对外交流与合作体系初步形成，相关法规、制度建设得到加强和完善。

这期间我国也举办了不少具有影响力的文物对外交流展览，例如：1992 年在澳大利亚举办的"永恒的中国展览"，1993 年在中国台湾举办的"兵马俑与金缕玉衣展览（大

图 2-1-6　1998 年联合国秘书长安南等中外嘉宾参观"中华五千年文明艺术展览"

　　1998 年 2 月至 6 月"中华五千年文明艺术展览"在纽约古根海姆博物馆展出，展览在美引起了巨大的反响，历时 150 天，赢得了 45 万人（次）观众。

陆古物珍宝展览）"，1994 年在日本举办的"秦始皇帝文物展览（秦始皇及其时代展览）"，1998 年和 1999 年在美国举办的"中华五千年文明艺术展览"（见图 2-1-6）和"中国考古的黄金时代展览"，2000 年在日本举办的"中国国宝展"（见图 2-1-7），2000 年在法国举办的"中国考古发现展"（见图 2-1-8）等。1999 年 10 月，中国国家主席江泽民以国家元首身份首次访问英国，又喜逢中华人民共和国成立五十周年，陕西省文物事业管理局与大英博物馆共同推出"埋藏的珍宝——中国陕西文物精华展览"。这次展览参展展品 140件（组），大多是 20 世纪 70 年代后陕西省境内考古发现的最新成果。正在英国进行国事访问的江泽民主席与英国女

图 2-1-7　1994 年赴日本"秦始皇及其时代展览"海报

王伊丽莎白二世共同出席开幕式并为展览剪彩。英国女王在题词中表示："我相信这种密切的文化合作将促进更深的相互理解，并增强业已在中英两国间存的联系。"[1]

（四）2002年至今：持续发展

进入21世纪，国家对外文化交流空前活跃，文物对外交流展览进入持续发展阶段。文物对外交流展览形成体系，有序开展，在国际舞台表现积极。交流与合作的形式和内容不断丰富，对外文物展览在数量增长的基础上精品迭出。涉外馆际交流规模逐步扩大，除文物出境展览数量持续增长外，引进的文物入境展览也不断增多。随着中国国力的增长和世界经济一体化程度越来越高，中外文博同行之间的交往也日益密切，促进了国际文物交流合作的发展（见图2-1-8、图2-1-9）。

2011-2015年（"十二五"规划期间），中国实施"中华文明展示工程"，积极推进中华文化与世界文化的对话与交流，提升中华文化的国际影响力。深化博物馆领域的国际交流及港澳台地区的合作，加强与国（境）外知名博物馆的战略合作。拓展文物博物馆事业的对外（对港澳台）交流渠道与合作方式，建立中国特色文物对外（对港澳台）展览品牌。巩固与欧美、东亚国家文物出入境展览的交流合作，加强与亚洲、美洲、非洲国家及港澳台地区文物出入境展览的交流合作[2]。在此期间，"中华文明展示工程"有力推动文物对外交流展览事业发展。

2004年10月法国文化年开幕，中国国务院总理温家宝与来访的法国总理拉法兰共同出席在故宫博物院举办的"路易十四时期艺术展"开幕式并参观展览。2005年12月出访英国期间，中国国家主席胡锦涛与英国女王伊丽莎白二世共同为"盛世华章——故宫博物院藏文物精品展"开幕式剪彩展，女王在参观过程中，对文物珍品丰富的艺术与文化内涵深表赞叹，并指出：这次故宫文物展的举行将促进中英两国的文化交流，增进两国人民的相互了解。

2015年7月15日至2016年2月28日，由意大利国家文物局、意大利文化遗产与活动部、河南省人民政府主办的"汉唐中原·河南文物精品展"在罗马威尼斯宫国立博物馆展出。"汉唐中原展"是2010年中意两国签署的《关于促进文化遗产合作谅解备忘录》中的重要项目，也是继"早期中国——中华文明系列展"和"马王堆汉墓传

1　国家文物局.春华秋实——国家文物局60年纪事［M］.北京：文物出版社，2010.
2　国家文物局.国家文物博物馆事业发展"十二五"规划［R］.2011.

图 2-1-8 2000 年赴法国"中国考古发现展"海报

图 2-1-9 2011 年赴印度"华夏瑰宝展"海报

法国"2000 中国文化季"中最重要的展览是在巴黎市（小宫殿）美术馆举办的"中国考古发现展"。此次参展文物跨度自商代至辽代，约 2500 年。展品近 300 件，其中 60% 是国家一级文物，有约半数的文物是首次在海外展出。秦陵兵马俑相关文物在展览中占据了突出的位置，展品中有士兵、军官、御手和战马等各类陶俑。

奇展"后，两国展览互换计划的第三个中国文物展览。展览为期 8 个月，由河南博物院精选 118 件珍贵文物，包含白陶翘腿马、四层陶仓楼、陶俑、金缕玉衣等文物精品，向意大利观众全面展示汉唐盛世中国文明核心区域的都市风貌、社会生活、宗教文化与对外交流。展览正值中意建交 45 周年之际，也为意大利观众带来了一份文化厚礼。

2016 年 9 月至 11 月，"天涯若比邻——华夏瑰宝秘鲁行展"在秘鲁的国家考古人类学历史博物馆举办。11 月 21 日，中国国家主席习近平和夫人彭丽媛在利马市同秘鲁总统库琴斯基和夫人兰格共同出席中拉文化交流年闭幕式并参观该展。此次文物展选取了中国多家博物馆的百余件精美藏品，涵盖了从史前到明清的漫长历史岁月，内容涉及日常生活、礼仪制度、宫廷艺术等多个领域，展品包括闻名世界的兵马俑、纹饰精美的玉器、庄重大气的青铜器以及独具东方魅力的陶瓷器等。此展览不仅作为中秘建交 45 周年、中拉文化交流年系列活动最浓墨重彩的一笔，也是中华人民共

图 2-1-10 2016 年"天涯若比邻——华夏瑰宝秘鲁行展"海报

和国成立以来，中国同拉美及加勒比地区共同举办的最大规模年度文化盛事（见图2-1-10）。

这个阶段国外文物展览被源源不断地引入中国，这些引进的文物入境展览不仅介绍了人类文明优秀成果，丰富了博物馆文化产品供给，而且满足了公众日益多元化、个性化、高品质的文化需求，也让人们感受和共享社会发展成果。如"西天诸神——古代印度瑰宝展""大英博物馆100件文物中的全球史展""叙利亚古代文物精品展"等。

"大英博物馆100件藏品中的世界历史展"起源于大英博物馆与BBC英国国家广播公司合制的系列广播节目《A History of the World》（大英博物馆100件藏品中的世界史），节目介绍了大英博物馆中100件馆藏，推出后极获好评，之后出版成书，在全世界引起了不小的轰动。在图书基础上，大英博物馆又对此项目进行深度开发，对文物进行调整，推出了同名的展览项目，在世界范围内进行巡展。这一展览已经在日本、阿联酋、澳大利亚等国家和中国台湾地区的多家博物馆展出，成为近年来国际博物馆界的热门话题。

展览中总共展出大英博物馆收藏的101件（组）藏品，包括了大英博物馆中年代最久远的藏品——"奥杜威石制砍切工具"，来自美索不达米亚的记录世界最古老长篇史诗的楔形文字泥板——大洪水记录泥板文献以及刻有经文的迷你硬币、展示人类最早厨房烹饪美学的绳纹陶器等。整个展览如同一册微缩的人类历史，展示着不同历史时期的人类行为与思维。展览中每一件展品背后都有一个故事，向世人展示着人类在不同历史时期最独特的影响力和创造力。展览最后的第101件展品也十分引人注目，由每个展地挑选一件能够代表现今世界且具有当地特色的展品，作为整个展览的结尾，引起世人对于过去、现在和将来的进一步思考。101件展品中，最受中国观众关注的，要数那些与中国有关的文物：良渚文化玉琮是中国古代的重要礼器；西周早期的康侯簋刻有铭文，是证明海内康氏以封国得姓的重要实物资料；春秋晚期的镈是当时祭祀仪式的重要乐器；东汉青瓷六博俑栩栩如生，表现了流行在春秋至秦汉时期的古代掷采行棋角胜的博戏；唐代刘庭训墓的三彩文官俑让人们一窥唐代官僚系统与墓葬器物形制的复杂性；元代的青花瓷盘和龙首双耳瓶让观众一睹青花绘画艺术的精彩之作。第 101 件文物是一件最不像文物的文物：2010 年"出生于"中国深圳的一只太阳能灯具与充电器（见表 2-1-2）。该展览于 2017 年来到中国大陆，3 月至 5 月先在中国国家博物馆展出，6 月至 10 月在上海博物馆展出。

▼ 表 2-1-2 "大英博物馆 100 件文物中的全球史展" 2017 年中国巡展展品信息统计表

编号	文物名称	年代	质地	尺寸（厘米）	来源
1.	佘盆梅海特木乃伊内棺	约公元前 600 年	彩绘木质	内棺：高 1.60、宽 17.70、厚 5.50 棺盖：高 3.00、宽 17.70、厚 5.50	发现于埃及
2.	奥杜威砍砸器	约公元前 180-200 万年	石	高 9.3、宽 8.8、厚 7.2	发现于坦桑尼亚奥杜威峡谷
3.	奥杜威手斧	约公元前 180-公元前 200 万年	石	高 9.3、宽 8.8、厚 7.2	发现于坦桑尼亚奥杜威峡谷
4.	冰河时代野牛岩画	约公元前 13000-公元前 14000 年	石灰岩	长 10.8、宽 9.5、厚 1.8	发现自法国蒙塔斯特吕克
5.	克洛维斯石矛头	约公元前 13000-公元前 14000 年	燧石	高 8.6、宽 3.0、厚 0.8	出土于美国亚利桑那
6.	澳洲土著篮子	1900-1939 年	露兜树纤维、瓶树树皮纤维	高 28、宽 19、深 18	产自澳大利亚北部地区
7.	日本绳纹陶器	约公元前 5000 年	黏土，后来内部漆金	高 15、直径 17	出土于日本
8.	鸟形石杵	公元前 6000-公元前 2000 年	石	高 36.2、宽 7.3、厚 9.1	出土于巴布亚新几内亚北部省
9.	牛首纹彩陶碗	公元前 5600-公元前 5200 年	彩陶	高 9、直径 25.5	出土于伊拉克北部阿尔帕契亚地区
10.	埃及化妆品调色板	公元前 4000-公元前 3600 年	泥岩	高 14.3、宽 28.6、厚 1.2	出土于埃及

续表

编号	文物名称	年代	质地	尺寸（厘米）	来源
11.	喀帕苏斯新石器时代女性石雕	公元前4500-公元前3200年	石灰石	高66、宽35.4、厚20	发现于希腊喀帕苏斯岛
12.	磨光玉手斧	公元前5000-公元前3600年	玉石	高26.4、宽9.3、厚2.6	出土于德国比布里希
13.	玉琮	约公元前2500年	玉石	高20.5、宽7.5、厚7.7	出土自中国
14.	王后竖琴	约公元前2500年	贝壳、青金石、红色灰岩、金和沥青	高112.5、宽73、厚7（共鸣箱）	出土于伊拉克乌尔城址
15.	早期楔形文字泥版	公元前3100-公元前3000年	黏土	高9.4、宽6.8、厚2.3	出土于伊拉克南部
16.	"大洪水"泥版	公元前700-前600年	黏土	高15.2、宽13、厚3.1	出土于伊拉克尼尼微古城
17.	印度印章	公元前2500-公元前2000年	石头	高2.4、宽2.5、厚1.4	出土于巴基斯坦旁遮普省的哈拉帕
18.	奥尔梅克石面具	公元前900-公元前400年	绿岩	高13、宽11.3、厚5.7	出土自墨西哥
19.	康侯青铜簋	西周时期，公元前1100-前1000年	青铜	通高21.6、宽42、口径26.8	1931年出土于中国河南省卫侯墓地
20.	米诺斯青铜礼拜者	公元前1700-公元前1450年	青铜	高20.5、宽7.8、厚7.8	出土于希腊克里特岛
21.	黄金半月形项圈	公元前2400-公元前2000年	黄金	宽7.5、直径21	出土于爱尔兰凯里郡曼杰顿
22.	拉美西斯二世石像	约公元前1280年	花岗岩	高143、宽68、厚52	出自埃及埃勒分蒂尼岛库努姆神殿
23.	克罗伊斯钱币	约公元前550年	金	高1.2、宽2	吕底亚（今土耳其）铸造
24.	亚述士兵浮雕石板	公元前700-公元前695年	石膏	高160、宽111、厚9	出土于伊拉克Qujunjik库雍基克（尼尼微）
25.	塔哈尔卡的"沙伯提"雕像	约公元前664年	花岗岩	高46、宽14.2、厚13	出自苏丹努里地区

编号	文物名称	年代	质地	尺寸（厘米）	来源
26.	琐罗亚斯德教人像（2件）	公元前 500- 公元前 400 年	金	分别为： 高 5.6、宽 1.4、厚 1； 高 5.3、宽 1.3、厚 1	发现于塔吉克斯坦和阿富汗斯坦交界地带的奥克苏斯河附近
27.	亚历山大银币	铸造于公元前 305- 前 281 年	银	直径 3.1	出自上耳其拉普塞基（兰萨库斯）地区
28.	迪蒂摩斯葬碑	公元前 100- 公元 100 年	石灰石	高 55、宽 32.5、厚 8.5	出自埃及
29.	奥古斯特大理石半身像	公元 1-40 年	大理石	高 71、宽 35、厚 26	出自意大利
30.	阿马拉瓦蒂大佛塔雕刻	200-240 年（雕刻年代）	石灰石	高 116、宽 91、厚 18	出自印度安得拉邦阿马拉瓦蒂
31.	青铜镈	约公元前 600- 公元前 400 年	青铜	高 15、宽 10.5、厚 8	出自中国
32.	索福克勒斯大理石半身像	约公元前 150 年	大理石	高 49.5、宽 31.9、厚 29.7	出自意大利拉齐奥地区
33.	哥伦比亚金头盔	公元前 500- 700 年	金合金	高 8.5、宽 17.5、厚 19	出自哥伦比亚
34.	六博俑	约公元 1- 200 年	铅釉陶	通高 25.8（底座加人像）、宽 29、厚 22.5	出自中国
35.	动物形烟斗	公元前 200- 400 年	石	高 5.1、宽 3.3、厚 10	出自美国俄亥俄州
36.	仪式性球赛腰带	100-500 年	石	高 12、宽 41、厚 53	出自墨西哥韦拉克鲁斯
37.	密特拉石像	100-200 年	大理石	高 137、宽 149.5、厚 45	出自意大利罗马
38.	阿拉伯铭文青铜手	100-300 年	青铜	高 18.5、宽 11、厚 4	出自也门
39.	萨珊国王狩猎银盘	309-379 年	银	深 4.5、直径 18、	可能制于伊朗
40.	鸠摩罗笈多一世金币	约铸于 415-450 年	金	直径 1.9	出自印度
41.	犍陀罗佛像	100-300 年	石	高 91.5、宽 54.5、厚 19	出自巴基斯坦犍陀罗
42.	青铜度母像	600-800 年	青铜鎏金	高 15、宽 8.3、厚 8.5	出自斯里兰卡

续表

编号	文物名称	年代	质地	尺寸（厘米）	来源
43.	约拿石棺	约 260—300 年	石	高 60、宽 192、厚 77	发现于英国，萨默塞特，埃利敏斯特
44.	阿卜杜勒·马利克金币	701 年（伊斯兰历 82 年）	金	直径 2	可能铸于叙利亚
45.	唐三彩立俑	约 728 年	陶	高 107、宽 29、深 30	出自中国河南省
46.	敦煌织锦残片	800—900 年	丝绸	长分别为 23.8、25.8，宽分别为 23.8、25.8	出自中国甘肃省
47.	后宫壁画残片	800—900 年	灰泥壁画	高 12、宽 11.5、厚 3	出自伊拉克萨马拉
48.	基尔瓦陶器残片	900—1400 年	陶	最大碎片尺寸：高 12.5、宽 14、厚 2.5	发现于坦桑尼亚基尔瓦基斯瓦尼的一处海滩
49.	婆罗浮屠佛陀头像	780—840 年	石	高 33、宽 24、厚 27	出自印度尼西亚爪哇
50.	霍克森胡椒瓶	350—400 年	银鎏金	高 10.3、宽 5.8、厚 4.3	发现于英格兰霍克森
51.	加洛林圣婴故事象牙板	约 800 年	象牙	高 16.8、宽 6.5、厚 0.6	可能制于德国亚琛
52.	戈尔兹伯勒窖藏	约埋藏于 925 年	银	蓟饰胸针尺寸：高 19.6、宽 6.9、深 1.6	发现于英格兰北约克郡戈尔兹伯勒
53.	日本松鹤纹青铜镜	1100—1200 年	青铜	直径 11.2、厚 0.8	出自日本
54.	莫切人俑	100—700 年	陶	高 22.5、宽 18、厚 17	出自秘鲁
55.	玛雅石祭坛	约 763—822 年	石灰石	高 38、宽 103、深 80	出自洪都拉斯科潘
56.	圣杰罗姆圣像画	1400—1450 年	柏木上蛋彩画并涂金，石膏粉打底	高 35.2、宽 28.3、厚 4	出自希腊克里特岛
57.	湿婆与雪山神女像	900—1000 年	玄武岩	高 40.6、宽 25、厚 13	出自印度比哈尔加雅
58.	瓦斯特克石像	900—1521 年	砂岩	高 87.5、宽 36、深 18.3	出自墨西哥帕努科河

续表

编号	文物名称	年代	质地	尺寸（厘米）	来源
59.	阿兹特克神像	约1400-1521年	安山石	高74、宽45、深42	出自墨西哥
60.	印加美洲驼金像	1400-1550年	金	高5.5、宽2.5、厚6.5	出自秘鲁
61.	双面人形界石	约1600-1800年	石	高48、宽27、厚27	出自智利拉帕努伊岛（复活节岛）
62.	圣尤斯塔斯圣物匣	约1210年	银鎏金、无色水晶、玉髓、紫水晶、红玉髓、珍珠、玻璃、黑曜石	高35、宽16.6、厚18.4	出自瑞士巴塞尔
63.	泰诺仪式用椅	1292-1399年	中美洲蚁木和金	高22、宽14、长44	出自多米尼加共和国圣多明各
64.	日本太刀	1200-1250年	钢	长97、宽5、厚1	出自日本
65.	刘易斯棋子	约1150-1175年	海象牙	高10.1、长6.4、宽3.4	发现于刘易斯岛，可能制于挪威
66.	碧玉龙耳杯	1417-1449年	玉和银	高7.3、长19.5、宽12.4	出自中亚
67.	伊费头像	1100-1400年	赤土陶	高24、长16、宽12.5	可能来自尼日利亚伊费的伊温里亚丛林
68.	元青花盘	1330-1350年	瓷器	高7.6、直径45.8	出自中国江西景德镇
69.	朝鲜、日本釉陶器	1400-1500年	陶、金和漆	高7.5、直径17.8	出自朝鲜
70.	伊兹尼克彩瓷盘	约1570-1580年	釉陶	高7、直径35	出自土耳其伊兹尼克
71.	希伯来星盘	1345-1355年	黄铜	高11.1、直径9.1	可能制于西班牙
72.	丢勒的《犀牛》版画	1515年	木版画	长30.2、宽24.4	出自德国纽伦堡
73.	环球航行纪念章：银版和电铸版	1589年	银	直径6.8	出自英国
74.	八里尔银币	1598-1621年	银	直径4.2	由开采于玻利维亚和墨西哥的白银所制

续表

编号	文物名称	年代	质地	尺寸（厘米）	来源
75.	柿右卫门彩瓷象	1650–1700 年	釉上彩瓷	高 35、宽 43.5、深 14	出自日本佐贺县有田市
76.	基督象牙雕像	1600–1700 年	鎏金象牙雕，木头	高 26.4、宽 12、深 9	出自印度果阿
77.	什叶派宗教游行仪仗	1650–1700 年	镀金黄铜	高 128、宽 27、厚 5	出自伊朗
78.	莫卧儿王子细密画	大约 1650 年	绘画	长 36、宽 32	出自印度
79.	宗教改革百年纪念宣传画	1617 年	木版印刷，纸本	长 31.4、宽 38.2	出自德国莱比锡
80.	双面浮雕宝石	1500–1600 年	缟玛瑙，金，红宝石和钻石	高 6、宽 4.5、厚 1	出自意大利
81.	贝宁饰板：奥巴与欧洲人	1500–1600 年	黄铜	高 43.5、宽 41、厚 10.7	出自尼日利亚贝宁城
82.	马尼拉铜钱币	16 世纪早期 – 19 世纪	青铜和黄铜	高 1.7（平均值）、宽 6（平均值）、厚 5.9（平均值）	发现于尼日利亚
83.	爪哇皮影戏偶	大约 1800 年	彩绘动物皮和角	高 69.2、宽 25	出自印尼爪哇岛
84.	塞拉利昂棕榈叶穗面具	1880–1886 年	木头，当代棕榈叶穗	高 150（加流苏）、宽 54、厚 54	出自（面具）塞拉利昂歇尔布罗岛地区
85.	毛利黄铜棒	1772 年	黄铜	高 36.5、宽 10、厚 3.8	英国伦敦制造
86.	夏威夷编篮头盔	1700–1790 年	奥洛纳纤维	高 33、宽 14、深 23	出自美国夏威夷
87.	苏族儿童服装	1923 年以前	鹿皮，玻璃，肌腱（筋），丝绸，铁，锡	高 91、宽 117	出自北美洲
88.	乾隆御笔题诗玉璧	约公元前 1200 年制作，1790 年刻字	玉	厚 1、直径 15.5	出自中国
89.	小猎犬号精密计时器	1795–1805 年	黄铜、钢、红木	高 17.6、宽 20.8、厚 20.8	出自英国伦敦
90.	毛里求斯殖民地银行钞票	1839 年	纸	长 11.4、宽 18.9	毛里求斯发行，伦敦印刷

续表

编号	文物名称	年代	质地	尺寸（厘米）	来源
91.	早期维多利亚时代茶具	1840–1845 年	无釉陶器，银	茶壶尺寸：高 14.5、宽 17.4、深 8.5	英国斯塔福德郡特伦特河畔斯托克市
92.	葛饰北斋插画	1814–1878 年	木版印刷，纸本	长 23、宽 16	出自日本
93.	美国大选徽章	1868 年	铁	直径 2.8	美国
94.	俄国革命纪念瓷盘	1921 年	瓷器	直 24.8	俄国圣彼得堡
95.	霍克尼的《两个二十三四岁的男孩》	1966 年	版画，纸本	高 35、宽 22.5	英国
96.	阿富汗战争题材织毯	1979–2005 年	羊毛	高 94、宽 63	出自阿富汗
97.	巴布亚新几内亚瓦吉盾	1990–2000 年	彩绘木头，金属，橡胶、纤维	高 152.5、宽 61、厚 12	巴布新几内亚瓦吉谷地
98.	废旧武器雕塑：母亲	2011 年	金属，塑料，骨，木	高 102、宽 30、厚 29、底座直径 52	莫桑比克马普托
99.	信用卡	2009 年	塑料	高 4.5、宽 8.5	阿联酋迪拜
100.	仿冒足球衣	2010 年	合成纤维	高 80、宽 70、厚 5	印尼生产
101.	太阳能灯具与充电器	2010 年	塑料	（灯的尺寸）高 14.8、宽、12.7、厚 14	中国生产

第二节
中华人民共和国出土文物展览

（一）展览筹备

20 世纪 60、70 年代，中国考古工作者发掘了随州曾侯乙墓、平山县中山王墓、广州南越王墓、马王堆汉墓、满城汉墓、临沂银雀山汉墓、秦兵马俑坑等，这时期的考古大发现，数量之多，规模之大，蕴藏之丰富，价值之高，都是过去所无法比拟的。1968 年，西汉中山靖王刘胜和窦绾夫妇的陵墓中发掘出来了两套完整的"金缕玉衣"，这两套玉衣是迄今为止我国考古历史上，出土最早、也是最完整的玉衣。1969 年 9 月甘肃省武威雷台发现汉墓，出土有金、银、铜、铁、玉、骨、漆、石、陶等文物 230 多件，古钱币 3 万余枚。其中铜器 127 件（部分有铭文），铸造最为精致的是铜车马仪仗队，仪仗俑 99 件，其中工艺水平最高的是一匹铜奔马。1972 年，长沙马王堆汉墓开始发掘，出土丝织品、帛书、帛画、中草药等遗物 3000 余件，其中一具保存了两千年的古尸呈现在世人面前，这一发现轰动了世界，另外，一件薄如蝉翼的素纱禅衣，重不到 50 克，代表了当时高超的缫纺技术水平。同年，山东临沂银雀山汉墓同时出土了《孙子兵法》和《孙膑兵法》竹简，解开了历史上孙子和孙膑是否一人、其兵书是一部还是两部的千古之谜。这时期的考古最大发现，重要文物的出土，受人瞩目，为文物出境展览提供重要资源、素材和展品，满足了境外人士的热切期待。

"文革"开始后，为保护故宫及其文物免受冲击，1966 年，中央批准故宫闭馆。1967 年 5 月 26 日起，北京卫戍区一营进驻故宫，实行军事保护，至 1968 年 12 月 22 日，军、工宣传队进驻管理故宫。1970 年 5 月 1 日，周恩来总理说："许多外宾要求看文物，外电造谣称，故宫三大殿皆被红卫兵砸毁了，要抓紧故宫的恢复开放。"[1] 1971 年 7 月 5 日，军队宣传队撤离，故宫博物院恢复开放。

为了展示"文化大革命"期间考古工作所取得的成绩，粉碎中国破坏文物的谣言，中央决定举办"'文化大革命'期间出土文物展"。为了更好地筹备文物展，文化部从

---

1 石伟杰．"文革"期间，故宫见证了文物外交［J］．澎湃新闻．2015-09-18．

各省市博物馆派来骨干，展品也从各地选调。展览筹备地点在故宫武英殿，展出则在故宫慈宁宫。

1971 年 7 月，"'文化大革命'期间出土文物展览"正式在故宫慈宁宫开幕，据进京参加展览的湖北省博物馆工作人员陈振裕回忆："展览正式展出前夕，王冶秋局长请全国人大常委会副委员长郭沫若到慈宁宫审查。郭老从头至尾地认真审查了每件展品及其说明，认为很好。当时在北京的北京故宫博物院、中国历史博物馆等的文物展览均已关闭，因此，'文化大革命'期间出土文物展览可谓是'一花独秀'。正式展出之初，国务院各部委以及军队许许多多领导都来参观，掀起了参观高潮。"

外宾看了文物展后也反响很强烈，提出要引进展览的请求。日本方面向周恩来总理提出，希望出土文物展览去日本，周恩来没有同意，说等反华的佐藤内阁倒台后再说。当年应邀来访的法国议会代表团也参观了这项展览，参观后提出希望中国能去巴黎举办出土文物展，周恩来表示同意，并指出，戴高乐政府对中国很友好，文物展览我们可以去，而且要去就去真的，去复制品没什么意思。[1]

1971 年 7 月，美国国务卿基辛格秘密访华时，参观出土文物展，对河北满城汉墓出土的长信宫灯赞赏有加，说那个年代中国人就很懂得污染防治。基辛格的这句话坚定了周总理搞文物外交的决心，他立即作出指示，由国务院副秘书长吴庆彤领衔，王冶秋、夏鼐等具体操办。

1971 年 7 月，《关于到国外举办"中国出土文物展览"的报告》得到批准，为方便工作开展成立展览筹备小组。8 月国务院发出《关于选送文物到国外展览的通知》，通知一开始就说："这次出国展览，是在我国国际关系日益发展的大好形势下进行的，是配合外交工作的一项重要活动。"《通知》还指出对原有的专业人员应予使用，并要注意培训青年专业人员。

1971 年 12 月 4 日，当时的国务院"图博口"负责人、后被任命为国家文物局局长的王冶秋来到故宫武英殿，对出国展筹备组全体工作人员作动员。他指出，17 年的文物博物馆工作虽受到黑线干扰，但主要是红线。王冶秋还说，要把展览搞好，驳斥帝国主义分子污蔑中国人破坏文物的谬论。有人提出应向外国人收门票费，王冶秋说，我们这次是"文物外交"，要从政治角度考虑，不收门票费。[2]

1972 年，因为展览需要对一些壁画、织物、漆器等文物进行临摹和复制，所以把

1　鲍安琪.文物外交 50 年［J］.中国新闻周刊.2021-07-27.
2　鲍安琪.文物外交 50 年［J］.中国新闻周刊.2021-07-27.

下放到农场的一批艺术家陆续抽调到展览工作组工作，如中央美术学院的周令钊、中央工艺美术学院的常莎娜和陈若菊等，在不到一年的时间里，他们为展览完成了包括汉代长沙马王堆出土的棺椁漆画、唐代永泰公主墓壁画在内的 51 件临摹复制品。一批有才华的专业干部被调集到故宫武英殿进行展览筹备工作，在"文革"那个特殊年代里，这一措施保护了一批文博界的宝贵人才，也为日后百废待兴的文物事业实现恢复和发展积蓄了人才力量。这些抽调来的专家学者和其他工作人员汇聚一堂，组成了"中华人民共和国出土文物展览工作委员会"，对内称"出土文物展览工作组"，即现中国文物交流中心的前身（见图 2-2-1）。

图 2-2-1　1973 年"中华人民共和国出土文物展览"筹展人员合影

1972 年 7 月 4 日，"中华人民共和国出土文物展览"筹备小组吴庆彤、王冶秋向周恩来总理汇报筹备情况。

1973 年 1 月 16 日，国务院批准王冶秋《关于增加出土文物展览工作领导小组成员》和《组织中华人民共和国出土文物展览工作委员会》的报告。出土文物展览工作领导小组由组长吴庆彤，副组长王冶秋，组员夏鼐、王仲殊等组成。出土文物展览工作委员会由主任王冶秋，副主任夏鼐，委员王植范、萧特、王友唐等组成。同月成立出土文物展览工作室，由王友唐负责。

由全国各省、市、自治区选择新中国成立以来出土文物精粹 2000 件左右，编写中外文说明。最终为出国展览挑选出来的出土文物精品有 600 多件（组）。并配合一部分复制品和辅助展品，分两批分别前往欧美和亚洲展出。

在一批由研究文物、考古、历史的著名学者组成的小组近两年的艰苦筹备下，

1973 年中华人民共和国首项大型文物展览——"中华人民共和国出土文物展览"开始走出国门，展览第一站为法国，第二站为英国。考虑到是去西方国家展览，挑选的标准偏重于艺术性。展品中最引人注目的是河北满城汉墓出土的中山靖王刘胜和王后窦绾的金缕玉衣（见图 2-2-2）和甘肃武威雷台汉墓刚出土不久的"汉铜奔马（俗称马踏飞燕）"等。英法两国与中国达成政府间协议后，都由民间组织出面承办，法方为法国艺术行动委员会，英方为中国展览委员会。两国都派出专家来京看展品、谈合作。同年 6 月，另一批"出土文物展览"的 236 件展品相继在日本东京和京都展出。一个主题展览两批不同文物，辗转 15 个国家和地区，一直持续到 1978 年（见表 2-2-1）。

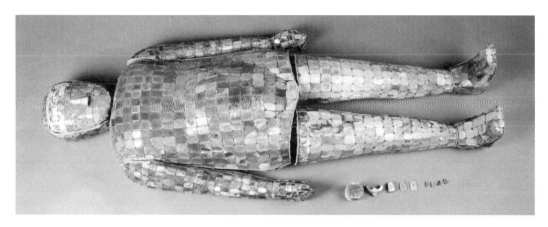

图 2-2-2 西汉刘胜金缕玉衣

1968 年河北满城陵山一号汉墓出土，全长 188 厘米，收藏于河北博物院。该玉衣是用金丝将玉片编缀而成。玉片为岫岩玉制作。上衣呈绿色，玉质莹润。下身为灰白和淡黄色。整体主要分为头罩、上衣、手套、裤筒和鞋五部分。共用不同形状玉片 2498 片，金丝约 1100 克。其外观和人体形状相同，是汉代皇帝和高级贵族死后的殓服。这是我国考古发掘中出土年代最早最完整的玉衣。

▼ 表 2-2-1 "中华人民共和国出土文物展览"在 15 个国家和地区展览统计表

序号	展出时间	展出国家（地区）	展览场地
1.	1973.05.08–09.02	法国	巴黎市美术馆（小宫殿）
2.	1973.06.09–09.30	日本	东京国立博物馆、京都国立博物馆
3.	1973.09.28–1974.01.23	英国	伦敦皇家艺术学院
4.	1973.12.28–1974.02.28	罗马尼亚	布加勒斯特国家艺术博物馆
5.	1974.02.21–04.20	奥地利	维也纳奥地利工艺美术博物馆
6.	1974.04.30–06.02	南斯拉夫	贝尔格莱德人民博物馆
7.	1974.05.12–07.16	瑞典	斯德哥尔摩国家远东古物博物馆

序号	展出时间	展出国家（地区）	展览场地
8.	1974.07.05–10.03	墨西哥	墨西哥国立人类学博物馆
9.	1974.08.08–11.16	加拿大	多伦多皇家安大略博物馆
10.	1974.12.04–1975.01.26	荷兰	阿姆斯特丹国家博物馆
11.	1974.12.13–1975.8.28	美国	华盛顿国家美术馆、纳尔逊艺术博物馆（堪萨斯）、旧金山亚洲艺术博物馆
12.	1975.02.19–04.06	比利时	布鲁塞尔艺术宫
13.	1976.10.01–1977.01.01	菲律宾	马尼拉市立法大厦
14.	1977.01.19–06.29	澳大利亚	墨尔本维多利亚博物馆、悉尼新南威尔士美术馆、阿德莱德南澳美术馆
15.	1977.10.02–1978.02.26	日本	名古屋市博物馆、北九州岛市立美术馆、东京西武美术馆
16.	1978.04.18–06.11	中国香港	中国出口商品陈列馆（九龙尖沙咀星光行）

注：该展览于 1973、1977 年先后两次赴日本展出。

（二）出境展览概况

1. 赴法国办展

1973 年 5 月 8 日至 9 月 2 日，"中华人民共和国出土文物展览"首先在法国巴黎市美术馆小宫殿展出。展品 385 件，法国外交部部长和文化部部长等出席开幕式。国家文物事业管理局局长王冶秋率代表团参加了开幕式。展览历时四个月，观众 36 万余人（次）。

1973 年 4 月的一天，著名陶瓷专家耿宝昌正在忙于文物装运工作，突然被王冶秋找去谈话，让他收拾一下，明天就随运送文物的英国专机出发，先去法国（英法两家是交叉运输的）。王冶秋还送了他四个字：人在物在。5 月 8 日，就在展览开幕式前，代表团成员著名考古专家宿白突然发现，展场里及图录上的中国地图是以麦克马洪线为中印边界的。中方立刻交涉，提出如果不撤下地图今天就不开门，双方僵持了很久，最后法方做出了让步。

值得一提的是，在出国前看展品时，曾任法国驻中国使馆文化参赞的专家埃利塞夫对河南出土的一件商代青釉大口尊提出了异议。他认为瓷器应为瓷胎，具有一定透明度、不吸水，因此认为这不是瓷器而是陶器，中方专家宿白、史树青和耿宝昌等与之争执不下。最后还是郭沫若想出一个新的概念，说这是"原始瓷"，埃利塞夫也认可了这个说法。赴法国随展组由组长王承礼（来自吉林省博物馆）、组员耿宝昌（来自故宫博物院）、翻译罗新章（来自原对外文委）等组成。

2. 赴日本办展

1973 年 6 月 8 日，"中华人民共和国出土文物展览"在日本东京国立博物馆开幕。日本首相田中角荣出席开幕式并讲话，出席开幕式的还有日中文化交流协会会长中岛健藏等。国家文物事业管理局局长王冶秋率代表团参加了开幕式。三笠宫崇仁亲王参观了展览。随后，这个展览又在京都展出。展览历时四个月，观众 43 万人（次）。

此次赴日本的展品是另外一批 236 件出土的文物，与赴法国和英国的不同。赴日展品中有长沙马王堆出土的染织品，当今以"罗"织品闻名的日本"人间国宝"（传承人）北村武资，正是被马王堆染织折服而发奋研究，发明了北村独创"罗"织法而成为"人间国宝"的。马王堆文物给当时日本社会带来的影响可想而知。

1973 年 4 月 11 日，郭沫若还特意为准备赴日本展出的"中华人民共和国出土文物展览"题词："越王勾践破吴剑，专赖民工字错金。银缕玉衣今又是，千秋不朽匠心人。"（见图 2-2-3）

1973 年 6 月，为迎接中日邦交正常化一周年，文博专家罗哲文先生参加了由国家文物事业管理局局长王冶秋带队的赴日"出土文物展"。在接受《世界新闻报·鉴赏中国》周刊记者采访时，他讲道："日本观众对来自中国的文物如痴如醉，那个年代很多国家对社会主义中国不了解，甚至传说中国人破坏文物。展览粉碎了这种谣言，对树立新中国良好的国际形象是很有帮助的。"

图 2-2-3　1973 年 4 月郭沫若为"中华人民共和国出土文物展览"的题词

3. 赴英国办展

1973 年 9 月 28 日，"中华人民共和国出土文物展览"在英国伦敦皇家艺术协会大厅开幕，展品 385 件。英国首相希思出席开幕式并讲话（见图 2-2-4），国家文物事业管理局局长王

图 2-2-4　1973 年 9 月 28 日英国首相希思出席
"中华人民共和国出土文物展览"开幕式

冶秋率代表团参加了开幕式。英国女王伊丽白二世参观了展览。展览共四个月，观众超过 77 万人（次）。

1973 年 9 月，"中华人民共和国出土文物展览"开始在英国展出。在英随展组组长是郭文宣（辽宁省博物馆），组员是湖北省博物馆的王富国，翻译是邝志良（原对外文委），三人中只有邝志良有出国经验。展览开始，场面空前，排队的人望不到尽头。

王富国（1924–1994 年）在《〈中国出土文物展览〉在英国》一文中讲道：从 1973 年 9 月 28 日至 1974 年 1 月 23 日，该展览在伦敦持续了近四个月，共接待观众 77.1466 万人（次），英国媒体纷纷予以报道。英国官方也盛情接待了中方工作人员，时任英国首相希思亲自主持开幕式；展出期间，英国女王伊丽莎白二世亲临现场参观，并接见了中方人员。据王富国回忆："'出土文展'的文物图片，在伦敦的大街小巷，到处可见；伦敦市双层楼的公共汽车上，也都挂上了'金缕玉衣'的巨幅彩色照；伦敦市的大大小小商店，为追随'出土文展'这股热潮，都在橱窗里，摆上几件中国文物或是文物仿制品来装饰他们的门面，伦敦各博物馆和私人收藏家，利用这种良机，也就地举办起中国文物展览；伦敦各知名的汉学家，也到处举行讲座，大讲特讲'中国古代史''中国古代服装''中国古代发饰'等不一而足。"

甘肃出土的汉代"马踏飞燕"是该展的头号明星（见图 2-2-5），其海报随处可见，连女王伊丽莎白都提出，希望怀抱着铜奔马合影。这可难坏了随展组，经请示国内，得到的答复是：在保证绝对安全的前提下，可以拍照一张。在与英方沟通后，决

图 2-2-5　汉铜奔马

　　1969 年 10 月出土于武威市雷台汉墓，通高 34.5 厘米，长 45、宽 13.1、重 7.3 千克，现藏于甘肃省博物馆。造型矫健悄美，作昂首嘶鸣，疾足奔驰状。塑造者撷取了奔马三足腾空、一足超掠飞鹰的刹那瞬间。让飞鹰回首惊愕，更增强奔马急速向前的动势。其全身的着力点集中于超越飞鹰的那一足上，准确地掌握了力学的平衡原理，具有卓越的工艺技术水平。铜奔马是按照良马式的标准去塑造的，集西域马和蒙古马等马种的优点于一身，特别是表现出河西走廊马禀赋的对侧步特征。该文物构思巧妙，艺术造型精练，铸铜工艺卓越，1983 年被国家旅游局确定为中国旅游标志。

定在女王身前堆满了海绵，以不遮挡镜头为准。当女王到来时，大概也被眼前的场景惊住了，再三权衡，决定不再坚持怀抱铜奔马，而是放置在女王身后靠右的高台上合影。中英双方的专家终于放下了高悬着的心，但影响还是通过报纸、电视传了出去。观众们迟迟不肯离开展场，他们渴望得到有"马踏飞燕"的纪念品。随展组犯了难，带来印有展品的明信片早已送完。最后还是英方想出了办法：用橡皮泥划了一方"马踏飞燕"的阳文减地的模子，买来白布和印泥，白布裁成方块，边盖印边由随展专家签字，就这样买布块的队伍排也很长。第二天，英方从唐人街采购来香皂、团扇等，只要是中国货都一抢而空。

4. 赴其他国家和地区办展

　　1973 年 12 月 28 日，"中华人民共和国出土文物展览"在罗马尼亚布加勒斯特共和国艺术博物馆开幕，展品 221 件。罗马尼亚社会主义文化教育委员会主席波佩斯库、罗中友好协会主席托伊卡·基优等出席开幕式。展览两个月，观众 10 万多人（次）。

　　1974 年 2 月 21 日，"中华人民共和国出土文物展览"在奥地利维也纳实用艺术博物馆开幕，展品 385 件。奥地利总统弗约纳斯主持开幕式，总理克赖斯基等出席。我国驻奥地利大使王越毅率代表团参加了开幕式。展览两个月，观众 24 万人（次）。

1974 年 4 月 3 日，"中华人民共和国出土文物展览"在南斯拉夫贝尔格莱德人民博物馆开幕，展品 221 件。南联邦主席团委员斯塔门科维奇、副总理符拉图莎等出席开幕式。故宫博物院院长吴仲超率代表团参加了开幕式。展览两个月，观众 7 万人（次）。

1974 年 5 月 12 日，"中华人民共和国出土文物展览"在瑞典斯德哥尔摩远东古物博物馆开幕，展品 385 件。瑞典国王卡尔十六世古斯塔夫出席开幕式并讲话。中国历史博物馆馆长杨振亚率代表团参加了开幕式。展览两个月，观众 19 万余人（次）。

1974 年 7 月 5 日，"中华人民共和国出土文物展览"在墨西哥合众国墨西哥城国内人类学博物馆开幕，展品 221 件。墨西哥总统洛易斯·埃切维里亚主持开幕式。展览四个月，观众 15 万人（次）。

1974 年 8 月 7 日，"中华人民共和国出土文物展览"在加拿大多伦多安大略皇家博物馆开幕，展品 385 件。加拿大总督夫人，安大略省总督夫人和联邦政府工商贸易部长等人出席开幕活动，国家文物事业管理局刘仰峤率代表团参加了开幕式。展览 3 个月，观众 23 万人（次）。

1974 年 12 月 4 日，"中华人民共和国出土文物展览"在荷兰阿姆斯特丹国家博物馆开幕，展品 221 件。荷兰女王朱丽安娜出席开幕式，故宫博物院院长吴仲超率代表团参加了开幕式。展期 50 天，观众 11.5 万人（次）。

1974 年 12 月 13 日，"中华人民共和国出土文物展览"在美国华盛顿国立美术馆开幕，展品 385 件。国家文物事业管理局刘仰峤率代表团参加了开幕式，美国总统卡特和夫人出席开幕式，基辛格博士参观了展览。随后，展览又在堪萨斯城、旧金山市展出，翌年 8 月在旧金山闭幕，观众 180 万人（次）。

1975 年 2 月 28 日，"中华人民共和国出土文物展览"在比利时布鲁塞尔美术宫开幕，展品 221 件。比利时国王博杜安和王后、首相奥廷德斯曼出席开幕式，故宫博物院院长吴仲超率代表团参加开幕式。展览一个半月，观众 10 万人（次）。

1976 年 9 月 7 日，"中华人民共和国出土文物展览"在菲律宾马尼拉立法大厦开幕，展品 100 件。菲律宾总统马科斯和夫人出席了开幕式。展期四个月，观众达 80 万人（次）。

1977 年 1 月 18 日，"中华人民共和国出土文物展览"在澳大利亚墨尔本维多利亚国立博物馆开幕，展品 257 件。澳大利亚总理弗雷泽出席开幕式，国家文物事业管理局局长王冶秋率代表团参加了开幕式。之后，又在阿德雷德、悉尼展出，历时三个半月，观众 50 万人（次）。

1977 年 10 月 1 日，"中华人民共和国出土文物展览"再次来到日本，在名古屋国立博物馆开幕，展品 101 件。日本经济新闻社社长圆城寺次郎出席开幕式。之后又在北九州岛及东京展出，展期 140 天，观众 32 万人（次）。

1978 年 4 月 17 日，"中华人民共和国出土文物展览"在香港中国出口商品陈列馆展出，展品 136 件。港督麦理浩出席开幕式。国家文物事业管理局局长王冶秋率代表团参加了开幕式。展览 1 个月，观众 40 万人（次）（见图 2-2-6、图 2-2-7）。

图 2-2-6　1978 年观众在欣赏赴香港"中华人民共和国出土文物展览"中的青铜器

图 2-2-7　1978 年赴中国香港"中华人民共和国出土文物展览"入场券

（三）展览意义

20世纪70年代组织的文物对外交流展览，通过文物展示中国形象，进一步消除中外隔阂、增进双方理解、增加相互信任，国外民众也进一步了解中国、认识中国，助力中国开创了外交新局面。"中华人民共和国出土文物展览"自1973年至1978年，先后赴法、日、英、美等15个国家和地区展出，观众人数累计达到650多万人（次），展览所到之处无不引起巨大轰动。当时的英国女王伊丽莎白及首相希思，日本首相田中角荣，奥地利总统弗朗茨·约纳斯，瑞典国王卡尔十六世·古斯塔夫，美国总统福特，墨西哥总统刘易斯·埃切维里亚，比利时国王博杜安一世及首相莱奥·庭德斯曼，菲律宾总统马科斯，荷兰女王朱丽安娜，澳大利亚总理弗雷泽等国家元首或国家领导人亲临展览。文物展览成为服务国家外交大局重要手段，承载古老文明的文物成为让世界了解中国、让中国走向世界的生动媒介。这种以文物传播、交流与沟通为内容所展开的对外交流活动，为实现中国外交的突破做出了历史性的贡献，被赞誉为"文物外交"。

第三节
秦始皇陵兵马俑主题展览

（一）秦始皇陵兵马俑的发现

秦始皇陵是公元前三世纪中国第一位统一帝国缔造者秦始皇的陵园，位于陕西省西安市东北 35 公里的骊山北麓。秦始皇陵始建于公元前 246 年，其中标志性的陵墓封土高度为 51.3 米（位于南北向的长方形双重陵垣范围内）。陵园占地面积 56.25 平方公里，近 200 个陪葬坑内有数以千计的真人大小的兵马俑、青铜战马和武器，连同墓葬、建筑遗址等共 600 多处遗存。根据史学家司马迁（公元前 145– 公元前 95 年）的记载，来自秦帝国各地的劳工日夜劳作直至公元前 210 年秦始皇去世，才在这个庞大的坟墓中建成了一座地下城市。秦始皇陵具有独创性的陵园营建规制和建筑格局以及数量巨大且工艺精美的陪葬物品，见证了公元前三世纪中国土地上第一个统一帝国秦朝的建立，及其具备的空前强大的政治、军事、经济实力，和发达的社会、文化和艺术水平。1961 年 3 月 4 日，秦始皇陵被国务院公布为第一批全国重点文物保护单位。1987 年 12 月，秦始皇陵及兵马俑坑被联合国教科文组织列入《世界遗产名录》。

兵马俑坑是秦始皇陵的陪葬坑，位于陵园东侧 1500 米处。1974 年春被当地打井的农民发现。由此埋葬在地下两千多年的宝藏得以面世，这是世界考古史上最伟大的奇迹之一。为研究秦朝时期的军事、政治、经济、文化、科学技术等，提供了十分珍贵的实物资料，成为世界人类文化的宝贵财富。兵马俑坑现已发掘 3 座，俑坑坐西向东，呈"品"字形排列，坑内有陶俑、陶马 8000 多件，还有 4 万多件青铜兵器。

秦兵马俑塑胎所用的泥土是当地的黄土，经过淘洗去除杂质，再加以适量的石英砂调和而成。制作程序大致分为三个步骤：先用泥塑造成型，待阴干后放进陶窑内进行焙烧，最后在陶俑出窑后通体绘彩。秦兵马俑的制作是由下而上逐步叠塑成型的。先制作方形的脚踏板，在踏板上堆泥塑造出双脚和腿，再用泥条盘筑法制造中空的躯干，最后在躯干的两侧贴接双臂。陶俑头和手是单独制作后，再与躯干、手臂套装成一体。俑头制作可以借助模子先做出大型，陶工们在此基础上进一步仔细雕刻出五官及面部表情的变化。陶马是先分别制作出马头、颈、躯干、四肢、尾巴和耳朵，拼装黏合在一起后，再经过重新覆泥修饰、雕刻成型。秦兵马俑的制作比较成功地把握了整体效果，把圆雕、浮雕和线刻等塑造方法有机地结合起来，运用塑、堆、捏、贴、刻、画等技法，充分表达出立体形象的体、量、形、神、色和质，并在 1000℃的高温条件下进行焙烧，使陶俑质地坚硬，敲之铿锵有声，体现了当时高水平的烧造技术。兵马俑雕塑原本都带有精美的彩绘。颜色为平涂单色，有朱红、玫瑰红、橘子红、粉红、土黄、紫红、粉紫、深蓝、宝石蓝、宝石绿、赭、深赭及粉白等十多种。服饰色彩基调以红、绿为主，总体效果是大红大绿。

（二）国外政要和国际组织领导人参观秦始皇帝陵博物院概况

秦始皇帝陵博物院 1979 年 10 月 1 日正式对外展出，截止到 2019 年 7 月 31 日，到兵马俑来参观的人数已经超过了超过 1 亿 1611 万人（次），年接待游客数量仅次于北京故宫。这些游客中 20% 都是外国游客，包括 228 位国家元首、政府首脑和 3000 多位国际政要。这其中最为人们熟知的有英国女王伊丽莎白二世，俄罗斯总统普京，法国总统马克龙等[1]。

1976 年 5 月 14 日，新加坡总统李光耀来到兵马俑发掘现场参观。他是首位参观兵马俑的外国领导人。参观结束，李光耀说："兵马俑是世界的奇迹，民族的奇迹！"同时他还特意留下了寓意深远的语录"这一伟大文物，寓意着伟大的未来！"1985 年 9 月 17 日，李光耀第二次到访秦始皇陵及其兵马俑坑。

从 1979 到 2013 年，美国曾任国务卿的基辛格博士先后五次参观兵马俑。2013 年 6 月 29 日，他以 90 岁高龄第五次参观兵马俑，仿佛是第一次来到这里，他一路认真听着讲解，不时提出问题。参观结束，基辛格将轮椅转向俑坑，凝视着成排成行的兵马俑说："我可能是最后一次来看老朋友们了。"最后，他写下留言："中国的辉煌永远不会结束，兵马俑就是中国拥有光辉未来的证明。"

1979 年，丹麦女王参观兵马俑，她看到兵马俑太激动了，提出想进入俑坑中近距离欣赏，后得到工作人员的同意后，还没等来梯子，只身就跳入了 1.5 米深的坑中。

1984 年 4 月 29 日，美国总统里根率领一行 300 多人的庞大队伍，专程从北京飞到了西安，就为了参观兵马俑。当得到授权可以下坑的时候，他非常兴奋，站在秦俑和

1　田静. 秦兵马俑接待游客超 1 亿 1 千 6 百万 20% 是外国游客［EB/OL］.（2019-08-05）［2022-11-11］.https：//news.cnr.cn/native/city/20190805/t20190805_524719018.shtml.

陶马前，问工作人员："我可以摸摸马吗？"征得同意后，他小心翼翼地把手放在马背上，从头摸到尾，当手扶在马屁股上的时候，他突然缩回了手，说："它不会踢我吧。"当他走出俑坑时，回头还对兵马俑军阵风趣地说："解散（dismissed）！"

1986年10月16日，英国女王伊丽莎白二世在参观中，仔细欣赏面目表情各不相同的武士俑，先看看这个俑的发式，再看看那个俑的胡须，经反复对比后说："过去我听说过兵马俑，也看了照片，这次到现场来看，真是惊人！"女王对陶马观察得非常认真，从马头看到马尾。她说："这马虽然不高大，但是非常精神，是匹骏马！"在铜车马展厅，女王看到了一辆宫廷马车，她感叹道："铜车马比我们宫廷的马车还要好。"

1998年6月26日，美国总统克林顿和夫人希拉里到西安访问时，也参观了秦始皇兵马俑和陕西历史博物馆。克林顿赞叹道"非常精彩""不可思议"，最后也不忘记幽默一句："真希望到这里来当馆长。"

2004年10月16日，俄罗斯总统的普京来到秦始皇兵马俑博物馆参观。在参观的途中，不断向陪同人员问各种问题，比如"陶俑的鞋子为什么各不相同？""陶俑的身后怎么带着两个环""鞍马怎么没有脚蹬子？""秦朝的马为什么都不高？""铜车马的车轮子上突出的部位叫什么""这个部位怎么没有装兵器？"俄罗斯总统普京参观兵马俑后感叹道："没想到遗产保护这么成功，兵马俑修复得这么好！"

2009年7月25日，联合国秘书长潘基文到兵马俑参观，潘基文仔细听了工作人员的介绍，对秦代精湛的雕塑艺术和青铜冶炼技术叹服："真是不可思议！"潘基文还到发掘现场与考古工作者交谈："辛苦了！希望努力工作，发掘和保护好世界珍贵遗产。"最后，潘基文用中英两种文字写了两句话，中文写道："人间奇迹，举世无双。"英文写道："秦兵马俑是人类共同的遗产，联合国教科文组织已经将它列为世界共同遗产。我被中国丰富的文化所震撼，并希望这些遗产能够被我们的子孙后代永远保留。"

2010年，德国总理默克尔来到兵马俑参观。默克尔对秦俑的发式、服装很有兴趣。当听到介绍说，这些兵马俑都是参照当时的秦国士兵来塑造的，艺术手法细腻明快，陶俑的装束与士兵的等级有关，不同等级的士兵都有不同的装束，可谓是千人千面。随后，默克尔指着一个兵马俑的发髻笑称："这个发髻很漂亮，现代男性的发饰太单一了，可以仿效一下。"

2013年6月30日，韩国总统朴槿惠到兵马俑参观，参观结束时，朴槿惠在留言簿上写道："我在兵马俑，亲身感觉到了悠久中国文化的真髓。"

2015 年 5 月 14 日，印度总理莫迪访华时，首站就到陕西参观兵马俑。莫迪参观完后，曾留言："兵马俑是世界遗产，它是中国文明成就的见证者。对这一珍贵遗产的精心维护令我感到印象深刻。"

（三）秦兵马俑出境展览统计

秦兵马俑一经发现就震惊世界，神秘地下军阵与瑰丽兵马雕塑深深地吸引着人们去探寻，也很快成为外国人眼中的中国文化的符号和艺术代表，也是浩瀚中华文物宝库中的"明星"文物。秦始皇陵兵马俑坑被发现仅仅两年后，两尊武士俑和一匹陶马随"中华人民共和国古代青铜器展览"于 1976 年 3 月在日本东京展出，自此拉开了兵马俑出境展览的序幕。从 1976 至 2019 年，秦兵马俑先后在亚洲、美洲、欧洲、澳洲、非洲五大洲 49 个国家和地区的 201 座城市展出（见图 2-3-1），美国、日本、法国、英国、德国、意大利、澳大利亚、瑞典、希腊、埃及等许多国家都留下了它的足迹。在全世界范围内，举办秦兵马俑展览最多的国家是日本和美国。据不完全统计，海外观众已超过 3000 多万人（次）。

在文物对外交流展览中，无论是秦兵马俑的专题展览还是相关的综合文物展，兵马俑总是能引起外国人士的格外关注。以兵马俑主题的文物出境展览主办最多的文博单位是陕西历史博物馆和陕西省文物交流中心，其次中国文物交流中心和秦始皇帝陵博物院。1965 至 2019 年，陕西省相关文博机构主办（含承办）154 项文物出境展览，其中以秦代兵马俑为主题的展览最多，达 53 项（见表 2-3-1），占陕西省主办文物出境展览的三分之一。

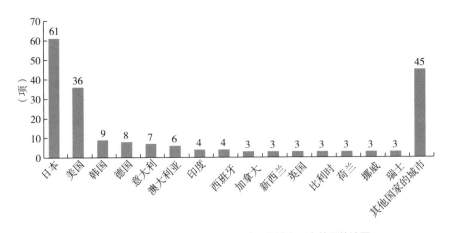

图 2-3-1　1976-2019 年秦兵马俑到访国外城市展出数量统计图

▼ 表2-3-1　1985-2019年陕西省主办的秦代兵马俑主题出境展览统计表

序号	展览时间	展览名称	办展国家或地区	展览场地
1.	1985.08-09	中国秦代兵马俑展览	美国	明尼阿波利斯艺术博物馆
2.	1985.11-12	中国秦代兵马俑展览	美国	帕森迪那使节学院
3.	1986.02-06	秦始皇兵马俑展览	中国香港	香港中国文物展览馆
4.	1986.06-11	中国陕西省秦兵马俑展览	日本	日本岩见泽市21世纪博览会等
5.	1986.08-1987.02	中国秦代兵马俑展览	新西兰	奥克兰市美术馆、克莱斯特彻奇Robert mcdougall美术馆、惠灵顿国家博物馆
6.	1987.08.19-09.19	秦陵兵马俑和仿制铜车马展览	加拿大	多伦多市国家艺术中心
7.	1987.10-12	中国秦代兵马俑展览	民主德国（东德）	民主德国柏林佩加蒙博物馆
8.	1987.12-1988.02	中国秦代兵马俑展览	英国	英国皇家园艺学会旧馆
9.	1988.03-04	中国秦代兵马俑展览	匈牙利	匈牙利国家博物馆
10.	1988.05-06	中国秦代兵马俑展览	希腊	希腊雅典国家美术博物馆
11.	1990.05-06	中国秦代兵马俑展览	日本	北九州市立美术馆
12.	1992.06-09	中国秦兵马俑展览	法国	L'ARSENAL中心展馆
13.	1992.11-1993.01	中国秦兵马俑展览	美国	密西根大学艺术博物馆
14.	1993.06-08	中国秦兵马俑展览	比利时	比利时安特卫普省政府行政大楼
15.	1994.05-1995.01	中国秦始皇兵马俑展览	意大利	威尼斯圣马可广场对面岛上古建筑、罗马中心地区圆柱广场
16.	1995.09-11	中国秦兵马俑展览	德国	汉堡工艺美术博物馆
17.	1996.07-09	秦兵马俑展览	日本	鸟取县燕赵园

续表

序号	展览时间	展览名称	办展国家或地区	展览场地
18.	1997.03–06	秦始皇帝和大兵马俑展览	日本	大阪万博博物馆
19.	1997.06–08	秦兵马俑展览	芬兰	拉赫迪市历史博物馆
20.	1997.09–1998.05	秦始皇帝和兵马俑展览	日本	德岛百货公司特设会场、广岛市福屋百货大楼八楼、冈山市天满屋特设会场、佐贺县立博物馆、岛根县立博物馆
21.	2000.03–11	秦兵马俑展	日本	山形美术馆、郡山美术馆、岩手县民会馆、青森产业会馆、秋田阿托利中心、松本市立博物馆
22.	2000.12–2001.05	兵马俑——秦文化特展	中国台湾	台北历史博物馆、台中自然科学博物馆
23.	2004.09–2005.01	大兵马俑展	日本	上野森美术馆
24.	2005.04–2007.02	中国秦兵马俑展	德国	莱比锡古典艺术博物馆
25.	2006.06–09	中国秦兵马俑展	哥伦比亚	波哥大国家博物馆
26.	2006.06–11	中国秦兵马俑展	俄罗斯	俄罗斯国家历史博物馆
27.	2006.08–2007.07	始皇帝和彩色兵马俑展——史记的世界	日本	江户东京博物馆、京都府文化博物馆、北九州市立自然历史博物馆、长野县信浓美术馆、新潟县立万代博物馆
28.	2006.11–2007.07	秦代新出土文物大展——兵马俑展Ⅱ	中国台湾	台中自然科学博物馆、台北历史博物馆
29.	2007.03–07	中国秦兵马俑展	马耳他	马耳他国家考古博物馆
30.	2007.07–08	秦兵马俑文化（复制品）展	中国香港	香港地铁公司
31.	2007.09–2008.04	中国秦兵马俑展	英国	大英博物馆
32.	2008.04–09	中国秦兵马俑展	法国	法国巴黎美术馆
33.	2008.05–2010.04	中国秦兵马俑展	美国	美国圣安娜市宝尔博物馆、亚特兰大海伊博物馆、休斯敦自然科学博物馆、华盛顿国家地理协会博物馆

续表

序号	展览时间	展览名称	办展国家或地区	展览场地
34.	2009.11–2010.05	古代中国与兵马俑展	智利	智利总统府文化中心
35.	2010.06–2011.06	中国秦兵马俑展	加拿大	加拿大皇家安大略博物馆、蒙特利尔艺术博物馆
36.	2010.08–2011.02	中国的兵马俑展	瑞典	瑞典东方博物馆
37.	2011.06–10	千秋帝业——兵马俑与秦文化展	新加坡	新加坡亚洲文明博物馆
38.	2012.04–08	中国秦兵马俑展	美国	纽约探索时代广场展览馆
39.	2012.04–2013.03	中国秦兵马俑展	荷兰	荷兰民族学博物馆
40.	2012.10 2013.05	中国秦兵马俑展	美国	明尼阿波利斯艺术博物馆、旧金山亚洲艺术博物馆
41.	2013.03–11	兵马俑军队与统一的秦汉王朝——中国陕西出土文物展	瑞士	瑞士伯尔尼历史博物馆
42.	2013.06–12	当传奇与历史相会：陕西西安兵马俑——来自中国的始皇帝宝藏展	芬兰	坦佩雷瓦普里克博物馆中心
43.	2014.05–11	中国陕西秦兵马俑——始皇帝的彩绘军阵展	美国	美国印第安纳波利斯儿童博物馆
44.	2015.04.01–09.30	秦始皇——中国陕西兵马俑展	丹麦	丹麦摩斯盖德博物馆
45.	2015.10.27–2016.10.02	始皇和大兵马俑展	日本	东京国立博物馆、九州国立博物馆、大阪国立国际美术馆
46.	2016.03.04–2017.01.08	中国秦始皇兵马俑展	美国	芝加哥费尔德博物馆
47.	2017.06.09–09.10	中国秦始皇兵马俑文物展	哈萨克斯坦	哈萨克斯坦国家博物馆
48.	2017.04.07–2018.03.05	兵马俑：秦始皇帝的永恒守卫展	美国	西雅图太平洋科学博物馆、费城富兰克林科学博物馆
49.	2017.11.14–2018	辉煌大秦——兵马俑展	美国	弗吉尼亚美术馆、辛辛那提美术馆

续表

序号	展览时间	展览名称	办展国家或地区	展览场地
50.	2018.02.08–10.28	秦始皇和兵马俑展	英国	利物浦世界博物馆
51.	2018.12.15–2019.04.22	秦始皇兵马俑：永恒的守卫展	新西兰	新西兰蒂帕帕国家博物馆
52.	2019.05.24–10.13	秦始皇兵马俑：永恒的守卫展	澳大利亚	墨尔本维多利亚美术馆
53.	2019.09.15–12.15	秦始皇——中国第一个皇帝与兵马俑展	泰国	泰国曼谷国家博物馆

（四）秦兵马俑出境展览概况

1976 年 3 至 8 月，秦兵马俑跟随"中华人民共和国古代青铜器展览"到日本东京、京都展出。这是秦俑首次走出国门，展期 5 个月，观众逾 40 万人（次）。

为庆祝中澳建交 10 周年，中澳双方于 1982 年 12 月 22 日至 1983 年 9 月 4 日在澳大利亚墨尔本、悉尼、布里斯班、阿德莱德、珀斯、堪培拉等城市巡回举办"中国秦代兵马俑展览"。根据国家文物局与澳大利亚国际文化公司达成的协议，该展览由陕西省文物事业管理局承办。展品共计 23 件（组），包括秦俑 7 件、陶马 2 件以及其他文物，这是首次以秦兵马俑为主题的赴外展览。观众达 80 万人（次），约占当时澳大利亚人口总数的 5%。在首都堪培拉展出时，澳大利亚总理霍克为展览剪彩并致辞。

1983 年 10 月至 1984 年 5 月，"中国秦兵马俑展览"在日本大阪、福冈、东京、静冈（大阪城公园、福冈县文化会馆、东京古代东方博物馆、静冈产业馆）等 4 地巡展，由中国文物对外展览公司、陕西省文化文物厅与日本大阪 21 世纪协会等单位共同举办。展品共计 35 件（组），包括秦俑 10 件、陶马 3 件及其他文物。日本天皇的弟弟三笠宫崇仁亲王参观了展览。胡耀邦总书记访日期间参观了展览。观众多达 200 多万人（次）。

1984 年 12 月至 1986 年 1 月，"中国秦代兵马俑展"赴瑞典、挪威、奥地利、英国、爱尔兰等欧洲五国巡展。由国家文物局主办、陕西省文物事业管理局具体承办。展品包括秦俑 9 件、陶马 2 匹及其他文物共计 33 件（组）。展览在欧洲引起极大轰动。1984 年 12 月 4 日至 1985 年 2 月 17 日该展在瑞典斯德哥尔摩的瑞典国家艺术博物馆展出。观众总数为 13.5 万人（次）。瑞典国王卡尔·古斯塔夫十六世和王后亲自出席开幕式并致辞，国王称赞："这次兵马俑在瑞典一定能引起很大轰动，因为这一展览符合瑞典人民的愿望。"

1985 年 3 月 2 日至 1985 年 4 月 28 日，"中国秦兵马俑展览"在挪威首都奥斯陆的汉尼尔—奥恩斯坦艺术中心展出。观众近 7 万人（次），最高日参观人数为 3383 人（次），创造了该艺术中心历年展览参观人数和日流量新高。挪威国王奥拉夫五世和挪威首相维洛克同时出席了开幕式。

1985 年 5 月 22 日至 8 月 4 日，"中国秦兵马俑展览"在奥地利维也纳人类学博物馆展出，观众约为 12.9 万人（次）。奥地利联邦总统鲁道夫·基希施莱格偕夫人参观展览，表示这是他即将访问中国的第一站。为配合展览，举办方于展览场馆内还销售有关介绍中国的图书和有关秦俑的小陶俑、纪念章、明信片等（见图 2-3-2）。

1985 年 9 月 11 日至 11 月 1 日，"中国秦兵马俑展览"在英国爱丁堡艺术中心展出，观众 22 万人（次）。这是中国秦兵马俑第一次到英国展出，在中英文化交流史上写下了重要一页。每日都有五六百人排队等候参观，队如长龙，阻挡了沿街商铺的门面，还因此引起诉讼。当地媒体戏称"等待参观展览的队伍，如同秦始皇修建的万里长城一样"。

1985 年 11 月至 1986 年 1 月，"中国秦兵马俑展览"在爱尔兰都柏林（都柏林皇家医院旧址特设展场）巡展。1985 年 11 月 26 日至 1986 年 1 月 5 日在爱尔兰首都都柏林文化艺术中心"皇家医院"展览馆展出，观众约 10 万人（次）。爱尔兰总理菲茨杰拉德出席开幕式并致辞。12 月 26 日，爱尔兰总统希勃里和夫人前往参观，盛赞秦俑的出

图 2-3-2　1985 赴奥地利"中国秦代兵马俑展览"图录

土是世界考古史上的卓越发现。

1985 年 8 月至 1985 年 12 月，"中国秦代兵马俑展览"在美国明尼阿波利斯（明尼阿波利斯艺术博物馆）、帕森迪那（帕森迪那使节学院）巡展。

1986 年 8 月 30 日至 1987 年 2 月 3 日，"中国秦代兵马俑展览"赴新西兰奥克兰、克莱斯特彻奇、惠灵顿 3 个城市巡展。展品包括秦俑 8 件、陶马 2 匹、跽座俑 1 件及其他文物共计 33 件（组）。观众累计 27.5 万人（次），是新西兰历年举办的外国艺术品展览中参观人数最多的一次。

1987 年 10 月至 1990 年 12 月，"中国秦代兵马俑展览"在东德东柏林（民主德国柏林佩加蒙博物馆，1987.10–1987.12）、英国伦敦（英国皇家园艺学会旧馆，1987.12–1988.02）、匈牙利布达佩斯（匈牙利国家博物馆，1988.03–1988.04）、希腊雅典（希腊雅典国家美术博物馆，1988.05–1988.06）、日本北九州（北九州市立美术馆，1990.05–1990.06）巡展。

1994 年 9 月 17 日至 1995 年 8 月 20 日，"秦始皇帝时代展览"在日本东京世田谷美术馆、名古屋市博物馆、福冈市博物馆、爱媛县立美术馆、北海道开拓纪念馆展出，参观人数达 85 万人（次）（见图 2-3-3）。

1995 年，"秦始皇兵马俑展览"在德国汉堡工艺美术博物馆举办，将"中国文化月"推向高潮。

2007 年 9 月至 2008 年 4 月，"中国秦兵马俑展"在英国大英博物馆举办，英国首相布朗出席了开幕式时表示："文化交流就像奥林匹克运动会的火炬一样，在人民之间传递。"该展览也成为大英博物馆历史上最受欢迎的展览之一，参观人数达到 85 万人（次）。

2008 年 7 月 10 日至 11 月 16 日，"兵马俑与丝绸之路展（天国）"在意大利都灵考古博物馆展出，观众达 12 万人（次）（见图 2-3-4、图 2-3-5）。

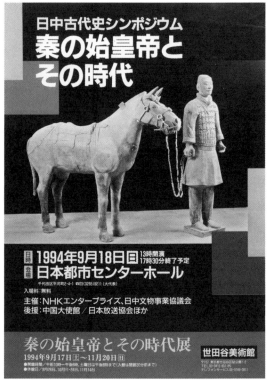

图 2-3-3　1994 年赴日本"秦始皇及其时代展览"海报

图 2-3-4　2008 年赴意大利"兵马俑与丝绸之路展（天国）"展厅外的海报

图 2-3-5　2008 年赴意大利"兵马俑与丝绸之路展（天国）"展厅中的场景

2009 年，为庆祝中智建交 40 周年，"古代中国与兵马俑展"在智利总统府文化中心展出，智利总统巴切莱特、前总统拉戈斯夫妇出席开幕式。参观人数达 24.6 万人（次）。

为庆祝中加两国建交 40 周年，2010 年 6 月至 2011 年 6 月，"中国秦兵马俑展"在加拿大皇家安大略博物馆、蒙特利尔艺术博物馆巡展。参观人数达 60.5 万人（次）。

2010 年 8 月 28 日，"中国兵马俑展"在瑞典东方博物馆举行开幕式，瑞典国王卡尔·古斯塔夫十六世为展览剪彩，并与西尔维娅王后参观展览。

2000 年 12 月 15 日至 2001 年 5 月 10 日，陕西省文物交流中心组织的"兵马俑秦文化特展"在台北历史博物馆和台中自然科学博物馆先后展出。共有 160.5 万人（次）参观了这个展览，其中台北历史博物馆的参观人数为 105 万人（次），台中自然科学博物馆参观人数为 60 万人（次），这一参观盛景被台北历史博物馆馆长黄光南称为"盛况空前"，被台中自然科学博物馆馆长李嘉维称为"前所未有"。

2015 年 4 月 1 日至 2015 年 9 月 30 日在丹麦摩斯盖德博物馆成功举办的"秦始皇——中国陕西兵马俑展"，更是近年卓越的外交事件。适逢中丹建交 65 周年，考古学专业出身的女王十分重视这个展览，甚至为此用一年时间新盖了一座漂亮的博物馆。观众人数达 34 万人（次），创造了丹麦展览的新纪录。参展展品共计 104 件（组），其中文物展品 100 件（组），复制品和辅助展品 4 件（组）。文物展品中包含一级品 20 件，占文物展品总数的 20%。参展单位包括：秦始皇帝陵博物院、陕西省考古研究院、陕西历史博物馆、汉阳陵博物馆、西安博物院、咸阳博物馆、咸阳市文保中心、咸阳市文物保护考古所、宝鸡青铜器博物院、宝鸡市考古工作队、凤翔县博物馆、岐山县博物馆。展览开幕式于 2014 年 4 月 1 日在摩斯盖德博物馆隆重举行。丹麦女王和亨里克亲王、丹麦文化部长以及各界贵宾、新闻媒体等 300 多人出席了开幕式。

2016 年 3 月 4 日至 2017 年 1 月 8 日，"中国秦始皇兵马俑展"在美国芝加哥费尔德博物馆举办，媒体评价说：展览将"中美旅游年"推向新的高潮。参观人数达 48 万人（次）。

2016 年 5 月 7 日至 2016 年 12 月 18 日，"秦·俑——秦文化与兵马俑特展"在台北故宫博物院和高雄科学工艺博物馆展出。展览包括秦与周戎、东进称霸、变法革新、秦始皇帝、汉承秦制等五大展区，呈现了西周以来秦人自起源至盛世近八百年的考古记录，透视出秦代多姿多彩的文化艺术和对后世的深远影响。展品展览汇集大陆陕西省、甘肃省 19 个博物馆、考古单位 189 件（组）文物精品，37% 以上为一级文物，还包括部分考古新发现。文物类别包括兵马俑、铜器、金银器、玉石器、漆器、车马器、兵器等。其中精品有战国时期的金兽、春秋晚期的金柄铁剑等。金兽通体黄金打造，造型奇特，学者推测为当时草原贵族之饰件。金柄铁剑，剑柄镂空设计，镶嵌绿松石，融合中西艺术风格。此外，还有秦穆公时期的"子车戈"、秦惠文君时期的"杜虎符"、秦汉时期的"玉羽人带翼神马"等诸多国宝展品。参观人数达 20.8 万人（次）。

2017 年 4 月 7 日至 2018 年 3 月 5 日，"兵马俑：秦始皇帝的永恒守卫展"在美国西雅图太平洋科学博物馆和费城富兰克林科学博物馆举办，参观人数达 41 万人（次）。

2017 年 11 月 18 日至 2018 年 8 月 12 日，由陕西省文物局、陕西历史博物馆（陕西省文物交流中心）及秦始皇帝陵博物院与美国弗吉尼亚艺术博物馆、辛辛那提艺术博物馆合作举办的"辉煌大秦——兵马俑展"在美国展出，该展览展品有 122 套，数量包含 715 件，其中一级文物 24 套（见表 5-3-2），它们来自陕西省 14 家博物馆及考古研究机构，展出将军俑、铠甲俑、陶马俑、立射俑、跪射俑和文官俑等 10 件兵马俑真品，以及各式青铜兵器、礼器、祭器、金银器、玉器、陶器和建筑构件。除秦始皇帝陵出土文物外，展览还展示了来自雍城秦公大墓、宝鸡益门宝藏、韩城芮国国君墓及陕北地区的出土文物，时间跨越西周至秦近 500 年历史。参观人数达 23 万人（次）。

▼ 表 5-3-2　2017 年赴美国"辉煌大秦——兵马俑"特展展品信息统计表

序号	名称	时代	级别	质地	数量（件）	收藏单位
1.	玉人	西周	一级	玉	1	陕西省考古研究院
2.	玉握	春秋	一级	玉、玛瑙、料珠	416	陕西省考古研究院
3.	秦公钟	春秋	一级	青铜	1	宝鸡青铜器博物院
4.	蟠螭纹单面齿铜建筑构件	春秋	一级	青铜	1	陕西历史博物馆
5.	错金银蟠螭壶	战国	一级	金、银、青铜	1	宝鸡市陈仓区博物馆
6.	蟠虺纹铜扁壶	战国	一级	青铜	1	陕西历史博物馆
7.	骑马俑	战国	一级	陶	1	咸阳市文物考古研究所
8.	工师铭文铜罍	战国	一级	青铜	1	陕西历史博物馆
9.	虎噬蜥蜴带链铜带钩	战国	一级	青铜	1	延安市文物研究所
10.	铜甬钟	秦	一级	青铜	1	秦始皇帝陵博物院
11.	铠甲将军俑	秦	一级	陶	1	秦始皇帝陵博物院
12.	铠甲军吏俑	秦	一级	陶	1	秦始皇帝陵博物院
13.	铠甲武士俑	秦	一级	陶	1	秦始皇帝陵博物院
14.	立射俑	秦	一级	陶	1	秦始皇帝陵博物院
15.	跪射武士俑	秦	一级	陶	1	秦始皇帝陵博物院
16.	御手俑	秦	一级	陶	1	秦始皇帝陵博物院
17.	文官俑	秦	一级	陶	1	陕西省考古研究院
18.	骑兵俑	秦	一级	陶	1	秦始皇帝陵博物院
19.	鞍马	秦	一级	陶	1	秦始皇帝陵博物院
20.	鸿雁	秦	一级	青铜	1	陕西省考古研究院

续表

序号	名称	时代	级别	质地	数量（件）	收藏单位
21.	青铜长剑	秦	一级	青铜	5	秦始皇帝陵博物院
22.	铜钺	秦	一级	青铜	2	秦始皇帝陵博物院
23.	两诏铜权	秦	一级	青铜	1	秦始皇帝陵博物院
24.	夔纹大瓦当	秦	一级	陶	1	秦始皇帝陵博物院
25.	戈	西周	二级	青铜	1	扶风县博物馆
26.	銮铃	西周	二级	青铜	1	宝鸡周原博物院
27.	銮铃	西周	二级	青铜	1	宝鸡周原博物院
28.	弓形器	西周	二级	青铜、绿松石	1	宝鸡周原博物院
29.	龙纹宫灯形镂空佩	春秋	二级	玉	1	陕西省考古研究院
30.	颈饰	春秋	二级	玉、玛瑙、料珠	87	陇县博物馆
31.	兽面金方泡	春秋	二级	金	1	宝鸡市考古工作队
32.	料珠镶嵌兽面金方泡	春秋	二级	金、料珠	1	宝鸡市考古工作队
33.	鸭首金带钩	春秋	二级	金	1	宝鸡市考古工作队
34.	鸭首金带钩	春秋	二级	金	1	宝鸡市考古工作队
35.	兽面勾形铜饰	春秋	二级	青铜	1	陇县博物馆
36.	铜镜	春秋	二级	青铜	1	陇县博物馆
37.	石磬	春秋	二级	石	1	秦始皇帝陵博物院
38.	玉韘	春秋	二级	玉	1	陕西省考古研究院
39.	铜鹿嵌贝铜镇	战国	二级	青铜、贝壳	1	宝塔区文物管理所
40.	铜鹿嵌贝铜镇	战国	二级	青铜、贝壳	1	宝塔区文物管理所
41.	鎏金带钩	战国	二级	金、青铜	1	陕西省考古研究院
42.	"二十五年"铜碗	战国	二级	青铜	1	陕西历史博物馆
43.	高圈足铜镀	战国	二级	青铜	1	延安市文物研究所
44.	铜钺（带鞘）	战国	二级	青铜	1	陕西历史博物馆
45.	铜镜	战国	二级	青铜	1	陕西省考古研究院
46.	葵纹瓦当	战国	三级	陶	1	陕西省考古研究院

续表

序号	名称	时代	级别	质地	数量（件）	收藏单位
47.	漩涡纹瓦当	战国	三级	陶	1	陕西省考古研究院
48.	橐泉宫当	战国	二级	陶	1	陕西省考古研究院
49.	凤鸟纹陶模	战国	二级	陶	1	陕西省考古研究院
50.	金当户	秦	二级	金	1	秦始皇帝陵博物院
51.	银节约	秦	二级	银	1	秦始皇帝陵博物院
52.	圆泡形金节约	秦	二级	金	1	秦始皇帝陵博物院
53.	圆泡形银节约	秦	二级	银	1	秦始皇帝陵博物院
54.	错银铜铺首	秦	二级	青铜、银	1	陕西省考古研究院
55.	错银铜铺首	秦	二级	青铜、银	1	陕西省考古研究院
56.	错金银铜带钩	汉	二级	金、银、青铜	1	陕西省考古研究院
57.	鎏金铜虎镇	秦	二级	青铜	1	西安博物院
58.	"寺工"戈	秦	二级	青铜	1	秦始皇帝陵博物院
59.	"寺工"矛	秦	二级	青铜	1	秦始皇帝陵博物院
60.	诏版	秦	二级	青铜	1	陕西历史博物馆
61.	铜灯	秦	二级	青铜	1	陕西省考古研究院
62.	跽坐俑	秦	二级	陶	1	秦始皇帝陵博物院
63.	"郎中丞印"封泥	秦	二级	泥	1	西安博物院
64.	"内官丞印"封泥	秦	二级	泥	1	西安博物院
65.	"高章宦丞"封泥	秦	三级	泥	1	西安博物院
66.	石铠甲	秦	二级	石	1	陕西省考古研究院
67.	石胄	秦	二级	石	1	陕西省考古研究院
68.	铜蚕	秦—汉	二级	青铜	1	西安博物院
69.	镂空矛	西周	三级	青铜	1	扶风县博物馆
70.	青铜戟	西周	三级	青铜	1	扶风县博物馆
71.	玛瑙管玉串饰	春秋	三级	玉、玛瑙、料珠	10	宝鸡市考古工作队
72.	素面金环	春秋	三级	金	1	宝鸡市考古工作队

续表

序号	名称	时代	级别	质地	数量（件）	收藏单位
73.	素面金络饰（之二）	春秋	三级	金	65	宝鸡市考古工作队
74.	金圆泡	春秋	三级	金	1	宝鸡市考古工作队
75.	金圆泡	春秋	三级	金	1	宝鸡市考古工作队
76.	金虎	春秋	三级	金	1	西安博物院
77.	云雷纹铃	春秋	三级	青铜	1	陇县博物馆
78.	铜衔	春秋	三级	青铜	1	陇县博物馆
79.	工字形双管兽面节约	春秋	三级	青铜	1	陇县博物馆
80.	"X"形兽面节约	春秋	三级	青铜	1	陇县博物馆
81.	灰陶面具	新石器	三级	陶	1	洛川县博物馆
82.	鎏金琵琶形兽面纹带钩	战国	三级	金、青铜	1	延安市文物研究所
83.	铜殳	秦	三级	青铜	1	秦始皇帝陵博物院
84.	郢爰金币	战国	二级	金	1	陕西历史博物馆
85.	齐刀币	战国	一般	青铜	1	陕西历史博物馆
86.	燕"明"刀币	战国	三级	青铜	1	陕西历史博物馆
87.	韩"梁邑"币	战国	三级	青铜	1	陕西历史博物馆
88.	赵"蔺"币	战国	三级	青铜	1	陕西历史博物馆
89.	魏"安邑二釿"币	战国	三级	青铜	1	陕西历史博物馆
90.	秦"半两"	战国	三级	青铜	1	陕西历史博物馆
91.	虎牛格斗透空长方形饰	战国	三级	青铜	1	西安博物院
92.	虎衔驴纹牌饰	战国	三级	青铜	1	西安博物院
93.	铜鹿饰件	战国	三级	青铜	1	延安市文物研究所
94.	铜鹿饰件	战国	三级	青铜	1	延安市文物研究所
95.	虎雁纹瓦当	战国	三级	陶	1	陕西省考古研究院
96.	瓦当与筒瓦烧结块	战国	三级	陶	1	陕西省考古研究院

续表

序号	名称	时代	级别	质地	数量（件）	收藏单位
97.	彩绘陶鼎	战国	三级	陶	1	陕西省考古研究院
98.	铜印章	秦	二级	青铜	1	陕西省考古研究院
99.	铜印章	秦	二级	青铜	1	陕西省考古研究院
100.	弩机	秦	二级	青铜	1	秦始皇帝陵博物院
101.	子母鹿纹瓦当	秦	三级	陶	1	陕西省考古研究院
102.	花草纹瓦当	秦	三级	陶	1	陕西省考古研究院
103.	四叶纹瓦当	秦	三级	陶	1	陕西省考古研究院
104.	陶响铃	秦	三级	陶	1	陕西省考古研究院
105.	青铜镞	西周	一般	青铜	4	扶风县博物馆
106.	铜矛	西周	一般	青铜	1	扶风县博物馆
107.	灰陶盂	春秋	一般	陶	1	陇县博物馆
108.	彩绘花耳陶壶	春秋	一般	陶	1	陇县博物馆
109.	车辖	春秋	一般	青铜	1	陇县博物馆
110.	扁体卷云纹铜铃	春秋	一般	青铜	3	陇县博物馆
111.	夔龙纹铜镳	春秋	一般	青铜	1	陇县博物馆
112.	夔龙纹铜镳	春秋	一般	青铜	1	陇县博物馆
113.	陶囷	战国	一般	陶	1	西安博物院
114.	半两钱	秦	一般	青铜	1	秦始皇帝陵博物院
115.	铜镞	秦	一般	青铜	10	秦始皇帝陵博物院
116.	"荣禄"铭铜印	秦	一般	青铜	1	秦始皇帝陵博物院
117.	陶拍	秦	一般	陶	1	秦始皇帝陵博物院
118.	五角形陶水管道	秦	一般	陶	1	秦始皇帝陵博物院
119.	筒瓦	春秋	一般	陶	1	秦始皇帝陵博物院
120.	圆形陶水管道	秦	一般	陶	1	秦始皇帝陵博物院
121.	彩绘陶壶	秦	一般	陶	1	陇县博物馆
122.	1号铜车马（复制品）	现代	复制品	青铜	1	秦始皇帝陵博物院

注：表格来源于陕西历史博物馆（陕西省文物交流中心）编制的《辉煌大秦——兵马俑展览大纲》。

2018 年 2 月 8 日至 10 月 28 日，"秦始皇和兵马俑展"在英国利物浦展出，英国首相特蕾莎·梅为展览题词。此次展览参展展品共 125 件（组），其中 120 件（组）为文物展品，一级品 24 件（组），占文物展品总数的 20%，辅助展品 5 件（组）。展览展品以大型秦代兵马俑为主，兼有春秋战国及汉代的陶器、青铜器、金银器等。该展览以秦代的崛起，秦始皇和他的伟业及汉王朝的黄金时代为主题，集中展现了秦在统一中国前后及汉代的政治、经济、文化、军事等社会面貌。参观人数达 61.1 万人（次）。

2018 年 12 月 15 日至 2019 年 4 月 22 日，"秦始皇兵马俑：永恒的守卫展"在新西兰举办，展品是从陕西 20 余家博物馆挑选的 8 件兵俑、2 件马俑、2 件铜车马复制品、160 多件西周至汉代的玉石和青铜器等。主办方在开幕当日凌晨举行传统毛利祈福仪式，200 余名各界嘉宾参加仪式。参观人数达 19.8 万人（次）。

2019 年 5 月 24 日至 2019 年 10 月 13 日，"秦始皇兵马俑：永恒的守卫展"在澳大利亚墨尔本维多利亚美术馆展出，参观人数达 37.6 万人（次）。

第三章

文物对外交流展览的特点与意义

第一节
文物对外交流展览的特点

"国之交在于民相亲，民相亲在于心相通。"文物对外交流的广度、深度与国家实力及其对外政策成正比；文物对外交流展览是最为柔性的人文交流形式，容易被人们接受；文物交流特有的亲和力与吸引力，会产生深入人心的感召力和长远的影响力。

一、文物交流与国家关系同频共振，与国家实力同休共戚

文物对外交流展览的发展历程是中华人民共和国对外关系变化的缩影，是国家建设和国力提升的映射。文物交流与国家对外关系密切联系，跟随着形势演变而起伏波动，同时与国家经济社会发展息息相关、同休共戚。对外政策的开放程度与中外文化交流的广度成正比，中国文物对外交流展览工作受对外关系变化和国家实力增强的影响，总体呈现上升趋势。

中华人民共和国成立至 20 世纪 50 年代中期，是中华人民共和国外交采取"一边倒"策略、坚定站在社会主义阵营的时期，文物交流也以社会主义国家为主要对象。这时期的文物展览是社会主义阵营之间人文交流的有机组成部分，加深了彼此的文化认知。

20 世纪 60 年代，中国反对苏联的修正主义，与苏联交恶；又反对美国霸权主义，与美国外交几乎完全中断。这时期中国几乎断绝了与美苏的文化交往，对外举办的文物展览也很少。这时期组织文物出境展览屈指可数，如 1963 年和 1965 年在日本举办的"中国永乐宫壁画展览"和"中国古瓷器和西安碑林拓片展览"。

1972 年 2 月美国总统尼克松正式访华，中美关系实现"破冰"。1978 年 12 月中美发表《中美建交公报》互相承认并建立外交关系，出于双方战略关系缓和，以及共同对抗苏联的考虑，20 世纪 80 年代中美双方有很密切的军事、经济合作。友好的氛围为文物交流营造良好的条件，当时文物对外交流的主渠道是出土文物展览工作室（中国文物交流中心前身）[1]，在这期间该机构在美国举办了 5 个主题的 19 场文物展

---

[1] 1979 年改为中国对外文物展览公司，1989 年改称中国文物交流服务中心，1992 年改称为中国文物交流中心，至今沿用。

览，即"中华人民共和国出土文物展览"（1974年12月至1975年8月，在美国不同城市举办了3场）、"中华人民共和国汉唐壁画（摹本）展览"（1976年10月至1978年7月，在美国不同城市举办了5场）、"伟大的中国青铜器时代展览"（1980年4月至1981年9月，在美国不同城市举办了5场）、"中国历代陶俑展览——对永恒的探索"（1987年3月至1988年4月，在美国不同城市举办了4场）、"天子——中国古代帝王艺术展览"（1988年7月至1989年11月，在美国不同城市举办了2场）（见图3-1-1）。与其他时期对比，这段时间内中国文物交流中心在美国举办展览最为频繁。在此之后中美关系波折与稳定发展相互交织，两国文物交流也随之起伏。1999年5月8日，以美国为首的北约轰炸了中国驻南斯拉夫联盟共和国大使馆，造成了中方人员重大伤亡和馆舍严重损坏。2001年4月1日，美国一架EP-3型军用侦察机在海南岛东南104公里处海域上空对中国进行侦察时，撞毁中方歼八飞机一架，致使飞行员王伟罹难。这期间中美关系受到严重影响，两国文物交流工作也陷入低谷，但没有完全中断。

从中国加入世贸组织至党的十八大（2001—2012年），中国同发达国家关系全面发展，同周边国家睦邻友好不断深化，同发展中国家传统友谊更加巩固。这段时间是对外文物交流较为活跃的时期，中国至少举办300项文物出境展览，不仅数量多而且质量高，在内容和形式上也积极创新，展现了中华优秀传统文化，增强了中国特色社会主义文化的吸引力和感召力。此时文物在对外文化交往中占据重要位置，中外博物馆的互展交流活动日益增多，中外文化机构的机制化合作也得到加强，对西方主流社会的文化投射力逐步增强（见图

图3-1-1　1988年赴美国"天子——中国古代帝王艺术展览"海报

3-1-2）。

2007 年"中俄交流年"是新中国成立以来中俄两国最高级别的双边外交活动。在交流年活动中，文化交流与政治交流、经济交流作为三根支柱发挥了同等重要的作用。"中俄交流年"活动期间，赴俄"中国古代艺术集粹展"与俄方来华举办的"克里姆林宫藏珍品展"相映成趣。10 月 30 日"中国古代艺术集粹展"在圣彼得堡的艾尔米塔什博物馆（俗称冬宫博物馆）开幕，展出了 42 尊在山东省青州市出土的公元 5 至 6 世纪石刻佛造像以及由山东博物馆和天津博物馆提供的古代陶瓷和绘画精品（见图 3-1-3、图3-1-4）。展品集中展示了与西方文化迥然不同的古老而灿烂的中华文明以及中国古代艺术家、工匠们高超的艺

图 3-1-2 2006 年从印度引进的"西天诸神——古代印度瑰宝展"（工作人员正在检查文物）

术创造力。"克里姆林宫藏珍品展"于 2006 年 9 月 28 日至 2007 年 1 月 8 日在故宫博物院午门展厅展出，该展既是俄罗斯珍宝首次在故宫博物院展出，也是故宫博物院与克里姆林宫博物馆的首次合作。

党的十八大至今，推动构建新型国际关系、推动构建人类命运共同体被确定为中国外交的总目标。进入新时代，我国积极推动中华文明"走出去"和世界文明"引进来"，成为中外人文交流、世界文明对话活动中的亮点。2013 至 2019 年，我国累计举办文物出境展览 479 项。中国国家领导人多次在博物馆会见外国领导人，对外文物交流成为国际人文交往的焦点，博物馆成为国家客厅，文物成为国家交往的见证。文物交流展览主题与内容日益多元化，古代文物展览和近现代文物展览齐头并进，综合类展览和专题类展览齐驱并进，共同构建出中华文明的完整印象。配合国家外交大局的"汉风——中国汉代文物展""秦汉文明展"等展览，作为靓丽的"外交使者""国家名片"，成为彰显中国风貌、传播中国声音的舞台，成为让世界客观认识中华文化，向世界展现真实、立体、全面的中国的有效方式。

图 3-1-3　2007 年赴俄罗斯"中国古代艺术集粹展"
海报

图 3-1-4　北齐贴金彩绘石雕菩萨立像

　　石雕造像高 115、宽 30、厚 25 厘米，1996
年龙兴寺遗址窖藏出土，青州市博物馆藏，这
件文物是 2007 年赴俄罗斯"中国古代艺术集粹
展"的一件展品。

　　文化交流与合作在推进"一带一路"[1]倡议中发挥着重要的作用。全国文博机构积极与"一带一路"沿线推进国家文化遗产合作，通过举办相关主题展览，丰富了文化交流的形式和内涵，为文化合作注入动力与活力。赴发展中国家举办的文物展览也逐渐增多，2011和 2013 年赴印度和罗马尼亚等国家和地区举办"华夏瑰宝展"后，中国文物交流中心将该系列展览在亚洲、非洲、中东欧等地的共建"一带一路"国家相继巡展，汇集兵马俑、金缕玉衣等标志性精美文物，使各国观众从中领略到了中华文明的独特魅力（见图 3-1-5、图 3-1-6）。2019 年 5 月 13 日"大美亚细亚——亚洲文明展"在中国国家博物馆开幕，此次展览是亚洲文明对话大会系列的文化活动之一。来自 49 个国家和地区的 400 多件珍贵文物汇聚一堂（见图 3-1-7）。这些展览作为"友好使者"，为传播中华优秀文化、巩固和发展中国与共建"一带一路"国家源远流长的传统友谊发挥了积极的作

1　"一带一路"全称丝绸之路经济带和 21 世纪海上丝绸之路，是中国政府于 2013 年倡议并主导的跨国经济带，
　　范围涵盖中国历史上丝绸之路和海上丝绸之路行经的东亚、中亚、北亚、西亚、印度洋沿岸、地中海沿岸、南
　　美洲、大西洋地区的国家。

图 3-1-5　2013 年赴罗马尼亚"华夏瑰宝展"海报

图 3-1-6　2013 年赴罗马尼亚"华夏瑰宝展"现场照片

图 3-1-7　元青花釉里红贴花开光盖罐

盖罐口径 15.3、底径 18.7、高 42.3 厘米，河北博物院藏，1964 年河北省保定市发现的元代窖藏中出土。元青花作为外销瓷，是中外文化交流和融合的结果，这件文物是"大美亚细亚——亚洲文明展"的展品。

用，为共建"一带一路"营造了良好人文氛围。

文物对外交流展览工作除了受对外关系的影响之外，内部政治的稳定、经济的繁荣也是对外文化交流的重要基础和条件。改革开放后，中国综合国力的快速增强为文物交流发展奠定了坚实的物质基础，文物对外交流展览工作由少变多、由小变大、由弱变强。以经济实力为代表的综合国力显著增强，让中国更有能力引进国外文物艺术展览，来满足人民日益多样化、多层次的精神文化需求。跟随国家发展步伐，文物交流展览从外界了解中国的一扇窗户变成增强中国软实力的重要手段。

二、文物交流展览跨越政治和经济分歧，超越意识形态和社会制度偏见，是最容易被国际接受的文化传递形式

人类生活在不同文化、种族、肤色、宗教和不同社会制度所组成的世界里，彼此间出现不同认知，发生矛盾，是可以理解的。文物是人类文明的亲历者、见证者、幸存者，守护着人类悠久的历史和多元共生的文明，承载着全人类共同的珍贵记忆，是人类所创造出的共同财富。在几千年历史长河中，中华民族创造出得辉煌历史与灿烂文明受世界仰慕，这种感佩之意发乎于内心（见图3-1-8）。文物对外交流展览可以超越国家关系的政治和经济纠纷、意识形态和社会制度冲突，观众可以自主解读文物承载的各种信息，是最为柔性的人文交流方式，也是最容易被人们接受的文化传递形式。

图3-1-8 1974年赴瑞典"中华人民共和国出土文物展览"观众排队进馆

现代外交是总体外交，不同领域的对外交往都要为国家的总体外交服务，而文物交流正是其中丰富多彩和充满活力的重要一环。文物交流在外交中的最大优势在于它跨越分歧，有助于在外交格局中实现求同存异，为矛盾双方创造建立沟通的结合点。中国举办的1000余项（1949-2019年）文物出国（境）展览得到了来自不同国家、不同民族、不同信仰、不同社会制度下人们的认可，引起非同一般的欢迎，成为当地的文化热点。对外交流展览成为中国扩大对外交往、让西方世界了解中国的重要场所，有力地推动国家关系的发展，维护良好的国家形象。

三、文物交流润物无声，作用巨大持久

开展人文交流、增强双方互信、发展对外关系，不能用空泛生硬的方式和枯燥乏味的表述，应该通过文化产品输出这种特殊方式悄然植入他人的价值观念，以一种娱乐和惬意的方式，让受众在浑然不觉中受到影响（见图 3-1-9、图 3-1-10）。这种潜移默化的影响体现在人的意念并将指导人们的行为，这也是为什么即便是那些对中国不友好的人，也会发自内心地喜欢秦始皇兵马俑、万里长城、故宫、敦煌莫高窟等文化遗产。

"文化交流是民心工程、未来工程，潜移默化、润物无声。"文物交流是没有国界的，文物交流就是用文明的力量拉近不同国家和民众间的距离。文物承载的历史文化

图 3-1-9　2010 年意大利来华"利玛窦：明末中西科学技术文化交融的使者展"海报

图 3-1-10　2004 年赴日本"大唐女性之美展"海报

作为最深沉最持久的力量，能以润物细无声的方式走进和触动人的内心。国外民众通过欣赏文物，由历史出发而理解现实，以现实为基点触摸未来，加深对中华文化的认识和理解。因此，中华文物通过特有的感染力和渗透力，悄然成为民心相通的"联心桥"、国际关系的"助推器"。

第二节
文物对外交流展览的作用

全国文博机构是传播文化，传承文明，启发民智的重要载体，也是国家公共服务体系的重要组成部分，其公益性、开放性与教育属性日益凸显，国际文化交流日益活跃。超越国度、跨越时空、富有魅力的文物对外展览也肩负着"展示中华文明、促进交流互鉴、增进民心相通"的光荣使命。

（一）促进交流对话、增进民心相通

1. 增进文化认同，夯实民意基础

文物交流展览是增进民心相通和文化认同的重要手段，在对外交往中具有不可替代的作用。举办文物对外交流展览可以加深各地民众对中国悠久历史和灿烂文化的了解，也可以加深他们对今日中国和中华民族的了解，增进不同国家和地区人民之间的友好感情。

文物展览是台湾同胞特别喜爱的人文交流形式，文物交流在对台工作中始终发挥着独特作用。仅中国文物交流中心这一家机构，自从成立以来在台湾地区举办了多达20项文物展览（见图3-2-1、3-2-2、3-2-3）。"九二共识"[1] 以后，随着两岸关系的缓和，大陆对台文化交流范围不断扩大、内容不断丰富，文物展览作为对台文化交流的重要形式和载体，深受欢迎。台湾地区政要及社会名流纷纷参加展览开幕活动并参观展览，这种效果是其他交流活动难以达到的。展览不仅满足了社会各层次的文化需要，还增强了岛内民众的民族自豪感和对两岸文化同根同祖同源的认同感。1992年赴台湾地区"兵马俑与金缕玉衣展览（大陆古物珍宝展）"是两岸分隔40多年后，大陆赴台湾的第一个文物大展，观众纷纷走向博物馆一睹为快，以致万人空巷（见图3-2-4、图3-2-5）。不少1949年前去台湾地区的人士看后万分激动，说"看到展览如同回到故

1　"九二共识"是在1992年，海峡两岸关系协会与台湾海峡交流基金会受权就在两岸事务性商谈中表述坚持一个中国原则事宜进行协商。

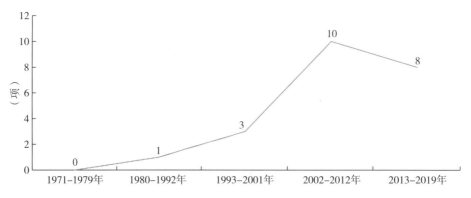

图 3-2-1　1971-2019 年中国文物交流中心在中国台湾地区举办文物展览数量统计图

图 3-2-2　2010 年赴台湾地区"文艺绍兴——南宋艺术与文化特展"展览海报

图 3-2-3　2012 年赴台湾地区"商王武丁与后妇好——殷商盛世文化艺术特展"海报

　　2010 年 10 月 8 日在台北故宫博物院开幕的"文艺绍兴——南宋艺术与文化特展",是继"雍正文物大展"之后,在这里举办的又一个两岸文物精品共聚一堂的高水准展览。展览共计 410 件展品,来自两岸及日本共 17 家博物馆。其中台北故宫博物院展品近 300 件,大陆参展文物 96 件(组),由上海、辽宁、浙江、福建四地的 11 家博物馆提供。展览为台湾同胞展现了南宋艺术文化在承继与开创,以及流通与融合的交互影响下,及其所发展出的独特时代性。

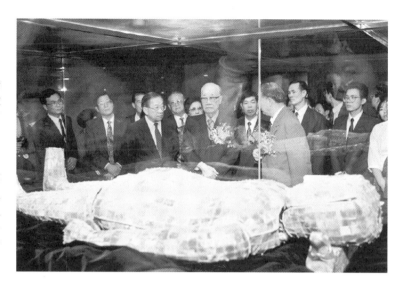

图 3-2-4　1992 年赴台湾地区的"兵马俑与金缕玉衣展览（大陆古物珍宝展览）"开幕式

　　1992 年 12 月 5 日，在"兵马俑与金缕玉衣展览（大陆古物珍宝展览）"开幕式上，台湾地区政要谢东闵剪彩，展望文教基金会董事长李庆华致辞，台北故宫博物院院长秦孝仪等社会各界名流 2000 多人到场。

图 3-2-5　1992 年张学良将军和夫人赵一荻参观"兵马俑与金缕玉衣展览（大陆古物珍宝展览）"

乡"。展览主办单位台湾展望基金会董事长李庆华在展览前曾表示："希望借此次展览，提升台湾同胞对中华文物的了解，消除两岸社会的隔阂，增进两岸人民的情谊。"展览使台湾同胞对两岸血脉相连有了更加深刻的感受。展望基金会李庆华先生在展览题词中欣然写道："中华文物放光彩，两岸交流开新页。"表达了两岸同胞的共同心声。展览还为当时台湾同胞回大陆探亲、到大陆观光的热潮注入了一股新的动力。1997 年 11 月至 1998 年 5 月，"中山文物真迹大展"在台北孙中山纪念馆举办。展览精心挑选了包括中山先生遗物、墨宝、手稿在内的 170 多件（组）展品，其中大部分是首次展出。这是两岸首次合作举办的近现代史类文物展览，通过展览两岸同胞共同缅怀中山先生业绩和精神，激励两岸同胞秉承中山先生遗志，一起为祖国的统一和民族的振兴而努力，这也是 1995 年李登辉"访美"事件引发的台海危机之后的重要两岸文化活动。本次展览加强了大陆与中国港澳台地区的文化交流，增进了两岸同胞的亲情和福祉，拉近了同胞心灵距离，增强了中华民族命运共同体的意识。

2016 年 7 月 27 日至 9 月 22 日，经过中日双方历时两年的共同努力和精心筹备，由陕西省文物局主办，日本真言宗醍醐派总本山醍醐寺、日本独立行政法人国立文化财机构、陕西历史博物馆、上海博物馆承办，西安市文物局、西安博物院、西安碑林博物馆、西安市青龙寺遗址保管所、日本航空协办的大型国际文化艺术展览"梵音东渡——日本醍醐寺国宝展"在陕西历史博物馆展出（见表 3-2-1）。在此之前，该展览于 2016 年 5 月 10 日至 7 月 10 日在上海博物馆举办。

▼ 表 3-2-1   2016 年"醍醐寺艺术珍宝展"展品信息统计表

编号	分类	名称	件数	时代	尺寸（厘米）	工艺材质	照片
1.	雕刻	弘法大师像	1	江户时代	高 83.0	木雕彩绘	
2.	雕刻	理源大师像	1	江户时代	高 82.5	木雕彩绘	
3.	雕刻	大日如来坐像（金刚界）	1	平安时代（12 世纪）	像高 91.3 60.2	漆木雕	
4.	雕刻	大日如来坐像（金刚界）	1	平安时代（9-10 世纪）	像高 105.3	木雕彩绘	
5.	雕刻	大日如来坐像（胎藏界）	1	平安时代（10-11 世纪）	像高 105.3 86.8	漆木雕	
6.	雕刻	阿弥陀如来坐像	1	平安时代（12 世纪）	像高 96.5 164.4	木雕彩绘	

续表

编号	分类	名称	件数	时代	尺寸（厘米）	工艺材质	照片
7.	雕刻	吉祥天立像	1	平安时代（12世纪）1130	像高 165.8 164.4	木雕彩绘	
8.	雕刻	释迦如来坐像	1	镰仓时代（12-13世纪）	像高 52.0	木雕贴金	
9.	雕刻	文殊菩萨（左胁侍）	1	镰仓时代（12-13世纪）	像高 30.7	木雕彩绘	
10.	雕刻	普贤菩萨（右胁侍）	1	镰仓时代（12-13世纪）	像高 30.5	木雕漆金	
11.	雕刻	理源大师像	1	江户时代 1779	像高 51.5	铜	
12.	雕刻	如意轮观音坐像	1	镰仓时代（13世纪）	像高 33.3	木雕漆金	
13.	雕刻	阿弥陀如来坐像	1	平安时代（12世纪）	像高 18.9	铜鎏金	
14.	雕刻	爱染明王坐像	1	镰仓时代（13-14世纪）	像高 24.8	木雕彩绘	
15.	雕刻	千手观音立像	1	镰仓时代（13-14世纪）	像高 55	木雕彩绘	
16.	雕刻	帝释天骑象像	1	平安时代（10世纪）	像高（坐高）108.6 112.2	木雕彩绘	

编号	分类	名称	件数	时代	尺寸（厘米）	工艺材质	照片
17.	雕刻	阎魔天骑牛像	1	平安时代（12世纪）	像高 93.5	木雕彩绘	
18.	雕刻	地藏菩萨立像	1	镰仓时代（13世纪）	像高 164.2	木雕彩绘	
19.	绘画	观贤像	1	室町时代（15世纪）	长 88.0、宽 41.1	绢本设色	
20.	绘画	仁海像	1	室町时代（15世纪）	长 87.7、宽 41.0	绢本设色	
21.	绘画	胜觉像	1	室町时代（15世纪）	长 86.7、宽 42.2	绢本设色	
22.	绘画	义演像	1	江户时代（17世纪）	长 94.9、宽 49.5	绢本设色	
23.	绘画	丰臣秀吉像	1	江户时代（18世纪）	长 100.2、宽 56.2	绢本设色	
24.	绘画	役行者及八大童子像	1	南北朝 – 室町时代（14–15世纪）	长 115.0、宽 60.1	绢本设色	
25.	绘画	山中秘所图	2 卷	江户时代、天明七年（1787 年）	上：高 36.9、长 1010.4；下：高 36.9、长 1055.0	绢本设色	
26.	绘画	松樱慢幕图屏风（生驹等寿笔）	1 双	江户时代（17世纪）	宽 1680.0、高 359	纸本设色	

续表

编号	分类	名称	件数	时代	尺寸（厘米）	工艺材质	照片
27.	工艺	大坛具	1套	安土桃山~江户时代（16-17世纪）	大坛：W170.5 D170.5 H35.8；礼盘：W71.7 D71.7 H18.5；胁机：W33.6 D71.6 H34.3；磬架：W63.5 D38.5 H65.5；宝塔：W49.0 D49.0 H99.0	漆木鎏金	
28.	工艺	金天目盏、金天目盏托	1套	安土桃山时代（16世纪）	天目高5.8、天目台高6.6	木、金、铜鎏金	
29.	书法	宋版《一切经》	11帖	南宋（12世纪）	长29.6、宽11.7（摩登伽经上）	纸本印刷	
30.	书法	血脉谱	2幅		长155.5、宽92.0；长234.3、宽101.7	纸本	
31.	书法	醍醐赏花短册	1	安土桃山时代、庆长三年（1598年）	长37.9、宽22.5	花笺	
32.	雕刻	五重塔（模型）	1	现代	总高275、宽105	木	
33.	书画	太元帅明王像（复制品）	1	现代	长271.5、宽133	绢本设色	
34.	书画	大威德明王（复制品）	1	现代	长297.7、宽143.6	绢本设色	

日本佛教僧侣空海于 804 年来到中国长安学习密教。806 年回国创建了佛教真言宗。其徒孙圣宝（理源大师）于公元 874 年在京都建立了醍醐寺。该寺在平安时代得到醍醐天皇的推崇，不断扩建形成现今的规模。1994 年被世界教科文组织世界遗产委员会批准列入世界文化遗产名录，寺内的金堂、五重塔等许多建筑物也被指定为日本的"国宝"。此展的文物选定主要以"与中国的渊源"为遴选标准，展出的 64 件（组）珍贵文物有雕刻、工艺、绘画等，其中 24 件是日本重要文化遗产，6 件日本国宝。这些展品多带有浓郁的唐宋艺术遗风，如弘法大师空海的真迹《〈大日经〉开题》、记载醍醐寺初创珍贵史料的《醍醐寺缘起》、日本现存最古老的绘画作品之一《绘因果经》、源自中国五代时兴起的"新样文殊"题材的《文殊渡海图》、创作于平安时代的《诃梨帝母像》《阎魔天像》、宋版《一切经》等。

此次中日双方倾力共同打造这个展览，广大社会公众能通过展览了解源远流长的中日佛教文化交流史，享受一场辉煌的视觉盛宴，并进一步增进中日两国人民的了解与友谊，推动两国的文化交流与发展。

2. 服务外交大局，加深国家之间的理解与信任

"了解今天的中国，要从了解中国的历史开始。"法国总统马克龙于 2023 年 4 月 5 日至 7 日对中国进行国事访问。结束访问之际，马克龙总统表示，自己进一步领略了中国悠久灿烂的历史文化，增进了对现代中国治理理念的了解。文物对外交流展览有力地推动了中国与世界各国的交流合作，促进了中国外交工作的开展，是改善双边关系的润滑剂、黏合剂、催化剂，在维护国家外交关系方面担负着特殊使命。正如英国的约翰·米歇尔在《国际文化关系》中所说的："展览可以触动神经，同时留下持久性的影响，因此可能是传达国家形象或者改变国家形象最有效的手段。"

20 世纪 70 年代是中国外交开拓期，人文交流比常规外交手段效果更好，文物交流展览助力国家之间的交流与和解。1971 年 7 月，"无产阶级'文化大革命'期间出土文物展览"开始在故宫博物院展出，这个展览不仅受国内领导的关注，还很快在外交上发挥了作用，它吸引了各国驻华大使和访华代表团人员前来参观。20 世纪 70 年代，为争取国际社会特别是西方国家对中国的了解，从全国博物馆抽调了一批经验丰富的专家学者，成立出土文物展览筹备小组，经过近两年的艰苦筹备，终于开启了"中华人民共和国出土文物展览"海外巡展之旅。自 1973 年至 1978 年，展览先后在法、日、英、美等 15 个国家和地区展出，展览引起巨大轰动。文物交流展览成为两国交往的"开路先锋"和"先遣队、先行官"（见图 3-2-6）。自此，超越意识形态分歧的文物交

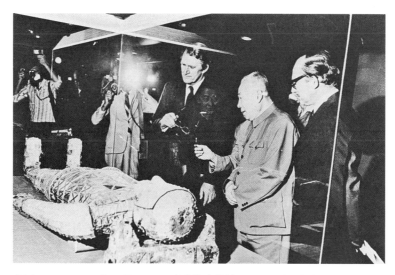

图3-2-6 1977年1月10日国家文物事业管理局王冶秋局长向澳大利亚总理
弗雷泽介绍"中华人民共和国出土文物展览"展品

流埋念和方法开始形成，中国也开始了对文明史观和文明思想的阐释体系的建构。

我国改革开放的深化带来了国家经济实力的快速增长和国际地位的日益提高，文物对外交流与合作愈发活跃，文物展览不仅在对外文化交流中发挥着特殊作用，也成为配合领导人出访、"国家年""文化年"等国家双边活动中的亮点，为服务国家外交政策发挥了积极作用（见图3-2-7、图3-2-8）。为庆祝中法建交40周年，从2003年10月至2004年7月，国家文物局先后组织了"四川省出土文物展""孔子文化展""康熙时期艺术展"以及"神圣的山峰展"赴法国展出，作为中法文化年的重点活动，在中法文化交流史上写下流光溢彩的一章。正如希拉克总统指出："中国文物展览是对中法两国友谊的重大贡献。"据不完全统计，中国文化年期间文物展览的观众总人数近80万人（次），"孔子文化展"还创造了国立吉美亚洲艺术博物馆参观人数的最高纪录。文化交流与沟通是国家间长远合作的基础，文物交流展览不仅完美地展示国家形象和魅力，还巩固了国家与国家之间的友谊。

（二）展示国家形象，提升国家文化软实力

超越国度、跨越时空、富有魅力的文物展览是讲好中国故事的生动载体，是实现中国文化、中国价值、中国智慧、中国精神国际传播的宝贵资源，在展现文明大国形象、传递中国声音、提升国家文化软实力方面起到不可估量的作用。

无论是改革开放初期广受欢迎的秦始皇兵马俑主题文物展，还是以反映中华五千

图 3-2-7　2008 年赴意大利"中国：从汉风到唐韵展"海报

　　由中国文物交流中心与意大利佛罗伦萨市斯特罗兹宫基金会共同举办的"中国：从汉风到唐韵展"，2008 年 3 月 6 日晚在佛罗伦萨开幕，展览为期 4 个月。本次展览展品共计 200 余件，主要来自陕西、河南、甘肃、江苏四省的 20 多家博物馆，其中国家一级文物 69 件，不少展品是第一次在欧洲国家展出。

年文明为主题的综合类展览与各历史时期或文化艺术类的专题类展，文物对外展览所到之处都会掀起"中国热""中华文化热"。20 世纪 70 年代开始发掘并出境展示的秦始皇兵马俑对于世界产生了极为重大的影响（图 3-2-9）。四十多年来，兵马俑主题展览在 50 个国家和地区的 201 个城市进行展示，吸引了国际上许多重要政治家、军事家、企业家、艺术家、科学家、人文社会学者前来参观，在世界主流舆论中多次引起轰动，研究兵马俑及其朝代历史的论文报告多达上万篇。首次以秦兵马俑为主题的专题出境展览是 1982 年 12 月至 1983 年 9 月在澳大利亚墨尔本、悉尼等 6 个城市的"中国秦代兵马俑展览"巡回展览，有 80 余万人（次）前来参观[1]（见图 3-2-10）。1983 年 10 月至 1984 年 5 月该展在日本东京等地巡展，观众人数更是高达 200 万人（次）。自 1984 年 12 月至 1986 年 1 月，该展览先后在瑞典、挪威、奥地利、英国、爱尔兰等欧洲五国巡展，参观人数达 65.5 万人（次），所到之处都掀起一股了解中国的热潮，秦始皇兵马俑也成为文物展中最受观众青睐的展品。

　　2007 年 9 月至 2008 年 4 月，"中国秦始皇兵马俑展"在大英博物馆展出。展品 120 件（组），是当时中国在境外举办的规模最大的兵马俑展。大英博物馆斥巨资在著

1　张阳.陕西省文物出境展览研究［D］.西安：西北大学，2019.

图 3-2-8　2012 年赴日本"中华大文明展"展出了出土于南京长干寺地宫的阿育王塔

　　为纪念中日邦交正常化四十周年，中国文物交流中心经过三年时间，与日方合作筹划了"中华大文明展"。展览选取了全国 11 个省、市 200 余件文物参展。通过这些最新考古发掘成果，重点介绍了中国古代王朝的都城，以新颖独特的视角，展示中华文明的发展历程。

图 3-2-9　秦兵马俑一号坑

图 3-2-10　1983 年澳大利亚联邦南澳大利亚州州长及夫人参观"中国秦代兵马俑展览"

名的圆形阅览室里为展览量身定做了壮观奢华的临时展厅，充分利用实物、视像、图片、文字等手段，全面介绍了该馆开馆以来规模最大的兵马俑展览。展览开幕后观众络绎不绝，累计参观人数 85 万人（次），成为该馆历史上最受欢迎的展览之一。英国皇室成员、首相布朗、文化、媒体和体育大臣等政要和名流纷纷到场参观。展览展出期间，主办方开展了电影、讲座、研讨会、诗会、书法、手工制作等一系列配套活动，同时专门出版有关兵马俑的图书，研发并销售相关主题纪念品。展览图录几度脱销，不断再版，在展览结束后仍然畅销良久。中华文物通过厚重而特殊的方式向世界展示了一个悠久、包容、多元和生机勃勃的美好中国，提升了国家文化软实力。

（三）满足人民美好生活需要，增强人民文化福祉

进入 21 世纪，参观博物馆、品味文物展览日益成为人民文化体验的热点，成为中国新的文化时尚，成为增强人民群众获得感、幸福感的重要组成部分。我国在 2019 年举办了 2.86 万个陈列展览，参观人数为 12.27 亿人（次）。2019 年春节假期，根据中国旅游研究院的统计，7 天共计 4.15 亿的旅游人（次），其中 40% 以上的旅游人（次）走

进了博物馆观看展览[1]。党的十八大以来（2012年11月14日），国外文物展览源源不断地被引入中国，这些引进的境外展览，不仅介绍了人类文明优秀成果，丰富了博物馆文化产品供给，而且满足了公众日益多元化、个性化、高品质的文化需求，也让人们感受和共享了社会发展成果。入境来华展览呈现逐年上升趋势，到2016年时，文物出境展为46个，入境展览50个，入境展览首次超过出境展览，2019年文物出境展为33个，而进境展览56个，进境展览再次超出境展览。受新冠肺炎疫情影响，2020年文物出境展仅为4个，而入境展览17个（见图3-2-11、图3-2-12、图3-2-13）。由此可见，自从2016年之后入境展成为对外文物交流的新亮点并成为新常态，中国观众不出国门就可一睹世界各国的珍贵文物的风采。

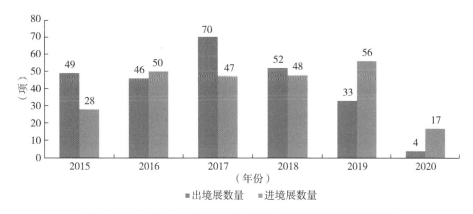

图 3-2-11　2015-2020 年中国文物进出境展览数量统计柱状图[1]

2016年12月至2017年3月，由中国国家文物局、中国国家博物馆和沙特旅游与民族遗产总机构共同主办，中国文物交流中心承办的"阿拉伯之路——沙特出土文物展"在中国国家博物馆展出（见图3-2-14）。展览共展出466件（组）沙特出土文物，全部文物均为首次来华展出。此次展览是中沙建立全面战略伙伴关系后，双方在文化领域的一次重要交流与合作。2017年3月16日，中国国家主席习近平同沙特阿拉伯王国国王萨勒曼共同出席了该展览的闭幕仪式。本次展览的大量文物出土于阿拉伯半岛历代香料之路、朝圣之路沿线，堪称阿拉伯本土文化与东、西方文化之间交流和互动的重要物证。本展览不仅为进一步增进中国与沙特阿拉伯王国之间的友谊做出了贡献，

1　新华社.2019年我国博物馆接待观众12.27亿人次［EB/OL］.（2020-05-18）［2021-12-9］.http：//www.gov.cn/xinwen/2020-05/18/content_5512680.htm.

2　数据来源：根据中国文物交流中心编.2015、2016、2017、2018等年度全国文物进出境展览集粹相关数据整理而来.

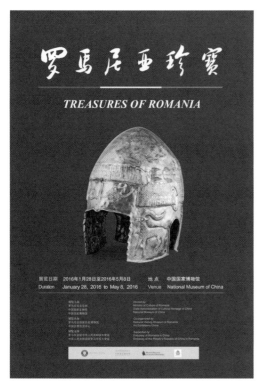

图 3-2-12　2016 年罗马尼亚来华"罗马尼亚珍宝展"
海报

图 3-2-13　2019 年在清华大学艺术博物馆展出的
"器服物佩好无疆：东西文明交汇的阿富汗国家宝藏展"
海报

　　2016 年 1 月至 5 月，由罗马尼亚文化部、中国国家文物局、中国国家博物馆共同主办的"罗马尼亚珍宝展"在中国国家博物馆展出。当年 6 月至 8 月在四川博物院展出。展品来自罗马尼亚 31 家博物馆、美术馆等文博机构，共计 445 件（组）。此展览不仅是一个多门类的综合性文物大展，也是罗马尼亚重要文化遗产在中国乃至亚洲的一次盛大巡礼。

图 3-2-14　2016 年的沙特阿拉伯来华"阿拉伯之路——沙特出土文物展"海报

也为中国观众了解与认识西亚地区的古老文明开启了一扇窗口。2017 至 2019 年阿富汗考古展来到中国展出，231 件（组）文物展品展示了 20 世纪阿富汗考古发掘的成果，先后在故宫博物院、敦煌研究院保护研究陈列中心、成都博物馆、郑州博物馆、南山博物馆、湖南博物院、清华大学艺术博物馆和南京博物院展出。面对当时危机四伏的阿富汗，巡回展览的模式也许能更有效地宣传阿富汗的文化，也能更有效地保存这批文物。展览为中国观众呈现了阿富汗及周边地区受古希腊、古印度和古罗马等外来文化影响，并与草原民族文化融合的多元文化面貌。

总之，文物公共外交以人类文明共有成果为叙事内容，以世界文明交流互鉴为投射手段，为国际环境和交往关系的改善营造宽松的文化氛围。当国家关系和谐与稳定时，文物对外交流展览是大国综合外交的重要内容，锦上添花般为友好合作关系增光添彩，放大对外交往的效能；当国家关系处于困境和低谷时，文物对外交流展览有利于减少国家间隔阂、增进国家间共识，雪中送炭般地营造"迎春""破冰"的氛围。文物交流特有的亲和力与吸引力，在对外交往中发挥着不可替代的特殊作用，在任何时候只能加强、不能削弱。文物对外交流展览工作还需要在以下几个方面进一步加强工作：1. 搭建国际文物对外交流平台，建立国际展览合作工作机制。建好中国文物展览高访项目储备库，推动将中国文物展览纳入国家重大外事活动议程。鼓励中国的博物馆探索在境外合作办馆，壮大海外本土化力量。创立文物对外交流工作专家咨询委员会，依托中国海外文化机构和国际知名研究机构创立文物交流展示传播平台。设立专项文物国际交流与合作基金，扩大文物交流资金的来源渠道，建立对出境和进境文物展览的专项政府担保，减轻展览主办方的费用负担。2. 采用海外受众听得懂、易理解、能接受的表达方式，采用贴近不同区域、不同国家、不同群体受众的精准传播技巧，设身处地和入乡随俗地更换和匹配传播语境，尊重不同受众的文化心理和文化习惯，推进中国故事和中国声音的全球化表达、区域化传播、分众化的文物交流展示，增强国际传播的亲和力和实效性。3. 充分运用现代传播手段拓展中外文明交流空间，推动文物交流展示与新技术的创新融合，完善服务于文物展示的云展览、云课堂、云直播平台，推出个性化、高品质服务，全力打造线上线下一体化国际文物交流体系，扩大中华文化传播的覆盖面。不仅要打造一批精品出境文物交流展览，扩大文物出展国家和地区的范围，还应该引进一批高水平文物展览来华展出；不仅要推动文物交流，还要与影视纪录片、文创产品、图书出版等形式相结合，互为补充，多角度、多层次地宣传同一文化主题；不仅要加强公益性文化交流，还应积极推动商业性文物展览的发展；同时还应该紧扣重大活动、重大事件、重要会议、重要展会和国家文化年、文化节，举办有影响有分量的文物交流系列活动。4. 在国际文物交流合作中要扩大参与主体，让不同的传播主体承载不同的角色，支持并鼓励官方主导与民间参与互为补充，政府与非官方组织相互协作，促进形成官民并举、多方参与的对外文物交流格局。支持多元的交流主体才能产生更加多样的交流形式和更加广泛的交流范围，鼓励民间文化团体实施的国际文物交流活动，拓宽文化交流渠道和路径。5. 打造覆盖面更广、参与度更高的国际文物交流机构，发挥集中力量办大事的"国家队"的引领和示范作用，支持其利用海外文化阵地服务文物展览；支持国外专家学者对中华文物的研究，与国外学术机构建立合作机制，增进业务学习；制定专门政策支持文物对外展览人才队伍建设，重视青年人才、复合型人才的发现、历练和储备，注重面向国内外吸收和引进，努力造就一批文物展览、文化传播、和国际公关等方面的专家，构筑起新时代文物对外展览的人才高地。

第四章————

文物对外交流展览法规与审批

第一节
文物对外交流展览的法规与制度建设

为规范文物对外交流展览工作流程，完善审批程序和权限，确保进出国（境）展览的文物安全，使文物交流更好地弘扬中华民族优秀文化，为我国改革开放事业和总体外交路线服务，创造更佳社会效益和经济效益，国家先后颁布了多项关于文物出入境展览的部门规章、规范性文件和行业标准，建立了相对完整的文物对外交流与合作的法规和制度体系（见表4-1-1）。

▼ 表4-1-1　中国文物出入境展览相关部门规章、规范性文件和行业标准统计表

类型	名称
部门规章、规范性文件	文物出境展览管理规定（文物办发〔2005〕13号）
	文物进出境审核管理办法（2007年中华人民共和国文化部令第42号）
	文物出境审核标准（文物博发〔2007〕30号）
	文物入境展览管理暂行规定（文物博发〔2010〕23号）
	关于规范文物出入境展览审批工作的通知（文物博函〔2012〕583号）
	首批禁止出国（境）展览文物目录（文物办发〔2002〕5号）
	第二批禁止出国（境）展览文物目录（书画类）（文物博函〔2012〕1345号）
	第三批禁止出境展览文物目录（文物博函〔2013〕1320号）
	秦俑出国（境）展览管理暂行规定（文物政发〔2010〕20号）
行业标准	馆藏文物展览点交规范（WW/T 0019-2008）
	馆藏文物出入库规范（WW/T 0018-2008）
	文物运输包装规范（GB/T23862-2009）
	文物出境展览协议书编制规范（WW/T 0064-2015）
	博物馆展览内容设计规范（WW/T 0088-2018）
	博物馆陈列展览形式设计与施工规范（WW/T 0089-2018）

1950 年 5 月 24 日，中央人民政府政务院令，颁发《禁止珍贵文物图书出口暂行办法》，这是中华人民共和国成立后颁发的第一个文物法令，第一条明确规定"为保护我国文化遗产，防止有关革命的、历史的、文化的、艺术的珍贵文物及图书流出国外，特制定本办法。"[1]

1960 年 11 月 17 日，国务院第 105 次全体会议审议通过《文物保护管理暂行条例》，条例第十四条指出："一切具有历史、艺术、科学价值的重要文物，除国务院批准运往国外展览、交换的以外，一律禁止出口。报运出口的文物，必须由海关会同文化行政部门进行鉴定。运出地点以指定口岸为限。经鉴定不能出口的文物，国家在必要的时候可以征购。经查明确系企图盗运出口的文物，应予没收。"该规定明确了我国文物出境必须经过行政审批，这项工作由国务院负责，但没有明确禁止出境文物的范围。该《条例》是中华人民共和国成立以来文物法规建设的总结和发展，是国务院颁发的第一部文物保护综合行政法规，在中华人民共和国文物法规建设史上是一个里程碑。

1978 至 1982 年，国家文物局先后发布了《关于外国人拍摄一级品文物需经国家文物局批准的通知》《博物馆涉外工作的通知》《关于文物事业涉外工作的几点意见》《关于加强文物出口监管公告》等涉外法规性文件，为文物对外交流与合作工作提供了依据，有效地解决了各有关方面的职责问题，弥补了在管理和监督方面职能缺位和法规缺失的问题。特别是在 1982 年的《文物保护法》中，对文物出境与进境，尤其是文物出境展览做出详细规定，奠定了文物对外交流与合作的坚实的操作基础（见图 4-1-1）。

1987 年文化部下发的《关于进一步加强文物出国展览工作的几项规定》就指出："属于政府间文化交流或其他协定中的展览项目……展览筹备工作由中国对外文物展览公司（即后来的中国文物交流中心，下同）负责；国外有关组织提出的民间性文物展览项目，展品涉及两个省以上的，由中国对外文物展览公司与有关地方文物行政管理部门或者博物馆共同商谈、签署协议，并负责展览的筹备工作。"

1993 年，国家文物局颁布《关于加强文物对外交流与合作的意见》《文物出国（境）展览暂行管理办法》及《文物出国（境）展览细则》；1997 年，国家文物局对《文物出国（境）展览管理规定（试行）》进行修订，要求："文物出国（境）展览的展品必须是经文物部门注册、登记、确定级别的，其中主要展品应是在国内报刊发表或国内正式展出过的。""为确保出国（境）展览文物的安全，易损文物、一级孤品及元

---

1 禁止珍贵文物图书出口暂行办法 [J].文物参考资料，1950（Z1）：6-8.

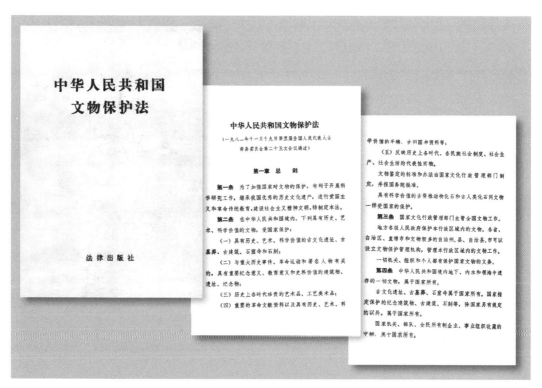

图 4-1-1　1982 年 11 月第五届全国人大常委会审议通过了《中华人民共和国文物保护法》并公布实施（这是我国文化领域的第一部法律）

代以前（含元代）绘画，不得出国（境）展览。"[1] 2001 年颁布《出国（境）文物展品包装工作规范》《出国（境）文物展览展品运输规定》和《文物、博物馆单位接受国外及港澳台地区捐赠管理暂行规定》。

2002 年修订的《中华人民共和国文物保护法》对出国（境）文物展览、文物出境进境等涉外工作做出了详细的规定。其中第六十二条规定，文物出境展览应当报国务院文物行政部门批准；一级文物超过国务院规定数量的，应当报国务院批准。一级文物中的孤品和易损品，禁止出境展览。出境展览的文物出境，由文物进出境审核机构审核、登记。海关凭国务院文物行政部门或者国务院的批准文件放行。出境展览的文物复进境，由原文物进出境审核机构审核查验。

2002 年 1 月国家文物局印发《首批禁止出国（境）展览文物目录》，规定 64 件（组）珍贵文物为首批禁止出国（境）展览的文物，随后在 2012 年 6 月发布了《第二批禁止出国（境）展览文物目录（书画类）》，包含 37 件（组）书画类一级文物。2013

1　国家文物局. 文物出国（境）展览管理规定（试行）. 1997-07-01.

年 8 月公布《第三批禁止出境展览文物目录》，含青铜器、陶瓷、玉器、杂项等四类共计 94 件（组）一级文物。2010 年 4 月，国家文物局制定并发布了《秦俑出国（境）展览管理暂行规定》（文物政发〔2010〕20 号），其规定：以秦俑为主题的专题展览，参展的秦俑数量一般不能超过 10 件，时间不得超过一年。

为规范文物出境展览的管理，根据《中华人民共和国文物保护法》和《中华人民共和国文物保护法实施条例》，2005 年 5 月国家文物局发布实施《文物出境展览管理规定》（文物办发〔2005〕13 号），对文物出境展览的归口管理、文物出境展览的审批和结项、出境展览文物的出境及复进境、文物出境展览的展品安全、文物出境展览人员的派出等方面提出了要求。

为加强对文物进出境审核的管理，2007 年文化部公布了《文物进出境审核管理办法》（2007 年中华人民共和国文化部令第 42 号），规定国家文物局负责文物进出境审核管理工作，指定文物进出境审核机构承担文物进出境审核工作。文物进出境审核机构是文物行政执法机构，依法独立行使职权，向国家文物局汇报工作，接受国家文物局业务指导。同年国家文物局印发了《文物出境审核标准》（文物博发〔2007〕30 号）。

2009 年国家文物局发布《馆藏文物展览点交规范》（WW/T 0019-2008）（见图 4-1-2），对馆藏文物展览点交流程、操作规范以及工作文档的记录等进行了要求，其中馆藏文物展览点交的操作规程提出：点交人员应保持手部清洁与干燥，并根据需要戴手套和口罩。点交时接触文物应轻拿轻放，双手捧持，禁止堆叠。不触及文物的脆弱处或断裂处。点交人员在持拿文物时，应使文物位于工作台面范围内。先查视器物外观，确认文物结构安全后再移动文物，双手施力宜平均，保持器物重心的平稳与移动时的安全。对于具有较大体量，或不便于持拿的文物，应利用必要的工具安全移动。点交记录馆藏文物展览点交信息，必须包括文字记录和影像记录，其基本内容应包括：总登记号、文物名称、年代、质地、数量、级别、尺寸、质量、现状描述、照片、各方签章、点交时间及地点，其中"现状描述"包括：必须写明文物及附件的完整、损伤、残缺或污染等具体情况。除完整外，其他各种情况应根据已颁布的相关文物保护行业标准写出具体部位、程度与量化指标。另外，2009 年国家文物局还发布《馆藏文物出入库规范》（WW/T 0018-2008），以及和国家质量监督检验检疫总局和中国国家标准化管理委员会发布实施了《文物运输包装规范》（GB/T 23862-2009）。

2010 年国家文物局发布《文物入境展览管理暂行规定》，文件要求："文物入境展览应当符合中华人民共和国法律法规和政策及国际组织关于保护文化财产及促进国际交流的公约规范。""举办单位应当于展览项目实施前 3 个月，向省级文物行政部门

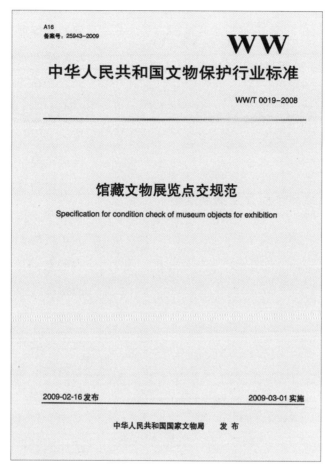

图 4-1-2　2009 年实施的行业标准之《馆藏文物展览点交规范》

提交申请。省级文物行政部门初审同意后，报国家文物局审核。"[1]

　　为进一步加强文物出入境展览管理，促进文物出入境展览交流的专业化、科学化，2012 年国家文物局下发《关于规范文物出入境展览审批工作的通知》（文物博函〔2012〕583 号），提出要：加强策划展览能力建设，制订科学的展览大纲；科学遴选文物展品，确保文物展品安全；完善交流机制，确定合适的合作办展主体；完善申报材料，严格按规定履行审批手续；加强资料收集，及时建立完善的档案。为了加强出境展览文物安全管理，确保文物安全，2013 年 9 月，国家文物局又发布《出境展览文物安全规定（试行）》的通知，要求：文物出境展览承办单位应优选具有良好资信的境外博物馆作为合作伙伴，首次举办中国文物展览或距最近一次举办中国文物展览三年以

1　国家文物局 . 文物入境展览管理暂行规定〔Z〕. 2010-06-08.

备案号：52306-2016

WW

中华人民共和国文物保护行业标准

WW·T 0064—2015

文物出境展览协议书编制规范

Specification for drafting the contract for overseas exhibition of cultural relics

2015-11-26 发布   2016-1-1 实施

中华人民共和国国家文物局   发 布

图 4-1-3   2016 年实施的行业标准之《文物出境展览协议书编制规范》

图 4-1-4   2018 年赴沙特"华夏瑰宝展"布展现场（按照相关规范布展）

上的境外展场，必须通过现场评估确保展场设施条件符合文物陈列的安全要求。

2016 年国家文物局实施《文物出境展览协议书编制规范》（见图 4-1-3、图 4-1-4），该规范要求：文物出境展览协议书应包括展览协议书名称及签署各方的基本信息；策展人（机构）及其权责；展览基本信息；文物展品及辅助展品的保险、点交、包装、运输及布撤展；展厅、展陈设备及临时库房的环境要求；展览派出人员与展览相关费用；展览宣传与知识产权；有关国家主权及中方权益的保障问题；法律适用问题；文物展品及辅助展品目录及单项保险估价。2019 年国家文物局发布《博物馆展览内容设计规范》《博物馆陈列展览形式设计与施工规范》。

目前，中国文物对外交流与合作相关法规和制度日益完善与健全，这为贯彻落实文物保护利用方针，规范和指导文物出境、入境展览行为，扩大中华文化国际影响力提供了有力保障。

第二节
举办文物进出境展览相关要求

　　经过多年的探索和完善，中国的文物出入境展览管理是比较科学和规范的，国家文物局发布实施了如《文物出境展览管理规定》（文物办发〔2005〕13号）、《文物入境展览管理暂行规定》（文物博发〔2010〕23号）等部门规章和规范性文件，成为相关行政管理和业务操作的重要依据。

　　进入21世纪，文物出入境展览举办单位，坚持"以我为主、为我所用"的原则，加强与境外合作博物馆沟通协作，充分做好展览前期准备，特别是展览大纲研究编制，强调展览的思想性、学术性。我方专家积极主动参与展览选题、内容设计、形式设计和图录编制以及有关学术研讨、宣传推广各项活动的方案拟订及论证，充分体现了我方最新研究成果，科学、准确传播中华文化和人类优秀文明成果，更好地满足了公众多元化的精神文化需求（见图4-2-1）[1]。

图4-2-1　2013年"光照大千——丝绸之路的佛教艺术展"赴中国台湾地区前
召开的新闻通气会

1　国家文物局.《关于规范文物出入境展览审批工作的通知》（文物博函〔2012〕583号）.

另外，文物出入境展览举办单位，需要编制严谨规范的展览项目申报文本，并附展览方案和展览大纲。省级文物行政部门对文物出入境展览项目进行初审，对拟举办的文物出入境展览组织专家评估论证，针对展览方案和展览大纲、文物清单、安全保障、境外合作单位资质、展览协议草案、文物保险估价等提出明确意见。

一、文物出境展览相关原则和要求

文物出境展览是一项需要多部门多领域协作的系统复杂工作，涉及文物展品及辅助展品的提供、策展人（机构）及其权责、展览设计（包括展览大纲、展陈方案、展览海报等）、有关物品存放（未展出展品、包装材料等）、保险、点交、包装、运输、布撤展、展览图录与展览资料、衍生品、宣传教育及其他相关活动等内容。文物出境展览的筹备与实施内容的需遵循的以下原则和要求[1]：

a）文物展品及辅助展品的安全保障与责任应贯穿展览筹备与实施的全过程；

b）文物展品及辅助展品的选择应符合《文物出境展览管理规定》相应部分的规定，同时，禁止选择入选《首批禁止出国（境）展览文物名单》、《第二批禁止出境展览文物目录（书画类）》及《第三批禁止出境展览文物目录（含青铜器、陶瓷、玉器、杂项4类）》及其他国家规定禁止出境展览的文物。在同一展览中，经各方确认文物展品及辅助展品目录后，任何一方均不应在展览中擅自展出目录之外的文物展品及辅助展品，同样也不应擅自减少或变更；

c）文物展品及辅助展品保险的相关条款应符合《文物出境展览管理规定》相应部分的规定；

d）文物展品及辅助展品点交的相关条款应符合《馆藏文物展览点交规范（WW/T0019-2008）》相应部分的规定；

e）展厅及临时库房的环境要求的相关条款参照《博物馆建筑设计规范（JGJ66-91）》及《博物馆照明设计规范（GBT23863-2009）》相应部分的规定；

f）展览设计、布撤展的相关条款应以最大限度地保障文物展品及辅助展品安全作为首要原则，同时保证展览一切相关工作的专业性和严谨性，保证中方在展览中的监督作用；

g）展览图录、展览资料以及衍生品开发与销售的相关条款应充分保护知识产权。

---

1 中华人民共和国国家文物局.文物出境展览协议书编制规范（WW/T 0064-2015）［S］.2016-01-01.

二、文物出境展览申报材料清单与流程

文物出境展览是指由从事文物出境展览的单位和文物收藏单位在境外（包括外国及我国香港、澳门特别行政区和台湾地区）举办的各类文物展览。

文物出境展览项目的书面申请主要包括三部分内容，一是合作各方的有关背景资料、资信证明和境外合作方的邀请信。二是经过草签的展览协议书草案，具体包括：举办展览的机构、所在地及国别；展览的名称、时间、出展场地；展品的安全、运输、保险，及赔偿责任和费用；展品的点交方式及地点；展览派出人员的安排及所需费用；展览有关费用和支付方式；有关知识产权问题。三是展品目录、文物出境展览展品申报表和展品估价（见表4-2-1）[1]。

▼ 表4-2-1 文物出境展览申报材料与填报信息要求统计表

序号	申报材料	申报信息要求
1.	展览项目请示	内容至少包括展览项目名称、展览时间、地点、展品数量（一级文物数量及占全部文物展品数量的比例）、合作机构、展品出入境口岸和国家文物局进出境审核机构等。
2.	邀请函	由展览外方合作机构出具。若为互办展览，提供相关合作协议即可。
3.	展览大纲、展览方案	应积极组织我方专家主动参与展览选题、内容设计、形式设计和图录编制以及有关学术研讨、宣传推广各项活动的方案拟订及论证，充分体现我方最新研究成果，科学、准确传播中华文化和人类优秀文明成果。展览大纲应包含展览主题、结构及内容；展览方案应包括项目基本情况、背景介绍、经费来源及数额、展品情况介绍、可行性分析、延展性分析、观众定位、项目组织实施及相关时间安排等。
4.	展览协议书草案	草签可由双方展览项目代表完成，表明对展览协议内容的初步认可。待国家文物局批复后方可正式签署生效。协议书必须按照国家文物局合同范本签订，不允许未经国家文物局批准即与外方签订正式协议书。
5.	文物出境展览展品目录	必须包含全部展品，如有辅助展品应列辅助展品目录，参考样表。内容包括编号、名称、数量、时代、尺寸、出土时间与地点（如为传世品须注明）、收藏单位等。国家禁止出境展品原则上不得申报。
6.	展品单项保险估价	至少应包含财产一切险和运输一切险。必须为全部展品的保险估价，如有辅助展品应列辅助展品估价。包括：编号、名称、数量、单项估价，最后需有估价总额（说明货币单位及币种）。
7.	展品申报表	封面需由办展单位负责人签字加盖公章。
8.	展品汇总登记表	应与展品申报表汇总装订。

---

1 国家文物局．《文物出境展览管理规定》（文物办发〔2005〕13号）．

续表

序号	申报材料	申报信息要求
9.	合作方背景资料、资信证明	由展览外方合作机构出具，或具有权威性的第三方机构出具。
10.	标准设施报告	由展场所属机构出具。出境展览场馆的建筑构造、文物保存环境、安防设施、安保措施、人员情况等情况的报告（基本内容可参看美国、英国等颁行的博物馆标准设施报告）。
11.	展场考察报告	由藏品收藏单位出具，实地考察展场的各项设施条件符合中国文物陈列要求。在首次举办中国文物展览或距最近一次举办中国文物展览三年以上的展场举办展览须提供此文件。
12.	展品安全状况评估报告	由藏品收藏单位出具，组织本馆专业人员评估藏品状况是否适宜展出、长途运输等可能情况，并对展出、包装与运输提出针对性建议。本报告须由参评人员署名。由涉及的其他藏品收藏单位出具，声明其提供的中国文物展品时代真实并来源合法。
13.	省级文物行政部门审核报告	核报文物出境展览计划和文物出境展览项目内容。

注：

1. 由境内单一藏品收藏单位提供部分展品，增加展览全部展品目录、境外其他参展的中国文物展品真实性和来源合法性证明。

2. 由境内多家藏品收藏单位提供展品，增加所属省级文物行政部门的意见。

3. 赴中国台湾地区展览，增加人员邀请信和赴台人员名单。

三、文物出境展览申请审批流程的要求

文物出境展览申请审批流程是比较规范和严格的，2005 年国家文物局发布实施《文物出境展览管理规定》，2012 年国家文物局专门下发《关于规范文物出入境展览审批工作的通知》（文物博函〔2012〕583 号）。全国文物出入境展览是由国家文物局归口管理，其职责包括：审核文物出境展览计划，制定并公布全国文物出境展览计划；审批文物出境展览项目；组织或指定专门机构承办大型文物出境展览；制定并定期公布禁止和限制出境展览文物的目录；监督和检查文物出境展览的情况；查处文物出境展览中的违法、违规行为。省级文物行政部门负责本行政区域文物出境展览的归口管理，其职责是：核报文物出境展览计划；核报文物出境展览项目；协调文物出境展览的组织工作；核报禁止和限制出境展览文物的目录；核报展览协议书及展览结项有关资料；监督和检查文物出境展览的情况；查处文物出境展览中的违法、违规行为。

文物出境展览应持国家文物局的批准文件，向文物进出境审核机构申请，由文物

进出境审核机构审核、登记，并从国家文物局指定的口岸出境。海关凭国家文物局的批准文件和文物进出境审核机构出具的证书放行。出境展览的文物复进境，应向海关申报，经原文物进出境审核机构审核查验后，凭原文物进出境审核机构出具的证书办理海关结项手续。文物出境展览审批事项的受理部门包括国家文物局、中国驻外国使馆、文化和旅游部甚至是国务院（见图4-2-2、图4-2-3）。

四、文物入境展览申报材料清单与流程

文物入境展览是指文物系统的博物馆等文物收藏单位，利用外国及香港、澳门特别行政区和台湾地区博物馆提供的文物，在境内举办的公益性展览[1]。文物入

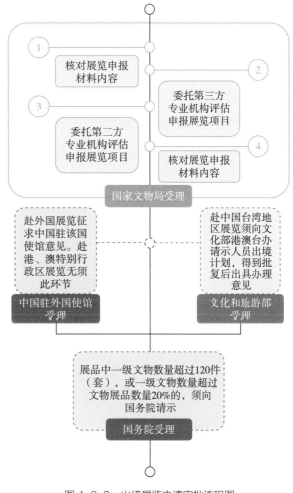

图 4-2-2　出境展览申请审批流程图

境展览申报应包括展览名称、来展国别（地区）、展出时间、展出地点、展览面积、展品情况、经费预算、展品保险、承办单位、参展单位、协办后援单位、入境海关、经费来源、承保人、文物进出境审核机构以及文物入境展览展品目录、文物入境展览展品登记表等信息。其中文物入境展览展品目录应包括名称、数量、藏品号、时代、尺寸（厘米）、来源（出土时间和地点）和收藏单位等信息。国家文物局负责制定文物入境展览管理的政策和规定，审核文物入境展览项目，监督、协调文物入境展览项目实施（见表4-2-2）。

1　国家文物局.《文物入境展览管理暂行规定》（文物博发［2010］23号）.

上 海 市 文 物 局

关于调整"大英博物馆 100 件藏品中的世界历史"
展览文物展品出入境口岸的说明

国家文物局:

上海博物馆拟与英国大英博物馆合作,于 2017 年 6 月
28 日至 10 月 8 日在上海博物馆举办"大英博物馆 100 件藏
品中的世界历史"展览。文物入境展品原拟从北京海关入境,
展览结束后从上海海关办理出境手续。根据国家有关规定,
经由上海博物馆与大英博物馆协商,现特将文物展品出入境
口岸统一为北京海关。

特此说明。

2017 年 2 月 22 日

图 4-2-3　上海博物馆举办"大英 100 件文物中的世界史"调整出
入境海关说明文件

▼ 表 4-2-2　文物入境展览申报材料统计表

序号	展览类型	申报材料
1.		展览项目请示
2.		展览大纲、展览方案
3.		展览协议书草案
4.	由境外单一藏品收藏 单位提供全部展品	文物入境展览展品目录
5.		展品申报表
6.		合作方背景资料、资信证明
7.		省级文物行政部门审核报告
8.		展品真实性和来源合法性证明

续表

序号	展览类型	申报材料
9.	在境内多家机构巡展	【增加】所属省级文物行政部门的意见 【增加】多家展出机构间合作协议
10.	境内承办单位为中央地方共建国家级博物馆	【增加】展览预算
11.	展品来自台湾地区	【增加】台方来访人员名单

注：依据《文物入境展览管理暂行规定》《关于规范文物出入境展览审批工作的通知》等文件。

五、出入境展览结项的要求

文物出入境展览举办单位应开展展览全过程相关资料的系统收集，建立完备的展览档案，展览结束后要及时全面总结，并于展览结束之日起2个月内，将展览结项备案表、结项报告及相关音像资料报省级文物行政部门审核后报国务院文物行政部门备案。出入境展览结项材料包括：文物出境展览结项备案表、文物出境展览结项报告、展览音像资料、文物出境展览协议、文物入境展览结项备案表、文物入境展览结项报告、展览音像资料、文物入境展览协议等文件。

六、出境展览的文物相关要求

一级文物中的孤品和易损品，未定级文物、未在国内正式展出过或未在国内报刊公开发表的文物和其他保存状况差不适宜出境展览的文物，以及处于休眠养护期的文物，一律不得出境展览[1]。要避免选用博物馆基本陈列（含原状陈列）中的文物特别是核心文物出境展览，切实维护基本陈列（含原状陈列）的完整性（见图4-2-4、图4-2-5）。

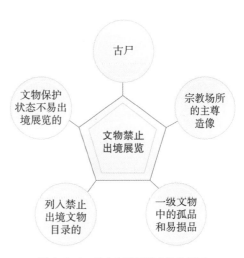

图4-2-4　禁止出境展览文物的图示

1　国家文物局.《文物出境展览管理规定》（文物办发〔2005〕13号）.

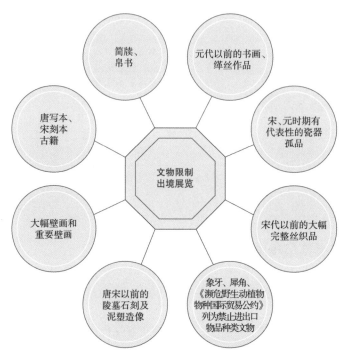

图 4-2-5　限制出境展览文物的图示

出境展览的文物，一级文物展品超过 120 件（组），或者一级文物展品超过展品总数的 20% 的，由国家文物局报国务院审批。

七、文物出境展览的展品安全的要求

文物出入境展览举办单位，要坚持文物安全第一的原则，从符合博物馆标准的角度，充分评估论证，采取有效安全措施，确保文物展品安全。文物出境展览的承办单位应对出境展览的文物进行严格的安全检查，现状不能保证安全的文物一律不得申报出境展览。文物出境展览需要按照相关规范进行估价保险、文物点交和包装运输等环节的工作（见图 4-2-6）。

出境展览的文物应当按照经批准的展品估价保险。出境展览文物保险的险种至少应包括财产一切险和运输一切险。文物出境展览的承办单位应确保境外展览的场地、设施和方式符合中国文物陈列的安全要求。

文物点交是指文物交接双方对交接文物的名称、编号、质地、数量和保存状况等信息进行详细的文字、图表、影像等形式记录并认可的过程。文物点交是博物馆藏品管理工作中的一个重要环节。自文物入藏、文物保护、利用直至文物调拨出馆或注销，凡是需要动用文物的业务活动，都必须经过严格的文物点交程序[1]。文物出境展览的点交应当在符合文物保管条件和安全条件的场地进行。点交现场应当采取有针对性的安全保卫措施，严格规定点交流程（见图4-2-7、图4-2-8）。点交记录应详尽准确。出境展览文物的点交必须由文物出境展览承办单位与境外合作方直接进行，并严格执行《馆藏文物展览点交规范（WW/T0019-2008）》。点交现场应符合文物安全保管条件并采取有针对性的安全保卫措施。点交记录应详尽准确，至少包括：文物基本信息；文物修复情况及有伤部位；拿持、包装、运输文物的注意事项；文物陈列要求等内容。

图4-2-6　2019年"回归之路——新中国成立七十周年流失文物回归成果展"布展现场（图为山西博物院收藏的春秋晋公铜盘）

出境展览文物的包装工作应严格按照技术规范执行。由包装公司承担文物出境展览的包装工作时，包装公司应具备包装中国文物展品的资信和能力，承办单位负责对包装工作进行监督和指导（见图4-2-9、图4-2-10）。文物出境展览的运输工作应由具备承运中国文物展品的资信和能力的运输公司承担。承办单位负责对运输

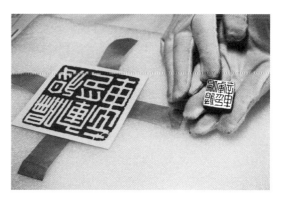

图4-2-7　文物点交之的汉偏将军印（重庆中国三峡博物馆藏）

工作进行监督和指导。出境展览文物的包装、运输须遵循《文物运输包装规范（GB/T23862—2009）》（见图4-2-11、图4-2-12）。出境展览文物的包装、运输由第三方提供服务的，文物出境展览承办单位应当要求境外合作方通过公开招标方式。

1　张丽华.博物馆借展文物点交的规范化［J］.博物院，2022（02）：86-96.

图 4-2-8　文物点交之汉四层通体彩绘陶仓楼（焦作博物馆藏）

图 4-2-9　文物运输包装之外箱

图 4-2-10　文物运输包装之外箱

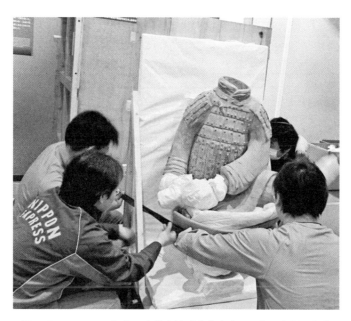

图 4-2-11　2013 年在日本举办的"中华大文明展"正在撤展包装

图 4-2-12　文物出境展览的运输需要具备承运中国文物展品的资信和
能力的运输公司承担

七、文物出入境展览相关事项的时限要求

　　国务院文物行政部门依据相关法规，对出入境展览相关时限有着明确的要求，如：文物出境展览不得超过 1 年，因特殊需要，经原审批机关批准可以延期；但是，延期最长不得超过 1 年。文物入境展览申请期限应在展览项目实施的 3 个月前向国务院文物行政部门提出书面申请等，具体如下表：

▼ 表 4-2-3　文物出入境展览相关事宜的时限要求统计表

事项	时限要求
文物出境展览的期限	不得超过 1 年。因特殊需要，经原审批机关批准可以延期；但是，延期最长不得超过 1 年。
临时进境文物在境内滞留时间	除经海关和文物进出境审核机构批准外，不得超过 6 个月。
文物出境展览申请期限	应在展览项目实施的 6 个月前向国务院文物行政部门提出书面申请。
文物入境展览申请期限	应在展览项目实施的 3 个月前向国务院文物行政部门提出书面申请。
文物出境展览协议签订后的备案期限	协议书签订之日起 1 个月内报国务院文物行政部门备案。
展品包装运输合同、展品保险合同签订后的备案期限	文物起运前 2 周内报国务院文物行政部门备案。
文物出境展览结项报告以及文物出境展览结项备案表、展览音像材料的备案期限	在展览结束后 2 个月内报国务院文物行政部门备案。

第五章

中国文物交流中心举办文物展览统计与分析

第一节
中国文物交流中心发展分期研究

中国文物交流中心（以下简称交流中心）是国家文物局直属专门从事组织协调和承办进出境文物展览的机构，是对外文物交流的国家队。其成立可以追溯到 1971 年成立的"出土文物展览工作组"，到 2021 年已经过去半个世纪。交流中心成立 50 年来，始终秉持"弘扬中华优秀传统文化，促进不同文明交流互鉴"的初心使命，主动服务中央对外工作大局和国家总体外交，积极开展全方位、多层次、多渠道的国内外文物交流合作，累计策划实施了 283 项国家重大对外文物展览和交流项目，足迹遍布世界五大洲 60 余个国家和地区，观众人数超过 8000 万人（次）（见图 5-1-1）。在 50 年里交流中心经历了创建、巩固、提升等阶段，各个时期举办展览的数量和统计特征大致反映了其发展特点，也反映了中国文物对外交流的轨迹（见表 5-1-1，图 5-1-2）。

▼ 表 5-1-1　中国文物交流中心 5 个发展阶段举办展览统计表（1971-2021 年）

发展阶段	举办展览（项）
创建开拓阶段（1971-1979 年）	26
巩固发展阶段（1980-1992 年）	41
稳步发展阶段（1993-2001 年）	33
持续发展阶段（2002-2012 年）	88
深化发展阶段（2013-2021 年）	95
总计	283

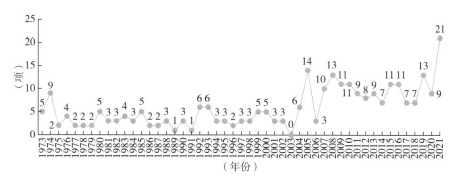

图 5-1-1　1973-2021 年中国文物交流举办展览数量统计图

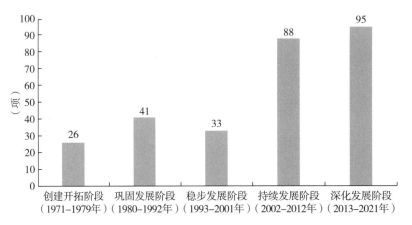

图 5-1-2　1971–2019 年中国文物交流中心 5 个发展阶段展览数量统计分析图

（一）创建开拓阶段（1971–1979 年）：扎实奠基，开辟大国文物外交

在"文化大革命"期间，文物工作遭受挫折。1970 年 5 月 1 日，周恩来总理指示：许多外宾要求看文物，外电造谣称，故宫三大殿皆被红卫兵砸毁了，要抓紧故宫的恢复开放。周总理借此将文物领域的专家和领导王冶秋"解放"出来，成立国家文物事业管理局，迅速恢复文物事业。1971 年 7 月，"无产阶级'文化大革命'期间出土文物展览"开始在故宫博物院展出，这个展览不仅很受国内领导的关注，很快就在外交上发挥了作用，各国驻华使领馆和各国访华代表团人员纷纷前来参观，基辛格秘密访华时也参观了这个出土文物展。文物展览在对外交往中初步显现巨大能量。

1971 年 7 月 24 日，周恩来总理批准《关于到国外举办中国出土文物展览的报告》。1971 年 8 月 17 日，国务院下发了《关于选送出土文物到国外展览的通知》，通知指出："这次出国展览，是在我国国际关系日益发展的大好形势下进行的，是配合外交工作的一项重要活动。"为了完善展览组织方式和工作机制，1973 年又成立出土文物展览工作领导小组作为领导机构，由国务院副秘书长担任；成立出土文物展览工作委员会作为议事协调组织，由国家文物事业管理局领导组成；成立出土文物展览工作室（后称"出国文物展览工作室"）作为具体实施主体，即中国文物交流中心前身。1979 年 11 月国务院批复成立中国对外文物展览公司，成为举办商业性出国文物展览的独立法人单位。

1971 年至 1979 年是交流中心创建与开拓阶段，交流中心在此期间奠基，文物主动走出去，发挥在对外交往优势，助力国际上对中华的认知，外交上对中国的认同。这期间举办了 26 项文物展览，得到中外好评，在这个特殊时期承担了特殊交流使命，开拓了大国文物外交，为之后交流中心的发展打下扎实基础（见图 5-1-3、5-1-4）。

"中华人民共和国出土文物展览"是新中国成立以来首项大型文物展览，展览精选了来自全国各省、市、自治区的 600 件（组）文物，以表现中华民族悠久历史文化为主题，时间跨度从蓝田人所处旧石器时代起到 17 世纪明代止。该展览在 1973 至 1978 年，先后在法国、英国、日本、罗马尼亚、奥地利、南斯拉夫、瑞典、墨西哥、加拿大、荷兰、美国、比利时、菲律宾、澳大利亚、中国香港 15 个国家和地区展出。历时 5 年的巡展，反响热烈，观众人数累计达到 654.3 万人（次），展览在向世界展示了古老而灿烂的中华文明的同时，也增进了我国与世界各国、各地区人民的相互了解和友谊，文物外展如同"乒乓外交"一样，成为我国早期文化外交的使命担当。当时有国外媒体这样评论："在我们看到这些艺术品和文物时，我们将记得中国过去的伟大，并预

图 5-1-3　1974 年美国观众参观"中华人民共和国出土文物展览"

图 5-1-4　1979 年赴日本"中华人民共和国丝路文物展览"海报

见到团结、和平与友好的世界即将来临，这个世界不再是以武力和暴力为基础，而是以相互尊敬和彼此钦佩为基础。"还有评论说："文物展览为观众打开了通向一个陌生世界的道路。"该展览在国门初开之时的成功举办，为西方世界打开了一扇重新了解中国的窗口，也开启了中国"文物外交"的道路。

（二）巩固发展阶段（1980-1992年）：积极稳健，助力营造友好外部环境

改革开放之后，随着国际地位和影响力的提高，世界上越来越多的人希望了解中国、了解博大精深的中华文化，而我们也需要放眼看世界，学习他国先进思想理念、科学技术和文化。中国以更加积极主动的姿态扩大对外交流，提升国际影响力，为实现强国富民构建和平良好的外部环境。作为对外文化交流的有益形式和重要载体，对外文物展览逐渐彰显出巨大而独特的作用。但是，"举国体制"的文物外交模式难以为继，为适应改革的需要，1979年国家文物事业管理局向国务院提交了一个请示报告。报告指出，截至当时，据不完全统计，出国文物展观众达八百万人（次）以上，在对外宣传和发展友好关系上起了积极作用，但展览花费也很大，筹备一次展览一般需要人民币四五万元，如要承担国际运费，则要三四十万元。报告建议，今后应以组织收费的出国文物展为主，适应国家现代化的需要，同时为国家赚取外汇。报告经国家领导人批示后，国务院批复同意将"出国文物展览工作室"改名为"中国对外文物展览公司"。1987年文化部下发的《关于进一步加强文物出国展览工作的几项规定》中指出："属于政府间文化交流或其他协定中的展览项目……展览筹备工作由中国对外文物展览公司负责；国外有关组织提出的民间性文物展览项目，展品涉及两个省以上的，由中国对外文物展览公司与有关地方文物行政管理部门或者博物馆共同商谈、签署协议，并负责展览的筹备工作。"明确了交流中心在全国外展工作中的职能和作用。1989年经国务院机构改革领导小组批准，"中国文物交流服务中心"成立，将"中国对外文物展览公司"的业务纳入其中，逐步向专业化的经济实体过渡。

1980至1992年是交流中心巩固发展阶段，作为独立文化机构，交流中心以更加积极主动的姿态扩大对外文物交流，助力营造友好国际环境。在此期间交流中心举办了41项展览，这些展览不仅为改革开放前期的文物对外交流合作构建了人员交往和学术交流的宝贵平台，也为中国文物事业提供了弥足珍贵的经费补充。更为重要的是，通过文物展览，中国进一步认识世界，世界也开始越来越了解中国。

20 世纪 80 年代，赴美国"伟大的中国青铜器时代展览"、赴欧洲"中国古代艺术珍宝展览"和"中国秦代兵马俑展览"、赴加拿大"中国文明史——华夏瑰宝展览"、赴日"中国战国时期中山国王墓出土文物展览"和"黄河文明展览"等都是这一时期举办的很有影响力的展览（见图 5-1-5、图 5-1-6）。"中国古代艺术珍宝展览"自 1980 年 5 月至 1982 年在丹麦、瑞士、联邦德国和比利时四国展出，观众达 98.6 万人（次）。这是当时在欧洲举办的很有影响力的文物展览，至今仍为人们所称道。

图 5-1-5　1981 年赴日本"中国战国时期中山国王墓出土文物展览"海报

图 5-1-6　1986 年赴日本"黄河文明展览"海报

（三）稳步发展阶段（1993-2001 年）：生机勃勃，开拓广阔的文化交流空间

伴随市场经济的逐步建立和改革开放的不断深入，文博事业进入一个新的发展阶段，把中华文明推向世界成为一项迫切而重要的任务，这都为文物对外交流创造了更为有利的契机和广阔的空间，对外文物展览表现出蓬勃生机。

1992 年，经中华人民共和国人事部批准，"中国文物交流服务中心"改名为"中国文物交流中心",职能业务范围扩展为"组织、协调全国有关文物展览、复制等交流、咨询、服务的各项经营活动,并且对这些经营活动行使一定的管理职能,进行业务指导"。职能的扩展带来了更多的发展机遇。这一时期交流中心不仅举办了一些很有影响的精品文物展览,而且在文化产业和文物流通领域里也进行了探索和实践,开展了文物旅游、文物复制和仿制品监制销售、文物(古玩)展销、举办业务培训班等多项业务。随着事业单位机构改革的深入,2001 年 6 月,经国家文物局党组研究决定,交流中心并入中国历史博物馆(中国国家博物馆),保留中国文物交流中心名称。中国历史博物馆(中国国家博物馆)对外展览部以中国文物交流中心的名义继续举办对外文物展览。

1993 至 2001 年是交流中心稳步发展的阶段,抓住有利的契机,开拓广阔的中外文化交往空间,推动中华文明走向世界。在此期间交流中心组织了 33 项出境展览,包括"丝绸与丝绸之路展览""中国侏罗纪恐龙特展览""永恒的中国展览""兵马俑及金缕玉衣展览(大陆古物珍宝展览)""荆楚雄风——中国楚文化展览""中国西藏珍宝展览""宋元明历史文物精粹展览""秦始皇帝文物展览(秦始皇及其时代展览)""中国帝王陵墓展览""中国古代的人与神展览(见图 5-1-7)""国宝——中国历史文物精华展览""四川省遂宁窖藏文物展览(封藏的宋代陶瓷展览)""中国宫廷贵族妇女文化与珍宝展览(紫禁城的女性们——中国宫廷文化展览)""中国末代王朝展览""中国考古的黄金时代展""世界四大文明·中国文明展"等。在美国、日本、新加坡、阿根廷、瑞士、芬兰、英国、丹麦、德国、挪威等国家和地区的近 100 家博物馆举办,享有很高的声誉,并引发观众的共鸣(见图 5-1-8、图 5-1-9)。

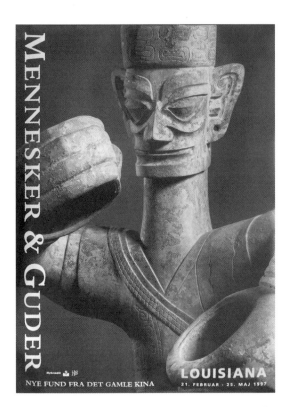

图 5-1-7　1997 年赴丹麦"中国古代的人与神展览"海报

为庆祝中美建交 20 周年、中华人民共和国成立 50 周年和华盛顿建城 200 周年,应美国华盛顿国家美术馆邀请,中国国家文物局于 1999 年 9 月至 2000 年 9 月先后在华盛顿国家美术馆、休斯敦美术馆和旧金山亚洲艺术博物馆举办"中国考古的黄金时代展"。该展览受到中美两国领导人的高度重视，时任中国国家主席江泽民和美国总统克林顿分别为展览题写前言。展品来自全国 38 家收藏单位，共 234 件文物，规模空前。这些精美出土文物不仅反映了中国五千年文明进化史与艺术成就，也向西方世界展现了中华人民共和国成立以来田野考古工作取得的辉煌成就。美国各界人士对展览反应热烈，美国各大新闻媒体均对展览给予极高评价，认为"与世界其他国家相比，在过去几十年间，中国的考古发现最丰富、数量也最多。这些考古发现不断改变

图 5-1-8　2000 年赴日本"世界四大文明·中国文明展"海报

图 5-1-9　2001 年赴以色列"中国百件珍宝展"海报

着世界对中国历史的看法""如果过去五十年可以称为'中国考古发现的黄金时代',更璀璨的考古发现还在未来"。这一时期国家出境文物展览有关政策相继出台,出境文物展览数量逐年增加,为改革开放前期的文物对外交流合作构建了宝贵的人文交流的平台。

(四)持续发展阶段(2002-2012年):空前活跃,中外文化活动流光溢彩

随着国家经济实力的快速增长和国际地位的日益提高,文物对外交流与合作愈发活跃。2002年9月,中央编制委员会办公室批复,将中国文物交流中心及其人员编制从中国历史博物馆(中国国家博物馆)分离,仍由国家文物局管理。2004年2月国家文物局决定成立中国文物交流中心筹备组,负责交流中心的筹建工作。12月经国家文物局党组研究决定,成立中国文物交流中心。被短暂合并后,抓住历史性机遇进行二次创业,再次成为独立的文物办展机构,中国文物交流中心顺势而为,文物展览水平不断提高、形式更加多样;对外交流与合作向多层次、多渠道、全方位发展。

2002年至2012年是交流中心持续发展阶段,交流展览蓬勃活跃,双边文化活动流光溢彩。交流中心展览举办场次、涵盖城市数量、参观观众数量、累计展出时间和场次等统计指标均大幅度提升,10年间举办进出境展览达88项。

文物展览不仅在对外文化交流中发挥着特殊作用,也成为配合领导人出访、"国家年"、"文化年"等国家双边活动中的亮点,为服务国家外交政策发挥了积极作用。2003年至2004年举办"中法文化年"系列文物展,2009年至2010年欧罗巴利亚艺术节举办"中国古代帝王珍宝展""丝绸之路展"等,都取得了良好效果。2011年,国家开始实施中华文明展示工程[1],策划并推出一批主题鲜明、具有代表性的境外文物展览,有力地促进了对外文化交流。这个10年,中国文物交流中心引进一批外国文物进入中国展览,其中最具特色的就是"西天诸神——古代印度瑰宝展""秦汉—罗马文明展"以及"利玛窦——明末中西科学技术文化交融的使者展"。

为庆祝中法建交40周年,从2003年10月至2004年7月,国家文物局先后组织了"四川省出土文物展""孔子文化展""康熙时期艺术展"以及"神圣的山峰展"四个文物展览赴法国展出,作为中法文化年的重点活动,在中法文化交流史上写下流光

---

1 "十二个五年规划"时期文化文物领域实施的深入挖掘文化遗产的历史、文化、科学价值,运用现代传播技术,全面提升文化遗产展示、展演水平和传播能力,实施中华文明展示工程和文化遗产陈列展示精品工程。

溢彩的一章。

2004 年 1 月在巴黎的国立吉美亚洲艺术博物馆举办了"孔子文物展",受到两国领导人高度重视,正如希拉克总统指出:"中国文物展览是对中法两国友谊的重大贡献。"据不完全统计,"中国文化年"在法国举办期间,参观文物展览的观众总人数近 80 万,特别是"孔子文化展"还创造了国立吉美亚洲艺术博物馆参观人数的最高纪录(见图 5-1-10、图 5-1-11、图 5-1-12)。

(五)深化发展阶段(2013-2021 年):擦亮名片,促进文明交流互鉴

党的十八大以来,党中央高度重视文化遗产保护传承和交流展示工作,提出促进"文明交流互鉴""让文物活起来"等一系列新思想和新观点,文物事业及文物交流工作进入了新时代,文物对外交流得到了深化,中华文化影响力进一步扩大,主动实施了文物"走出去"战略,探索多元主体、多种形式举办系列外展。

2013 年至今是交流中心深化发展阶段,新时代交流展览精品送出,文物进境展览活跃,中华文化影响力进一步扩大。交流中心围绕展览主责主业,策展能力得到提升,

图 5-1-10 2005 年赴意大利"丝路遗宝展"海报

图 5-1-11 2006 年印度来华"西天诸神——古代印度瑰宝展"海报

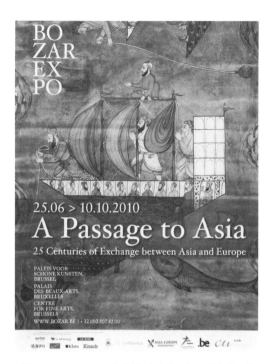

图 5-1-12　2010 年赴比利时 "通往亚洲之路展"
海报

图 5-1-13　2014 年赴英国 "明：皇朝盛世五十年
（1400-1450 年）展" 海报

国际国内文物交流渠道得到拓展，创新业务类型，探索事业转型发展。2018 年交流中心增加博物馆馆藏资源授权推广及知识产权服务、文物旅游融合研究和规划等职能。

这一时期交流中心举办展览 95 项，加强了文明对话交流，增进了民心相通和相互理解、相互尊重、相互信任（见图 5-1-13、图 5-1-14）。进境来华展览呈现逐年上升趋势，2016 年文物入境展览超过出境展览，成为文物交流的亮点和热点。配合国家外交大局的 "汉风——中国汉代文物展" "秦汉文明展" "大美亚细亚——亚洲文明展" 等展览，作为靓丽的 "外交使者" "国家名片"，成为彰显中国风貌、传播中国声音的舞台，是让世界客观认识中华文化，向世界展现真实、立体、全面的中国的有效方式。

2017 年 3 月 27 日至 7 月 16 日，由中国国家文物局、美国纽约大都会艺术博物馆主办的 "秦汉文明展" 在美国纽约大都会艺术博物馆展出。该展是 2016 年中美两国元首杭州会晤的成果之一，也是第七轮中美人文交流高层磋商机制会议上确定的 2017 年中美文化交流重点项目。三个多月的展览，吸引观众 35 万余人（次），展出效果和影响力超出美方预期，在纽约掀起了一股新的 "中国热"。该展是近年来最重要的中美文化交流项目之一，为美国及世界各地的游客提供了一次欣赏我国秦汉时代优秀文化遗产的机会，有利于加深两国政府和人民之间的理解和交流。本次展览共展出来自我国 32 家博物馆的 160 多件展品，类别包括雕塑、陶瓷、金银器、漆器、玉器、纺织品和建筑石刻等。特展还重点展示连接古代中国和西方的"丝绸之路"以及横贯南亚和东南亚的"海上丝绸之路"，追溯"一带一路"的历史渊源，有助于西方公众对中国的认识，并吸引年轻一代对中国历史文化的兴趣和关注。

图 5-1-14　2019 年"回归之路——新中国成立七十周年流失文物回归成果展"海报

第二节
中国文物交流中心举办展览的统计与分析

（一）展览类型统计

中国文物交流中心（以下简称交流中心）50 年来举办文物出境展览有 217 项（见图 5-2-1、图 5-2-2），引进的外国文物入境展览有 23 项（见图 5-2-3），在境内举办的中国文物展览有 43 项（见图 5-2-4）。交流中心长期以来主要从事中国文物出境展览业务，引进外国文物展览反而很少，而且起步也晚。2006 年 12 月 26 日至 2007 年 10 月 7 日，"西天诸神——古代印度瑰宝展"在首都博物馆、河南博物院、重庆中国三峡博物馆、西汉南越王博物馆举办，这是交流中心首次在境内举办的外国文物引进展览。交流中心在境内做中国文物展览很少且很晚，1990 年 6 月至 1991 年 11 月，由国家文物局，故宫博物院和中国文物交流服务中心共同筹办的"中国文物精华展"在故宫博物院文华殿揭幕。展览汇集了来自全国 28 个省、自治区、直辖市及中国社会科学院考古研究所提供的文物精品 245 件（组），该展览为交流中心首次在境内举办的国内文物展。

2016 年之后入境展览数量上超过出境展览，成为对外文物交流的新亮点，中国观众可以不出国门一睹世界各国珍贵文物的风采。

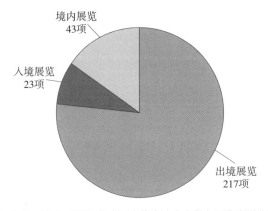

图 5-2-1　1971-2021 年中国文物交流中心举办展览类型分析图

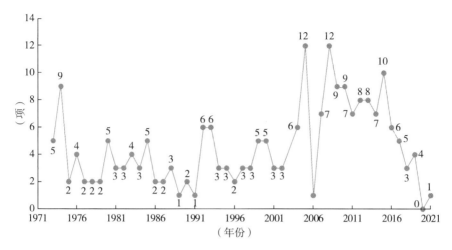

图 5-2-2　1971-2021 年中国文物交流中心举办出境展览分析图

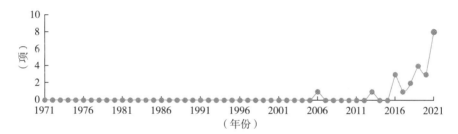

图 5-2-3　1971-2021 年中国文物交流中心举办入境展览分析图

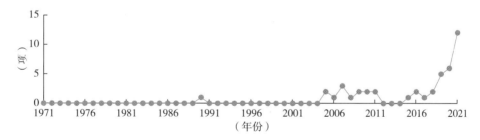

图 5-2-4　1971-2021 年中国文物交流中心举办国内展览分析图

（二）展览所到国家与地区统计

交流中心在亚洲举办 188 项展览、占比 66%，在欧洲举办 64 项、美洲举办 23 项、大洋洲举办 4 项（见图 5-2-5）、非洲举办 4 项。亚洲各国山水相连、人文相亲，中国立足于亚洲，积极与周边国家保持良好关系和人文交流。交流中心组织的文物交流展览在亚洲国家和地区举办得也最多，有力地增进了亚洲人民友谊，助力共建亚洲命运

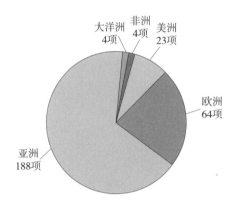

图 5-2-5　1971-2021 年中国文物交流中心在五大洲展览数量统计图

共同体的人文基础。

交流中心举办展览最多的国家是日本，有 61 项（至少 177 场次），占比 22%（见图 5-2-6、图 5-2-7）。其次在中国内地举办展览 66 项，到中国台湾地区举办展览有 20 项，中国香港有 18 项，美国有 17 项。

中日两国一衣带水，文化相通，经济互补，两国之间相互依赖程度高。在中日两国交往史上，人文交流为推动中日关系的改善和发展发挥了十分独特和重要的作用。

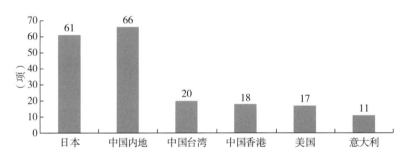

图 5-2-6　1971-2021 年中国文物交流中心举办展览数量最多的国家
或地区统计

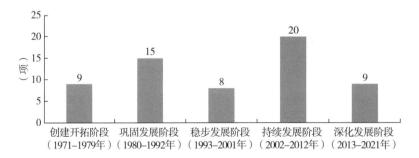

图 5-2-7　1971-2021 年中国文物交流中心在日本举办展览数量统计图

中国文物展览在日本很受欢迎，文物展览往往能产生意想不到的出色效果。展览为中日两国交流合作注入活力和动力，促进两国民众相知相近相亲，让中日关系更加坚实、更有韧性、更暖人心。

交流中心成立以来在美国举办 17 项主题 40 场次的文物展览，为增进两国人民的了解和友谊、促进双边关系健康发展做出了重要贡献（见图 5-2-8、表 5-2-1）。1978 年 12 月 16 日，中美发表《中美建交公报》，宣布两国自 1979 年 1 月 1 日起互相承认并建立外交关系。然而早在 1971 年 7 月，基辛格秘密访华时，特意到故宫参观了"无产阶级'文化大革命'期间出土文物展览"。1974 年 12 月至 1975 年 8 月，由交流中心组织的"中华人民共和国出土文物展览"在美国 3 个城市举办。展品是周恩来总理及相关专家精心挑选的 385 件来自 1949 年至 1972 年在中华人民共和国境内发掘的文物，这些积淀了五千年中华文化底蕴的珍品，以其巨大的冲击力和震撼力深深地吸引了美国政要和民众，他们通过中国文物的魅力感受到中国深厚的历史文化内涵。紧接着 1976 年 10 月至 1978 年 7 月"中华人民共和国汉唐壁画（摹本）展"在美国 5 个城市举办，同样引起了轰动，并成为文化热点。

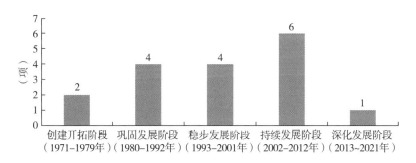

图 5-2-8 1971-2021 年中国文物交流中心在美国举办展览数量统计图

▼ 表 5-2-1 中国文物交流中心赴美国举办展览信息统计表（1971-2021 年）

序列	展览名称	展出时间	展览场地
1.	中华人民共和国出土文物展览	1974.12.13 - 1975.08.28	华盛顿国家美术馆、纳尔逊艺术博物馆（堪萨斯）、旧金山亚洲艺术博物馆
2.	中华人民共和国汉唐壁画（摹本）展览	1976.10 - 1978.07	波士顿美术博物馆、加州帕萨迪纳城太平洋文化亚洲博物馆、得克萨斯奥斯汀城大学美术博物馆、孟菲斯城布鲁克斯纪念美术馆、图森城亚利桑那大学美术博物馆
3.	伟大的中国青铜器时代展览	1980.04.12 - 1981.09.30	纽约大都会艺术博物馆、芝加哥自然历史博物馆、得州沃斯堡金贝尔艺术博物馆、洛杉矶县立艺术博物馆、波士顿艺术博物馆

续表

序列	展览名称	展出时间	展览场地
4.	中国历代陶俑展——对永恒的探索	1987.03.22－1988.04.17	费城艺术博物馆、休斯敦美术博物馆、洛杉矶县立艺术博物馆、克利夫兰艺术博物馆
5.	天子——中国古代帝王艺术展览	1988.07.28－1989.11.05	西雅图艺术中心、哥伦布特设展场
6.	董其昌世纪展览	1992.04.19－12	纳尔逊艺术博物馆（堪萨斯）、洛杉矶县立艺术博物馆、纽约大都会艺术博物馆
7.	中国帝王陵墓展览	1995.04.18－1997.09.15	孟菲斯库克会议中心、普罗沃杨百翰大学博物馆、波特兰艺术博物馆、丹佛自然历史博物馆、奥兰多艺术博物馆
8.	中华五千年文明艺术展览	1998.02.06－06.03	纽约古根海姆博物馆
9.	中国考古的黄金时代展览	1999.09.19－2000.09.11	华盛顿国家美术馆、休斯敦美术馆、旧金山亚洲艺术博物馆
10.	道教与中国艺术展	2000.11.04－2001.05.13	芝加哥艺术博物馆、旧金山亚洲艺术博物馆
11.	走向盛唐展	2004.10.12－2005.01.23	纽约大都会艺术博物馆
12.	王翚艺术展	2008.09.09－2009.01.04	纽约大都会艺术博物馆
13.	独特的视角——罗聘的艺术世界展	2009.10.05－2010.01.10	纽约大都会艺术博物馆
14.	啸虎和跃鲤：中国动物画的象征意义展	2009.10.09－2010.01.03	辛辛那提艺术博物馆
15.	忽必烈的时代——中国元代艺术展	2010.09.28－2011.01.02	纽约大都会艺术博物馆
16.	来自黄土高原的考古发现展	2012.06.16－10.21	佛朗辛·克拉克艺术中心
17.	秦汉文明展	2017.03－07	纽约大都会艺术博物馆

（三）中外国家领导人出席的展览统计

文物作为传播中华文化的"形象大使"和"金色名片"，其交流展览是最高等级、最深内涵、最具魅力的国际人文交流形式。交流中心举办或承办的展览中，中外国家领导人出席和参观的有 35 场，提升了文化交往的层次和规格，加深了国家间的理解（见表 5-2-2）。以"中华人民共和国出土文物展览"在世界巡展为例，1973 年 6 月 8 日，该展览在日本东京国立博物馆开幕，日本首相田中角荣出席开幕式并讲话，出席

▼ 表5-2-2　中外国家领导人参观由中国文物交流中心举办的展览（1971-2021年）

序号	开幕时间	展览名称	展览场地	参观展览的国家领导人
1.	1973.06.08	中华人民共和国出土文物展览	日本东京国立博物馆	日本首相田中角荣出席开幕式并讲话，日本天皇之弟三笠宫殿下参观了展览
2.	1973.09.28	中华人民共和国出土文物展览	英国伦敦皇家艺术学院	英国首相希思出席开幕式并讲话，英国女王伊丽莎白二世参观了展览
3.	1974.02.21	中华人民共和国出土文物展览	奥地利维也纳工艺美术博物馆	奥地利总统弗约纳斯主持开幕式，总理克赖斯基等出席
4.	1974.04.03	中华人民共和国出土文物展览	南斯拉夫贝尔格莱德人民博物馆	南斯拉夫联邦主席团委员斯塔门科维奇、副总理符拉图莎等出席开幕式
5.	1974.05.12	中华人民共和国出土文物展览	瑞典斯德哥尔摩国家远东古物博物馆	瑞典国王卡尔十六世·古斯塔夫出席开幕式并讲话
6.	1974.07.05	中华人民共和国出土文物展览	墨西哥国立人类博物馆	墨西哥总统路易斯·埃切维里亚主持开幕式
7.	1974.12.04	中华人民共和国出土文物展览	荷兰阿姆斯特丹国家博物馆	荷兰女王朱丽安娜出席开幕式
8.	1974.12.13	中华人民共和国出土文物展览	美国华盛顿国家美术馆	美国总统福特和夫人出席了开幕式，基辛格博士参观了展览
9.	1975.02.28	中华人民共和国出土文物展览	比利时布鲁塞尔艺术宫	比利时国王博杜安和王后法比奥拉、首相莱奥·廷德斯曼出席开幕式
10.	1976.03.29	中华人民共和国古代青铜器展	日本东京国立博物馆	日本天皇之弟三笠宫夫妇、内阁首相三木武夫出席开幕式
11.	1976.09.07	中华人民共和国出土文物展览	菲律宾马尼拉市立法大厦	菲律宾总统马科斯和夫人出席了开幕式
12.	1977.01.19	中华人民共和国出土文物展览	澳大利亚墨尔本维多利亚国立美术馆	澳大利亚总理弗雷泽出席开幕式
13.	1980.05.24	中国古代艺术珍宝展	丹麦哥本哈根路易斯安娜现代艺术博物馆	丹麦女王玛格丽特夫妇、首相耶恩森出席开幕式
14.	1981.03.16	中国战国时期中山国王墓出土文物展	日本东京国立博物馆	日本天皇之弟三笠宫殿下参观了展览。
15.	1983.10.01	中国秦兵马俑展	日本大阪城公园	日本天皇之弟三笠宫殿下参观了展览
16.	1984.12.04	中国秦代兵马俑展	瑞典斯德哥尔摩国家艺术博物馆	瑞典国王卡尔·古斯塔夫十六世和王后出席了开幕式

续表

序号	开幕时间	展览名称	展览场地	参观展览的国家领导人
17.	1985.03.03	中国秦代兵马俑展	挪威奥斯陆海涅·昂斯塔德艺术中心	挪威国王奥拉夫五世、首相维洛克出席了开幕式
18.	1985.11.26	中国秦代兵马俑展	爱尔兰都柏林皇家医院旧址特设展场	爱尔兰总统帕特里克·希拉里和夫人出席了开幕式
19.	1986.05.18	中国文明史——华夏瑰宝展	加拿大蒙特利尔文明宫	加拿大总理马尔罗尼参观了展览
20.	1991.11.22	华夏瑰宝——第一届中国文物古玩及艺术品博览会	上海商城	全国政协副主席苏步青出席开幕式并剪彩
21.	1991.12.07	丝绸之路与唐代文明展	新加坡文物馆	新加坡副总理李显龙和夫人出席开幕式并剪彩
22.	1994.09.17	秦始皇帝文物展（秦始皇及其时代展）	日本东京世田谷美术馆、名古屋市博物馆、福冈市博物馆、爱媛县立美术馆、北海道开拓纪念馆	日本首相村山富士、前首相羽田孜先后参观了这个展览
23.	1995.06.02	中国古代的人与神展	德国埃森小山别墅、慕尼黑海伯艺术馆	中国国家主席江泽民访问德国期间在德国总统赫尔佐克亲自陪同下参观了展览，朱镕基、钱其琛、李铁映、吴仪等国家领导人也在访德期间先后参观了展览
24.	1996.09.11	中国古代人与神展	英国伦敦大英博物馆	英国前首相希思出席开幕式并讲话，前首相撒切尔夫人参观了展览；国务院副总理李岚清也在出访期间参观了展览
25.	1997.02.21-05.25	中国古代的人与神展	丹麦路易斯安娜现代艺术博物馆	展出期间丹麦女王玛格丽特夫妇及王室成员参观了展览
26.	1998.02.06	中华五千年文明艺术展	美国纽约古根海姆博物馆	联合国秘书长安南应邀出席开幕活动并参观展览，展出期间美国总统夫人希拉里、前国务卿基辛格等政要参观了展览
27.	1998.07.17	中华五千年文明艺术展	西班牙毕尔巴鄂古根海姆博物馆	展出期间西班牙总理阿兹纳参观了展览
28.	2000.11.01	中国考古发现展	法国巴黎市（小宫殿）美术馆	展出期间法国总统希拉克参观了展览
29.	2001.08.13	中国百件珍宝展	耶路撒冷以色列博物馆	以色列副总理兼外长佩雷斯、文化部部长等政要参加了开幕式

续表

序号	开幕时间	展览名称	展览场地	参观展览的国家领导人
30.	2008.07.28	奇迹天工——中国古代发明创造文物展	中国科技馆新馆	全国政协副主席孙家正、全国人大常委会副委员长陈至立等领导莅临展览开幕式，中央政治局常委李长春，全国人大常委会副委员长韩启德、路甬祥参观了展览
31.	2009.10.08	中国古代帝王珍宝展	比利时布鲁塞尔美术宫	该展览是"欧罗巴利亚中国艺术节"的开幕展览，时任国家副主席习近平率团参加了"欧罗巴利亚中国艺术节"开幕活动，参观了此展览；比利时国王阿尔贝二世和王后、王室成员以及政要也出席了上述活动
32.	2010.12.17	丝绸之路大文明展	韩国国立中央博物馆	韩国总理金滉植出席展览开幕式，展出期间，韩国总统李明博参观了展览
33.	2013.04.29	华夏瑰宝展	罗马尼亚国家历史博物馆	罗马尼亚总理蓬塔、议会众议长兹戈内亚、外交部长科尔勒采恩、文化部长巴尔布等350余人出席开幕式
34.	2016.10.08	天涯若比邻——华夏瑰宝秘鲁行展	秘鲁国家考古人类学历史博物馆	中国国家主席习近平和夫人彭丽媛在出访秘鲁期间，与秘鲁总统库琴斯基和夫人兰格共同参观了展览
35.	2016.12.20	阿拉伯之路——沙特出土文物展	中国国家博物馆	中国国家主席习近平和沙特阿拉伯王国国王萨勒曼共同出席闭幕式

开幕式的还有日中文化交流协会会长中岛健藏等。1973 年 9 月 28 日，该展览在英国伦敦皇家艺术学院开幕，英国首相希思出席开幕式并讲话，英国女王伊丽莎白二世参观了展览。1974 年 12 月 13 日，展览在美国华盛顿国家美术馆开幕，美国总统福特和夫人出席了开幕式，基辛格博士参观了展览。此外，该展览所到之处，当时的奥地利总统弗朗茨·约纳斯、瑞典国王卡尔十六世、墨西哥总统洛易斯、比利时国王博杜安、首相莱奥廷德斯曼、菲律宾总统马科斯、荷兰女王朱丽安娜（见图 5-2-9）、澳大利亚总理弗雷泽等也亲临展览开幕式。中国党和国家领导人也多次出席交流中心举办或承办的展览的开（闭）幕式或参观展览，1995 年 6 月 2 日，中国国家主席江泽民访问德国期间，在德国总统赫尔佐克亲自陪同下参观了"中国古代的人与神展览"；2004 年 1 月，中国国家主席胡锦涛访法期间，在法国总统希拉克的陪同下专程参观了在巴黎吉美博物馆举办的"孔子文物展"；2016 年 10 月 8 日，中国国家主席习近平和夫人彭丽媛

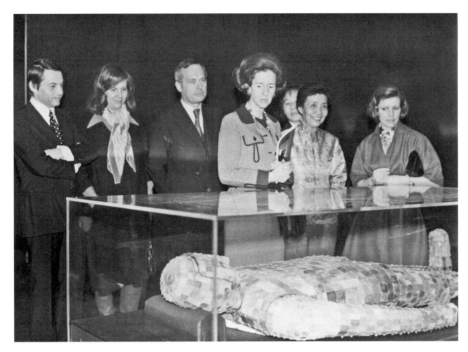

图 5-2-9　1974 年荷兰女王夫妇在阿姆斯特丹参观 "中华人民共和国出土文物展览"

在出访秘鲁期间，与秘鲁总统库琴斯基和夫人兰格共同参观了 "天涯若比邻——华夏瑰宝秘鲁行展"。

（四）赴中国港澳台展览统计

1. 赴台湾地区展览统计

交流中心发挥祖国大陆人文资源优势，推动两岸文物交流与合作，致力于增进两岸同胞的思想沟通和情感交融，助力构建两岸文化交流与合作新格局。交流中心自从成立以来，在台湾地区就举办了 20 项文物展览（见图 5-2-10）。

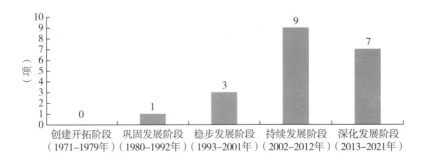

图 5-2-10　1971-2021 年中国文物交流中心在中国台湾地区举办展览数量统计分析图

2000 年 12 月至 2001 年 5 月，应台湾联合报系和台北历史博物馆邀请，陕西省文物局组织的"兵马俑——秦文化特展"在台北历史博物馆、台中自然科学博物馆展出，展品 120 件（组），共接待观众 165 万余人（次），创造台湾单项展览观众最高纪录。

2010 年 3 月在中华人民共和国全国人民代表大会和中国人民政治协商会议召开期间，国务院总理温家宝在有关台湾问题的谈话中以《富春山居图》分藏两岸为例，一句"我希望两幅画什么时候能合成一幅画。画是如此，人何以堪"，道出国家统一的心愿和期待。引起了岛内舆论以及海外华文媒体的高度关注。2011 年 6 月 1 日至 9 月 5 日，万众期待的"山水合璧——黄公望与《富春山居图》特展"在台北故宫博物院成功展出（见表 5-2-3）。至此，分藏两岸的《富春山居图·剩山图卷》与《无用师卷》在 361 年后终于实现了"山水合璧"，成为两岸文化交流史上的一段佳话。画作的传奇经历与"合璧"展出的寓意，吸引了成千上万的观众前来"朝圣"，使展览成为两岸文化交流的一件盛事，也赋予了特展更多的意义。新华社在开幕当天的报道中说："合璧"之所以如此牵动人心，原因很简单，在它的笔墨画轴背后，浓缩着中华民族的风雨沧桑、两岸同胞的悲欢离合，更寄托着中华文化和中华民族的顽强生命力。"合璧"展的成功，寓意着两岸同胞对祖国统一、阖家团圆的深切期盼。

▼ 表 5-2-3　1971-2021 年中国文物交流中心赴台北故宫博物院展览信息统计表

展览名称	展出时间
圣地西藏——最接近天空的宝藏展	2010.07.01-2011.01.09
文艺绍兴——南宋艺术与文化特展	2010.10.07-12.26
山水合璧——黄公望与《富春山居图》特展	2011.06.01-11.07
康熙大帝与太阳王路易十四特展	2011.10.03-2012.01.03
商王武丁与后妇好——殷商盛世文化艺术特展	2012.10.20-2013.02.19

2. 赴香港和澳门地区展览统计

50 年来交流中心在香港举办了 18 场展览（见图 5-2-11），在澳门举办了 2 场展览。文物展览推动了中华文化在香港、澳门地区的传播和传承，加深了港澳青年对祖国历史文化的了解，增进了港澳民众对国家、民族和中华文化的认同，增强了港澳同胞的文化归属感和爱国热情。

为了庆祝香港回归祖国十周年，2007 年 7 月 24 日至 9 月 24 日，"中国考古新发现展"在香港历史博物馆展出（见图 5-2-12）。展品汇集了近年来陕西、河南、安徽、

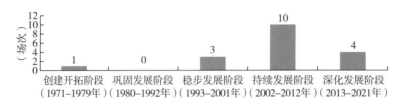

	创建开拓阶段 (1971—1979年)	巩固发展阶段 (1980—1992年)	稳步发展阶段 (1993—2001年)	持续发展阶段 (2002—2012年)	深化发展阶段 (2013—2021年)

图 5-2-11 1971—2021 年中国文物交流中心在中国香港地区举办展览数量
统计分析图

湖北、江苏、浙江、江西、福建、广东这九个省市 20 多个考古遗址发掘出土的 120 件（组）文物。从安徽凌家滩出土的新石器时期的玉器，到河南殷墟、陕西眉县出土的商周时代的青铜器；从秦始皇的百戏俑，到西汉楚王的银缕玉衣；从盛唐时期的三彩陶俑、彩绘棺椁，到南海沉船中出水的南宋和清代瓷器，无一不是近年考古新发现的文物珍品。这批文物精品大部分从未公开展出，有些更是同类文物中最重要的发现，弥足珍贵，向香港同胞展现了祖国深厚的历史内涵和近十年来考古发现的新成果。

2008 年 9 月至 11 月在澳门艺术博物馆举办"像应神全——明清人物肖像画特展"（见图 5-2-13）。这次展览展出了馆藏明、清两朝人物画、肖像画精品共 120 件（组），不少为国家一级文物，部分藏品还从未公开亮相过。它们从不同角度体现了明、清时期的社会生活、民俗风貌、宗教信仰、道德信念、思想情趣等，彰显人物画的社会文化含义，加深了澳门同胞对博大精深中华文化的认知，加强了内地与澳门的文化交流与合作，推动了中华文化的发展与传播，增进了两地一家人、中华一家亲的情感。

图 5-2-12 2007 年赴中国香港"中国考古新发现展"海报

图 5-2-13　2008 年赴中国澳门"像应神全——明清人物肖像画特展"海报

（五）展览观众统计

1.单个场次展览观众之最

交流中心举办的单场次展览中，"以法相会——明清水陆画展"的参观观众达 218.1 万人（次），是中心举办的观众最多的单个场次展览。其次是"井真成墓志特展"，观众达 178 万人（次）；"紫禁佛光——明清宫廷佛教艺术展"，观众达 127.905 万人（次）；"七宝瑞光——中国南方佛教艺术展"，观众达 98 万余人（次）（见图 5-2-14）。

2015 年 11 月 14 日至 2016 年 2 月 28 日，"以法相会——明清水陆画展"在台湾佛光山佛陀纪念馆举办，这是交流中心举办的观众人（次）最多的一个单项展览，观众达 218.1 万人（次）（见图 5-2-15），也是当时交流中心与佛光山合作举办的第四个佛教主题的文物展览。本次展览以山西博物院收藏的宝宁寺明代水陆画、太岳区康熙时期的水陆画及清代神像式、牌位式水陆画等为主，辅以石家庄旧画坊毗卢寺水陆壁画的临摹复原作品，选取正位

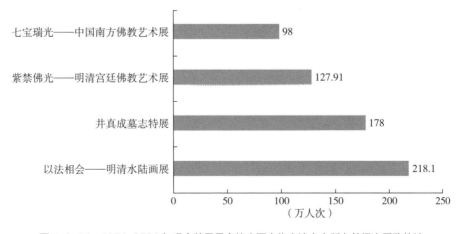

图 5-2-14　1971-2021 年观众数量最多的中国文物交流中心所办单场次展览统计

图 5-2-15　2015 年赴台湾地区"以法相会——明清水陆画展"海报

神祇、天仙、下界神祇、冥殿十王、往古人伦、孤魂等共计 102 件组展品（其中一级文物 20 件），展示明清时期水陆画的主要内容和不同形式，使台湾观众能够近距离欣赏这些中华传统文化中的艺术瑰宝。

2005 年 5 月至 7 月，"井真成墓志特展"在日本爱知世博会中国馆展出，日本遣唐使井真成的墓志是唯一的展品，但意义非凡。该文物是 2004 年在西安市发现的日本遣唐使井真成墓志，上书："国号日本，才称天纵，故能衔命远邦，驰骋上国。"它是迄今发现的唯一一方日本遣唐使墓志。井真成墓志铭上面仅有的 171 字，被视为中日文化交流史上的一级历史资料，是当前已知的遣唐使制度的唯一证物，也是最早体现日本国名国号和日本作为国家被承认的文物，对研究古代中日文化交流历史具有重要的学术价值。所以，该文物一到日本就引起轰动，在 67 天的展出时间内吸引了 178 人前来参观。因为仅有一件文物展品，所以这也是参展文物数量最少的一次展览。

2016 年 11 月至 2017 年 2 月，"紫禁佛光——明清宫廷佛教艺术展"在台湾佛光山佛陀纪念馆展出，观众达 127.905 万人（次）。本次展品共计 95 组 97 单件，涵盖佛像、经卷、法器及供器等，以故宫藏品为主，还有民族文化宫博物馆以及承德外八庙的藏品。展览分为"龙袍袈裟——帝后与佛教""普明圆觉——清宫佛堂与陈设""妙相庄严——清宫的佛像与唐卡"以及"清宫佛事——宫廷佛器"四个单元。

2014 年 9 月 23 日至 12 月 7 日，"七宝瑞光——中国南方佛教艺术展"在台湾佛光山佛陀纪念馆举办。展品是大陆五大博物馆提供的 88 件文物，有 27 件是一级文物。

其中包括 2008 年于南京金陵大报恩寺出土的七宝阿育王塔，乃首度出境展出，此埋藏千年的七宝阿育王塔，堪称是体型最庞大、工艺最复杂、铭文最详尽、史料价值最丰富的文物。该在台湾佛光山佛陀纪念馆展出 72 天，观众达 98 万余人（次）。另外，在台东展出 3 个月，观众数量近 2.5 万人（次）。

2. 巡展观众之最

交流中心 50 年来举办的巡展里，参观人（次）最多的是"中华人民共和国出土文物展览（1973–1978 年，赴 15 个国家和地区）"［654.3 万人（次）］，其次是"中国秦兵马俑展览（1983–1984 年，赴日本）"［200 万人（次）］、"中国帝王陵墓展览（1995–1997 年，赴美国）"［185 万人（次）］、"伟大的中国青铜器时代展览（1980–1981 年，赴美国）"［130 万人（次）］、"天子—中国古代帝王艺术展览（1988–1989 年，赴美国）"［119 万人（次）］和"大三国志展（2008–2009 年，赴日本）"［101.6 万人（次）］（见图 5-2-16）。

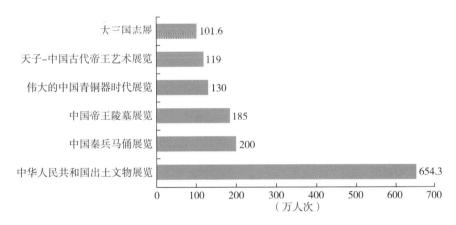

图 5-2-16　1971-2021 年观众数量最多的中国文物交流中心所办巡展统计

在 20 世纪 80 年代，"中华人民共和国出土文物展览"到过 15 个国家和地区（该展览赴日本两次），是在境外举办次数最多的展览，参观观众达 654.3 万人（次）。其中仅 1974 年 12 月 13 日至 1975 年 8 月 28 日在美国华盛顿国家美术馆、纳尔逊艺术博物馆（堪萨斯）、旧金山亚洲艺术博物馆的巡展，参观观众就达到了 180 万人（次）。

1983 年 10 月 1 日至 1984 年 5 月 13 日，"中国秦兵马俑展览"在日本的大阪城公园、福冈县文化会馆、东京古代东方博物馆、静冈产业馆巡展，参观观众达 200 万人（次）。

1995 年 4 月 18 日至 1997 年 9 月 15 日，"中国帝王陵墓展览"在美国的孟菲斯库克会议中心、普罗沃杨百翰大学博物馆、波特兰艺术博物馆、丹佛自然历史博物馆、奥兰多艺术博物馆巡展，参观观众达185万人（次）。

1980年4月12日至1981年9月30日，"伟大的中国青铜器时代展览"在美国的纽约大都会艺术博物馆、芝加哥自然历史博物馆、得州沃斯堡金贝尔艺术博物馆、洛杉矶县立艺术博物馆、波士顿艺术博物馆巡展，参观观众达130万人（次）。

1988年7月28日至1989年11月5日，"天子——中国古代帝王艺术展览"在美国的西雅图艺术中心、哥伦布特设展场巡展，参观观众达119万人（次）（见图5-2-17）。

2008年5月2日至2009年3月15日，"大三国志展"在日本的东京富士美术馆、北海道立旭川美术馆、关西国际文化中心、福冈亚洲美术馆、香川具立博物馆、名古屋松坂屋美术馆、群马前桥文化馆巡展，参观观众达101.6万人（次）。"三国志"的故事对日本人来说耳熟能详，深受人们喜爱。中日两国专家、学者历经三年多的时间，走访了中国国内70多个与三国志有关的古迹与博物馆，从11个省市的34所文化机构的藏品

图5-2-17　1988年赴美国"天子——中国古代帝王艺术展览"海报

中严格挑选出贵重的文物进行展出。再现涉及政治、军事、文化、艺术、经济、贸易、宗教等多领域的三国时代的历史风貌。展览由三国时代出土文物和以"三国故事"为题材的传世文物两个部分组成。此外，该展还汇集了日本国内博物馆有关三国主题的展品近60件，并通过现代化的视听手段，融合动漫、塑像、影像等各种形式，共同营造了一个新颖而富有创意的三国世界。展览受到日本广大观众的热烈欢迎，据

统计，七地观众共计 1015508 人（次），创下了进入 21 世纪以来日本举办中国文物展览参观人数的最高纪录。2009 年 3 月 13 日展览迎来了第 100 万个观众，为此日方主办单位在群马县前桥展场举行了隆重的庆祝仪式（见图 5-2-18）。而且从日本巡展回国后，"大三国志展"又继续在中国大陆和台湾地区的 8 个地方进行巡展，依然火爆，观者如云。

图 5-2-18　"大三国志展"观众超过 100 万人的庆祝活动现场

2008 年 5 月至 2009 年 3 月，"大三国志展"在日本东京富士美术馆等七地巡展近一年，观众超过 100 万人，创下近期在日举办中国文物展的最高纪录。

（六）举办展览的博物馆统计

东京国立博物馆是日本历史最悠久、规模最大的顶级国家博物馆，是交流中心在日本首选的展览场馆，也是交流中心在境外举办展览最多的博物馆，达 11 场（见图 5-2-19、表 5-2-4）。

2000 年，交流中心与日本东京国立博物馆合作举办了"中国国宝展"；2004 年，中方与东京国立博物馆再次合作举办"中国国宝展Ⅱ"。中国驻日大使王毅在展览开幕式指出，文化交流始终是连接中日两国人民的重要纽带，也始终是两国人民友好感情的深层支撑。他期望广大日本朋友通过这个展览，能够领略到中国文化博大精深的底蕴，重温中日两国悠久的友好交流历史，并从中得到有益的启示。

图 5-2-19 日本东京国立博物馆外景

▼ 表 5-2-4 1971-2021 年中国文物交流中心在日本东京国立博物馆展览信息统计表

序号	展览名称	展出时间	观众[万（人次）]	展出场地
1.	中华人民共和国出土文物展览	1973.06.09－09.30	53	东京国立博物馆和京都国立博物馆巡展
2.	中华人民共和国古代青铜器展览	1976.03.30－08.08	40	东京国立博物馆和京都国立博物馆巡展
3.	中华人民共和国丝路文物展览	1979.03.19－07.08	56	东京国立博物馆和大阪市立美术馆巡展
4.	中国战国时期中山国王墓出土文物展览	1981.03.17－08.30	21.3	东京国立博物馆、兵库县立近代美术馆和名古屋市博物馆巡展
5.	中国历代陶俑展（中国陶俑之美）	1984.09.22－1985.05.06	45.8	名古屋市博物馆、福冈市美术馆、京都国立博物馆和东京国立博物馆巡展
6.	黄河文明展览	1986.05.20－11.03	34	东京国立博物馆、石川县立美术馆、名古屋市博物馆和北海道立近代美术馆巡展
7.	中国国宝展	2000.10.24－12.17	39	/
8.	中国国宝展Ⅱ	2004.09.28－2005.03.27	40	东京国立博物馆和大阪国立国际美术馆巡展
9.	遣唐使与唐代美术展	2005.07.20－10.10	12	东京国立博物馆和奈良国立博物馆巡展
10.	中华大文明展	2012.10.5－2013.09.16	36.3435	东京国立博物馆、神户市立博物馆、名古屋市博物馆和九州国立博物馆巡展
11.	三国志展	2019.07.9－09.16	33	/

美国纽约大都会艺术博物馆举办过"伟大的中国青铜器时代展"（1980.04–1981.09）、"董其昌世纪展"（1992.04–1992.12）、"走向盛唐展"（2004.10–2005.01）、"独特的视角——罗聘的艺术世界展"（2009.10–2010.01）、"忽必烈的时代——中国元代艺术展"（2010.09.28–2011.01.02）和"秦汉文明展"（2017.03.27–2017.07.14）共计7个展览，是交流中心在美国展览的首选之地（见表5-2-5）。

▼ 表5-2-5　1971–2021年中国文物交流中心在美国纽约大都会艺术博物馆展览信息统计表

序号	展览名称	展出时间	观众[万（人次）]	展出场地
1.	伟大的中国青铜器时代展览	1980.04.12–1981.09.30	130	纽约大都会艺术博物馆、芝加哥自然历史博物馆、得州沃斯堡金贝尔艺术博物馆、洛杉矶县立艺术博物馆和波士顿艺术博物馆巡展
2.	董其昌世纪展览	1992.04.19–12	15	纳尔逊艺术博物馆（堪萨斯）、洛杉矶县立艺术博物馆和纽约大都会艺术博物馆巡展
3.	走向盛唐展	2004.10.12–2005.01.23	26	/
4.	王翚艺术展	2008.09.09–2009.01.04	11.5	/
5.	独特的视角——罗聘的艺术世界展	2009.10.05–2010.01.10	7	/
6.	忽必烈的时代——中国元代艺术展	2010.09.28–2011.01.02	16	/
7.	秦汉文明展	2017.03.27–07.14	35	/

（七）巡展最多的展览

在20世纪70年代，"中华人民共和国出土文物展览"巡展过15个国家和地区，是在境外举办次数最多的展览。悠久的历史、灿烂的文明、海量的文物筑牢了中国文化软实力的根基，也是我们对外交往的优势资源，20世纪70年代的文物对外交流展览助力中国开创了外交新局面，被称为"文物外交"，它是以文物传播、交流与沟通为内容所展开的外交。例如，为了发展两国之间的良好关系和文化交流，中国政府应法国政府的邀请，于1973年5月4日至9月3日在巴黎举办"中华人民共和国出土文物展览"。1974 年 12 月至 1975 年 8 月，我国从 1949 至 1972 年在中华人民共和国境内发掘的文物中挑选出 385 件文物，陆续在美国华盛顿国家美术馆、纳尔逊艺术博物馆（堪萨斯）、旧金山亚洲艺术博物馆展出。需要指出的是，"中华人民共和国出土文物展览"其实分为两套展品，一套赴欧美，另一套在中日恢复邦交后赴日本展出。之后赴欧美那套展品的出土文物展览也来到日本展出。通过文物外交的策略，国外民众进一步认识中国、了解中国，促进了中国外交事业更好更快地发展。

（八）参与国家最多的展览

为积极响应关于举办亚洲文明对话大会重大倡议，由中国文化和旅游部、国家文物局主办，中国文物交流中心与中国国家博物馆共同承办，"大美亚细亚——亚洲文明展"于 2019 年 5 月 13 日至 8 月 11 日在中国国家博物馆展出。此次参展国家数量、文物数量和精致程度前所未有，是一次文物的盛会、文化的盛会、文明的盛会。展览汇集了来自国内 16 个省（市、区）40 家文博单位和亚洲其余 46 国及埃及、希腊两个文明古国的共 451 件（组）文物，这是我国所举办的参与国家最多的一项展览（见图 5-2-20）。

图 5-2-20　战国青铜错银双翼神兽

此件文物长 40、高 24 厘米，一级文物，1977 年河北省平山县三汲乡中山王墓出土，河北省文物考古研究院藏。在 2019 年"大美亚细亚——亚洲文明展"中展出。

展品包括各国从旧石器时代至当代的石器、铁器、青铜器、玉器、丝织品等，代表了各国文明特征，展示了亚洲文明的交流历程，反映了亚洲文明在世界文明史上的贡献。举办亚洲文明展揭示了亚洲各国历史悠久、多元共生的文明特征，凸显各文明之间对话、交流、互鉴的轨迹，反映地缘相近、文化相亲、和而不同、和平相处的亚洲文化。

此次展览为亚洲各国相互交流、展示、沟通、了解搭建了重要平台，进一步增进了亚洲各国间的友谊，加强了文明对话的深度和广度。

（九）参与文博单位最多的展览

2008 年 7 月 28 日至 9 月 20 日，"奇迹天工——中国古代发明创造文物展"在国家奥林匹克公园中心区的中国科学技术馆新馆举办。本次展览由国家文物局和中国科学技术协会主办，中国文物交流中心和中国科学技术馆承办。此次展览在充分挖掘国家级珍贵文物科学价值的基础上，展出了来自全国 77 家文博单位的 271 件（组）文物珍品，这是我国参与文博单位最多的一项展览，也是一级文物最多的一项展览（见图 5-2-21）。

展览向中外观众集中展示了我国在古代丝绸织造术、青铜铸造术、造纸印刷术和瓷器制作术等方面的重大科技发明，展品范围之广、文物之精，可谓空前。其中，丝织品有马王堆汉墓出土的杯纹绮、杯纹罗，长达 7 米的丝织金刚经；青铜器推出了不少国之重器，包括代表我国礼制最高等级的九鼎八簋等；纸质文物则展示了当时甘肃出土的汉代"悬泉纸"，王羲之的《姨母贴》，以及现存抄幅最长的宋徽宗赵佶《千字文》等精品；瓷器中有唐代越窑秘色瓷八棱瓶和宋代五大名窑的瓷器精品。

"奇迹天工——中国古代发明创造文物展"是诠释北京"绿色奥运、科技奥运、人文奥运"理念而举办的重要展览，所展示的

图 5-2-21　2008 年在中国科技馆举办"中国古代发明创造文物展"海报

图 5-2-22　2006 年印度来华"西天诸神——古代印度瑰宝展"海报

古代非凡工艺让世界对中国、中国传统文化和中国古代科技文明产生全新的认识。此次展览是"指南针计划[1]——中国古代发明创造的价值挖掘与展示"专项的阶段性成果。

（十）第一个从国外引进的文物专题展览

2006 年 12 月 26 日至 2007 年 2 月 27 日，"西天诸神——古代印度瑰宝展"在首都博物馆展出。该展览是"2006 年中印友好年"一个重要的文化交流项目，由中国国家文物局和印度考古局主办，中国文物交流中心、首都博物馆共同承办。该展览是中心第一个引进的文物入境展览（见图 5-2-22）。

展览分为四个部分，依时代顺序表现了从公元前 3 世纪至 18 世纪，佛教、婆罗门教、印度教、耆那教等起源于印度的宗教的雕塑艺术。本次展出的文物主要为印度古代雕塑作品，100 件文物由印度 11 家博物馆精选而出，绝大多数都是第一次来到中国。展品展现了印度古代雕塑艺术的瑰丽韵致，让观众感受到古老而辉煌的异域文明的非凡成就，领略印度人民的勤劳与智慧，也有利于增进两国传统友谊，促进两国各领域互利合作。

---

1 "指南针计划"是一项涵盖农业、纺织、营造、文化传播等若干领域的大型系统工程。2009 年 2 月，中宣部、国家文物局等 10 个部委成立"指南针计划"专项领导小组，共同推进专项的组织实施，以祖国丰富的文化遗产为实证资料，深入挖掘古代科技的内在价值，传承和弘扬中华民族的伟大智慧和创新精神，将文化遗产保护研究的成果惠及广大人民群众。

（十一）中国文物展品数量最多的出境展览

为庆祝中法建交 50 周年，由中国国家文物局与法国文化部主办，中国文物交流中心与法国巴黎的国立吉美亚洲艺术博物馆承办的"汉风——中国汉代文物展"于 2014 年 10 月至 2015 年 3 月在国立吉美亚洲艺术博物馆举办。展览由国家主席习近平和法国总统奥朗德共同监护并为之作序，被纳入中法两国高级别人文交流机制。这次展览展出来自中国 27 家博物馆的 450 多件（组）精美文物，是交流中心承办的文物展品数量最多的出境展览（见图 5-2-23、图 5-2-24）。

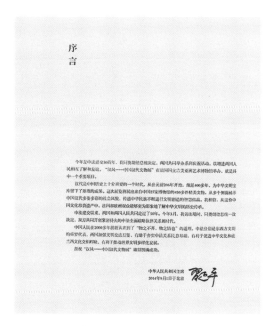

图 5-2-23　中国国家主席习近平为"汉风——中国汉代文物展"作序

图 5-2-24　西汉鎏金银乳钉纹铜壶（正在做文物点交）

铜壶通高 45、圈足径 17.9 厘米，壶口微敞，束颈，鼓腹，高圈足，腹部有一对铺首衔环，壶身上作方格纹、乳钉，镶嵌绿琉璃，1968 年满城陵山中山靖王刘胜墓出土，河北省文物考古研究院藏，曾经作为"汉风——中国汉代文物展"中的一件展品。

展览以中国汉代政治制度、社会生活、文化发展与对外交流为主线，突出中华民族艺术与人文之美。展品从多个侧面展示了 2000 多年前统一、开放、自信、多元的中国汉代社会风貌。通过展览，法国和欧洲观众能够更形象地了解中华文明的历史传承。该展是两国建交 50 周年的重要文化合作项目，是中法建交 50 周年系列活动的热点与亮点。

（十二）第一个两国文物合璧展

2009 年 7 月 30 日至 10 月 7 日，由中国国家文物局和意大利文化遗产与艺术活动部共同主办，中国文物交流中心和中华世纪坛艺术馆承办，"秦汉——罗马文明展"在中华世纪坛艺术馆展出。展品选取了中意两国 70 余家博物馆的 489 件（组）珍贵文物，在一个展览中两国文物交相辉映，这是交流中心举办的第一个两国文物合璧展（见图 5-2-25）。

展览再现了公元前 3 世纪到公元 2 世纪之间，雄踞世界东西的秦汉、罗马帝国的辉煌文明。展览分为序幕、帝国的建立、物质文明、日常生活、精神世界、日益融合的世界六部分，铺陈出浩瀚的历史画卷：开疆拓土的"帝国军团"方阵；气势恢宏的都城；罗马皇帝随着罗马金币亮相；普罗大众透过当时的雕塑、绘画、石刻讲述他们不同的衣、食、住、行特征。秦汉的丝绸、玉器、漆器和造纸工艺精彩纷呈，古罗马

图 5-2-25　2009 年中国和意大利联袂在北京、洛阳举办"秦汉——罗马文明展"海报

图 5-2-26　秦代将军陶俑

陶俑高 196 厘米，出土于陕西临潼秦始皇陵墓一号俑坑第二过洞战车上，秦始皇兵马俑博物馆藏。

的雕塑、壁画、玻璃器、银器、金币璀璨
耀眼（见图 5-2-26、图 5-2-27）。展览分
四站举行：第一站，于 2009 年 7 月 30 日
至 10 月 7 日在中华世纪坛世界艺术馆举
行；第二站，于 2009 年 10 月至 2010 年 2
月在河南省的洛阳博物馆举行；第三站和
第四站分别在意大利的米兰和罗马举办。

　　该展览是中国与意大利政府间第一个
文物交流合作项目，展览是呈献给新中国
成立六十周年的文化盛宴，也是 2010 年意
大利中国文化年的开幕庆典项目。

图 5-2-27　公元 1 世纪上半叶白色大理石穿铠甲的
尤利乌·克劳狄雕像

雕像高 215、底座长 60、宽 50 厘米，意大利
那不勒斯国家考古博物馆藏。

第六章

故宫博物院文物对外交流展览统计与分析

第一节
故宫博物院文物对外交流展览概况与发展阶段分析[1]

（一）故宫博物院对外交流展览概述与大事记

紫禁城是中国最高等级宫殿建筑群的杰出范例，是皇家宫殿建筑发展史上的杰作，为中国古代社会的后期发展特别是礼制文化和宫廷文化提供了独特的见证。同时，它所拥有的上百万件的珍贵皇家藏品、皇家生活用具以及大量古代工程技术的文字、图纸、烫样等档案载体，见证了中国明清时期的宫廷文化和典章制度。故宫博物院既是明清故宫（紫禁城）建筑群与宫廷史迹的保护管理机构，也是以明清皇室旧藏文物为基础的中国古代文化艺术品的收藏、研究和展示机构，还是文物对外交流的重要平台和渠道，在中外文化交流中起到举足轻重的作用。据不完全统计，1949 至 2019 年，故宫博物院组织的主要文物出入境交流展览 172 项，其中组织的文物出境展览有 140 项，引进的文物入境展览有 32 项。

故宫博物院院藏文物体系完备、涵盖古今、品质精良、品类丰富。现有藏品总量已达 180 余万件（组），以明清宫廷文物类藏品、古建类藏品、图书类藏品为主。故宫博物院文物对外交流展览以"古代艺术珍品"和"宫廷历史文物"为基础，多以宫廷文化、艺术和生活为主题。

故宫博物院自成立起，就展现出不仅是中国的故宫，也是世界的故宫的独特格局和气魄。故宫博物院的对外交流在配合国家外交大局、传播中华传统文化方面做出了积极贡献。随着故宫对外交流步伐的不断加快，交流的范围不断扩大，其交流的形式也不断变化。总的发展趋势表现在以下三点：一是由过去单一的对外展览为主转变为全方位、多层次的交流；二是从以前单方面对外展览转变为与从国外引进展览、交换展览并重；三是从过去只针对发达国家的交流，转变为面向更加广阔的国家和地区，包括更多的发展中国家。同时，继续保持与港、澳、台等地区博物馆的展览和学术联系，特别是保持与台北故宫博物院的联系[2]。

1　主要根据故宫博物院大事记整理而来，并进行统计分析。
2　郑欣淼.太和充满——郑欣淼说故宫［M］.北京：中国大百科全书出版社，2022：253.

故宫博物院文物对外交流大事记：

1925 年 10 月 10 日，在乾清门前广场举行了盛大的建院典礼，故宫博物院于紫禁城内廷正式成立，对民众开放。

1935 年 11 月 28 日至 1936 年 3 月 7 日，故宫参加在英国举办的"伦敦中国艺术国际博览会"，这是 20 世纪初举办的规模最大、影响最为深远的中国艺术品展览，此次展览共计 15 个国家参加，展品总计 3000 余件，中国提供了 857 件，其中，故宫博物院参展展品 735 件。这也是故宫首次在国外参加的艺术展览。

1940 年 1 月，苏联"中国艺术展览会"在莫斯科东国立东方文化博物馆开幕，故宫博物院挑选 100 余件文物参加博览会。

20 世纪 50-60 年代，"中国艺术·展览会"先后赴苏联、印度、波兰、捷克斯洛伐克、日本、罗马尼亚、匈牙利、保加利亚、阿尔巴尼亚等国家参加或举办文物展览，这是中华人民共和国成立后，故宫博物院第一次参加的出境展览。

1951 年，故宫建立"陶瓷馆""建筑馆""珐琅器陈列室""清代革命史料陈列室""帝农生活对比陈列室"等。

1954 年 2 月，故宫博物院被确定为文化部直属事业单位。12 月，故宫直属文化部社会文化事业管理局领导。

1956 年 5 月，故宫博物院吴仲超院长赴苏联参加特列恰可夫画廊 100 周年纪念大会，这是新中国成立后故宫首次参加国际性的会议。

1958 年 5 月，"罗马尼亚民间艺术展览"在故宫昭仁殿开幕，这是在故宫举办的第一项外国艺术展览。

1961 年 3 月，"故宫"由国务院公布为第一批"全国重点文物保护单位"。

1967 年 5 月 26 日，故宫博物院实行军事保护。

1971 年 7 月 5 日，军队宣传队撤离，故宫博物院恢复开放。

1971 年 7 月，在故宫慈宁宫举办"'文化大革命'期间出土文物展"，展示"文化大革命"期间考古工作所取得的成绩。当年应邀来访的法国议会代表团参观了这项展览，参观后提出希望中国能去巴黎举办出土文物展。

1972 年，中路三大殿、后三宫等下架油饰工程竣工，陆续恢复了因"文革"闭馆的珍宝馆（养性殿、乐寿堂、颐和轩）、明清工艺美术馆（钟粹宫）、绘画馆（皇极殿、宁寿宫）的陈列。这些工作为故宫接待外宾打下了坚实的基础。

1974 年，故宫与日本中国文化交流协会、日本中国友好协会联合主办赴日本"明清工艺美术展览"，这是故宫组织的第一项赴日本的展览。

1980 年，赴新加坡举办"故宫珍宝展"，之后故宫文物对外交流展览日益活跃。

1980 年，赴美国举办"故宫博物院明清宫廷生活"展，这是故宫组织的第一项赴美国的展览。

1981 年，在香港举办"考古陶瓷标本展览"，这是故宫组织的第一项在香港的展览。

1987 年 12 月，"明清故宫"被联合国教科文组织列入《世界文化遗产名录》。

1988 年，在澳大利亚国立维多利亚美术馆举办"清代帝后服饰展"，这是故宫组织的第一项赴澳大利亚的展览。

1999 年，在澳门艺术博物馆举办"康乾盛世书画展"，这是故宫组织的第一项在澳门的展览。

2002 年 10 月，故宫博物院从国家文物局划转文化部管理，为文化部直属的相当于正局级的事业单位，院长由文化部副部长兼任或由副部级干部担任。

2004 年 3 月 30 日至 6 月 28 日，山故宫博物院与上海博物馆、辽宁省博物馆、南京博物院、河南博物院等 8 家文博单位组织的大型展览"神圣的山峰"在法国巴黎大宫殿博物馆举办，法国总统希拉克参加了开幕仪式。该展览是在法国举办的中国文化年的重要文化活动。

2004 年 5 月，"巴西亚马孙原生传统展"在故宫神武门城楼开幕，巴西总统卢拉与中国国务委员陈至立出席开幕式。

2004 年，故宫成立外事处，负责管理全院外事工作。

2005 年，故宫午门改造成为现代化多功能综合展厅，同年获得联合国教科文组织颁发的"文化历史遗产保护创新奖"，这为举办大型文物对外交流展览创造重要的基础条件。

2005 年 4 月，"太阳王路易十四——法国凡尔赛宫珍品特展"在故宫开幕，国务院总理温家宝与来访的法国总理拉法兰共同出席开幕式。该展览是中法文化年的重要文化项目。

2005 年 9 月，"世纪典藏 情归华夏——瑞典藏中国陶瓷展"在故宫开幕，瑞典国王王储维多利亚公主出席开幕式并剪彩。该展览是纪念中瑞建交 55 周年重要文化活动。

2005 年 11 月至 2006 年 4 月，故宫和英国皇家艺术学院共同主办的"盛世华章·中国：1662-1795 展"在英国伦敦皇家艺术学院柏灵顿宫展出。11 月 9 日，胡锦涛主席夫妇和英国伊丽莎白女王夫妇共同出席了开幕式并为之剪彩。

2006 年 10 月，赴丹麦克里斯钦堡宫殿举办的"中国之梦展"，丹麦女王玛格丽特二世与丈夫亨利克亲王等出席开幕式。

2006 年 9 月"克里姆林宫珍品展"在故宫开幕，俄罗斯联邦总统普京为展览题写祝词。

2007 年，"故宫博物院藏珍宝展"在俄罗斯克里姆林宫博物馆举办，这是我国在俄罗斯举办的中国年活动的重要文化项目，国家主席胡锦涛为该展览图录题写了贺词。

2007 年 11 月 20 日至 2008 年 3 月 20 日，"神秘的紫禁城"展在意大利罗马科尔索博物馆成功举办，展品包括乾隆大阅图在内的 120 件（组）故宫文物首次亮相意大利（见图 6-1-1）。

图 6-1-1　2007 年 11 月至 2008 年 3 月"神秘的紫禁城展"在意大利罗马科尔索博物馆成功举办
（此图为博物馆外的海报）[1]

2009 年 10 月 7 日至 2010 年 1 月 10 日，"雍正——清世宗文物大展"在台北故宫博物院举办，这是两岸故宫之间馆际首次重要交流展览。

2011 年，赴美国夏威夷檀香山博物馆举办"紫禁城山水画精品展"，来自亚太经合组织 21 个成员国的政府高层领导人参观了展览。

2011 年，赴法国卢浮宫举办"重扉轻启——明清宫廷生活文物展"，这是卢浮宫和故宫博物院对等交换的展览，也是故宫博物院首次在卢浮宫举办的展览。胡锦涛主席和萨科齐总统是这个展览的监护人。

1　照片来源：郑欣淼. 太和充满——郑欣淼说故宫［M］. 北京：中国大百科全书出版社，2022：272.

2012 年 1 月 2 日至 2 月 19 日，纪念中日邦交正常化 40 周年的首场大型文化交流活动"国宝观澜——故宫博物院文物精华展"在东京国立博物馆隆重开展。日本天皇夫妇、前首相鸠山由纪夫、福田康夫、森喜朗等众多政要及学者、文化界知名人士专程前往参观。我国党和国家领导人对展览给予了高度的评价，并做出重要批示。[1]

2013 年 7 月，根据国际博物馆协会第 22 届上海大会通过的决议，国际博物馆协会、中国博物馆协会和故宫博物院三方合作建立国际博物馆协会博物馆培训中心，该中心设在故宫博物院，这是国际博协唯一的博物馆专业培训机构。

2015 年，国际文物修护学会培训中心（IIC-ITCC）设立在故宫博物院，这一机构为提升中国及发展中国家，特别是亚太地区的文物修护业务水平和能力，并为全世界的博物馆与文物保护修复人员提供一个国际化修复技艺与保护研究的高水准的交流平台。

2017 年 6 月，香港特区政府与北京故宫博物院签署《兴建香港故宫文化博物馆合作协议》，习近平主席出席签署仪式。博物馆于 2019 年 3 月动工，工程于 2021 年 12 月竣工。

2018 年 9 月 16 日至 18 日，"太和·世界古代文明保护论坛"在故宫博物院举行。本次论坛由外交部、文化和旅游部、新华通讯社、国家文物局支持举办，故宫博物院、北京故宫文物保护基金会主办，邀请国际组织及埃及、希腊、印度、伊朗、伊拉克、以色列、意大利、墨西哥、叙利亚、中国等文明古国文化遗产领域同仁及专家相聚古都北京，围绕"作为文化景观的古代文明遗产——古都文化的保护与传承"这一主题，共同研究和探讨古都文明遗产的可持续性发展问题。之后又举办多届"太和论坛"。

2018 年 12 月 3 日至 2019 年 3 月 31 日，由文化和旅游部、葡萄牙文化部和葡萄牙文化遗产总局支持，故宫博物院和葡萄牙阿茹达国家宫合作举办的"东风西韵——紫禁城与海上丝绸之路"展在里斯本展出。

2019 年 3 月 15 日至 5 月 30 日，为回馈俄罗斯克里姆林宫博物馆"穆穆之仪：来自克里姆林宫的俄罗斯宫廷典礼展"在华展出，故宫博物院精心挑选 116 件（组）文物，在俄罗斯克里姆林宫博物馆举办"18 世纪的东方盛世及清高宗乾隆帝展"。

（二）故宫博物院文物对外交流展览发展阶段分析

新中国成立以来（1949-2019 年），故宫博物院文物对外交流展览工作大致可以分为 3 个阶段（见表 6-1-1），即开创阶段（1949-1979 年）、稳步发展阶段（1980-1998

1　郑欣淼.太和充满——郑欣淼说故宫［M］.北京：中国大百科全书出版社，2022：272.

年）、持续发展阶段（1999-2019 年）。持续发展阶段举办的文物对外交流展览最多，达 125 项（文物出境展览 95 项，文物入境展览 30 项），占比达 73%。

▼ 表6-1-1　1949-2019 年故宫对外文物交流发展各阶段办展数量统计表

阶段	文物出境展览（项）	文物入境展览（项）
开创阶段（1949-1979 年）	4	1
稳步发展阶段（1980-1998 年）	41	1
持续发展阶段（1999-2019 年）	95	30

故宫博物院出境办展最为活跃时期是 1999-2004 年（见图 6-1-2），有 31 项，其中 2002 年最多，举办了 7 项展览，具体是"北京故宫博物院秘藏名宝展（赴日本）""紫禁城文物展（赴美国）""黄金的辉煌展（赴日本）""故宫宫廷文物展（赴日本）""乾隆皇帝与清代宫廷艺术展（赴英国）""怀抱古今——乾隆皇帝的文化生活艺术展（赴中国澳门）""海过波澜——清代宫廷西洋传教士画师绘画流派精品展（赴中国澳门）"；其次是 1999 和 2015 年，分别有 6 项，1999 年举办的出境展览具体是"康乾盛世书画展（赴中国澳门）""清代皇家政务与内廷生活展（赴美国）""清宫藏钟表展（赴日本）""西太后展（赴日本）""故宫珍宝展（赴日本）""明清家具展（赴中国台湾）"。2015 年举办的出境展览具体是"中国的黄金时代：乾隆皇帝（1736-1795）（赴澳大利亚）""西洋奇器——清宫科技展（赴中国香港）""中国：镜花水月（赴美国）""神笔丹青——郎世宁来华展（赴中国台湾）""仙工奇制——故宫珍藏痕都斯坦玉器精品展（赴中国香港）""太乙嵯峨——紫禁城建筑艺术特展（赴中国澳门）"。

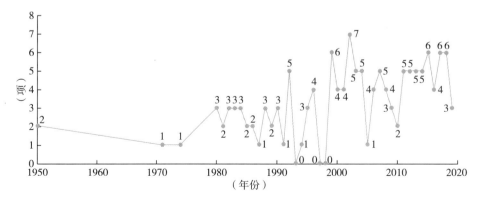

图6-1-2　1949-2019 年故宫博物院举办主要文物出境展览数量统计分析图

　　故宫博物院从境外引进展览主要集中在近 20 年，1999 年引进的文物展览最多，有 4 项，分别是"传心之美——梵蒂冈博物馆藏中国文物展（从梵蒂冈引进）""有界之外：卡地亚·故宫博物院工艺与修复特展（从法国引进）""釉彩国度——葡萄牙瓷板画 500 年展（从葡萄牙引进）""穆穆之仪：来自莫斯科克里姆林宫的俄罗斯宫廷典礼展（从俄罗斯引进）"；其次是 2007 年，引进了"英国与世界——1714–1830 展（从英国引进）""中国·比利时绘画 500 年展（从比利时引进）""西班牙骑士文化与艺术——马德里皇家武器博物馆珍品展（从西班牙引进）"。

第二节
故宫博物院举办的文物出入境交流展览统计与分析

（一）故宫博物院举办的文物出境交流展览统计分析

1949-2019 年，故宫博物院（以下简称故宫）举办的文物出境交流展览有 140 项（不完全统计）。故宫举办文物出境展览主要去往日本、中国港澳台地区以及美国，合计有 98 项（见表 6-2-1），占比达 70%，其中日本是故宫举办文物出境展览最多的国家，有 32 项；在中国香港和澳门和分布举办 23 项和 21 项，在中国台湾地区举办有 6 项；在美国举办的展览有 16 项。

▼ 表 6-2-1　1949-2019 年故宫举办的主要文物出境展览到访的国家和地区统计表

展览前往国家（地区）	日本	中国香港	中国澳门	美国	英国	中国台湾	法国	德国	韩国
展览数量（项）	32	23	21	16	6	6	4	4	3

1. 故宫博物院赴举办日本文物展览统计分析

与其他国家和地区比较，故宫与日本的文物交流展览活动最为活跃，1949 至 2019 年赴日本举办了至少 32 项展览（见表 6-2-2）。展览主题多以宫廷艺术和皇家生活为主。故宫组织最早赴日本的展览是 1974 年与日本中国文化交流协会、日本中国友好协会合作举办的"明清工艺美术展览"（见图 6-2-1）。该展于 1974 年 9 月 14 日在东京开幕，展品共计 114 件，包括瓷器、景泰蓝、金属工艺、玉器、工艺雕刻、文房用品、漆器、丝织物等，广泛地代表了各种工艺美术品类，这些珍贵文物之前从未在国外展出过，日本学术界高度重视这次展览，认为是继"中华人民共和国出土文物展"赴日之后又一盛事。2012 年 1 月 2 日至 2 月 19 日，故宫博物院文物精华展在东京国立博物馆隆重开展。展出 254 件（组）故宫珍品，其中《清明上河图》等众多文物是首次走

▼ 表6-2-2　1949-2019年故宫赴日本举办文物交流展览统计表

序号	展览时间	展览名称	展览合作机构
1.	1974	明清工艺美术展览	日本中国文化交流协会、日本中国友好协会
2.	1981	中国美术至宝展览	/
3.	1982.04.20–05.30	中国考古陶瓷标本展览	/
4.	1982	故宫珍宝展览	
5.	1985	故宫博物院宫廷艺术展览	西武美术馆
6.	1988	清代皇家珍藏文物展览	/
7.	1989	清代宫廷文化展览	东京日中友好会馆
8.	1990	故宫博物院藏钟表展览	东京、广岛、仙台、福冈、船桥、札幌、名古屋、大阪等城市
9.	1992	紫禁城至宝——故宫博物院展览	东京都美术馆、金泽市立美术馆
10.	1994	皇帝的一天展览	/
11.	1995	紫禁城宫殿珍藏名宝展览	富士美术馆
12.	1995	清宫秘藏钟表精华展览	大阪等7个城市
13.	1995	后妃文化生活展览	/
14.	1996	文明与陶瓷展览	/
15.	1999	清宫藏钟表展览	/
16.	1999	西太后展览	/
17.	1999	故宫珍宝展览	/
18.	2000	黄金秘宝展	日本冈山开幕，并先后在岐阜、佐贺、爱媛、滨松、岛根等地巡回展出
19.	2001	元明清名陶百选展	/
20.	2001.10.04–10.21	故宫宫廷文物展	小田急美术馆
21.	2002	北京故宫博物院秘藏名宝展	/
22.	2002	黄金的辉煌展	/
23.	2002	故宫宫廷文物展	孔子庙中国历代博物馆
24.	2003.01.09–02.09	故宫博物院秘藏名宝展	岩手县民会馆

续表

序号	展览时间	展览名称	展览合作机构
25.	2003.04.03–10.28	故宫博物院藏文物展	丸井金井百货公司美术馆（2003.04.03–04.21）、新潟大和百货公司美术馆（2003.05.01–05.18）、金泽石川县立博物馆（2003.06.14–07.13）、鹿儿岛县立黎明馆（2003.07.24–08.31）、宇都宫福田屋百货公司美术馆（2003.10.15–10.28）
26.	2006.01.21–12.19	北京故宫博物院展——清朝末期宫廷艺术与文化	长崎县立文化历史博物馆、JR京都伊势丹美术馆、前桥文化会馆、大分县立艺术会馆、东京都日本桥高岛屋美术馆、宇都宫市FKD美术馆、广岛县立美术馆
27.	2006.06.–2007.05.	故宫宫廷文物展——清代皇室的信仰	长崎孔子庙中国历代博物馆
28.	2008.07.14–09.14	翰墨千秋——北京故宫藏历代书法大展	东京都江户东京博物馆
29.	2008.11.01–2009.12.21	故宫藏琉球时期文物展	冲绳县立博物馆
30.	2011.05.03–2012.03.22	地上的天宫	/
31.	2011.07.06–07.31	宇野雪村之美	/
32.	2012.01.02–02.19	国宝观澜——故宫博物院文物精华	东京国立博物馆

图6-2-1　1974年9月14日"明清工艺美术展览"[1]日本东京开幕现场

1　照片来源：郑欣淼. 太和充满——郑欣淼说故宫［M］. 北京：中国大百科全书出版社，2022：306.

出国门，展品还包括宋徽宗《祥龙石图卷》、黄庭坚《草书诸上座帖卷》、赵孟頫《水村图卷》以及《康熙帝南巡图卷》《乾隆帝大阅像轴》《万国来朝图轴》和"孔雀翎地珍珠珊瑚绣云龙福寿蟒袍"等。2012 年 2 月 13 日，日本明仁天皇陛下及美智子皇后陛下参观了该展览。此次展览进一步帮助日本人民了解中国文化的博大精深，从而进一步加深双方民众的相互理解和友好感情。

2. 故宫赴中国港澳台地区举办文物交流展览统计分析

中国港澳台地区是故宫组织文物交流的重要对象，也是举办文物展览最多的区域。据不完全统计，1949–2019 年，故宫在港澳台地区举办了 50 项展览，其中香港 23 项，澳门 21 项，台湾 6 项。

（1）故宫赴中国香港地区举办文物交流展览统计分析

故宫在香港地区办展相对较早，仅 20 世纪 80 年代就办了 7 项展览，之后逐渐增多（见表 6-2-3）。1996 年是在香港地区举办展览较多的年份，如"清代皇后的一天展"、"慈禧生活展"和"朗世宁故宫藏品展"。长期以来，故宫博物院与香港特区文博机构保持着友好合作关系。2007 年为庆祝香港回归十周年在香港艺术馆举办的"国之重宝——故宫博物院藏晋唐宋元书画展"。2012 年，故宫博物院与香港特区政府康乐及文化事务署签订了为期五年的全面合作意向书。自此以后，双方在文物展览、学术交流、人员互访等多方面的合作交流与日俱增。2017 年，香港回归 20 周年之际，双方续签了全面合作意向书。在该合作框架下，故宫博物院与香港康乐及文化事务署及其下属文博机构密切合作，双方每年以文物专题展览形式，将合作成果呈现给公众，包括体现乾隆花园艰辛修复历程、展现我国古代艺术与智慧结晶的精美文物展"颐养谢尘喧：乾隆皇帝的秘密花园"（见图 6-2-2），表现清代中西文化和科技交流的"西洋奇器——清宫科技展"，呈现故宫养心殿研究性保护项目阶段性成果的"八代帝居——故宫养

图 6-2-2　清乾隆款斗彩缠枝莲开光粉彩诗句花卉纹蝠耳瓶（故宫博物院藏）

▼ 表6-2-3　1949-2019年故宫赴中国香港地区举办文物交流展览统计表

序号	展览时间	展览名称	展览合作机构
1.	1981	考古陶瓷标本展览	/
2.	1982	钟表展览	香港会议展览中心
3.	1983	清代帝后万寿庆典文物展览	中艺（香港）有限公司
4.	1984	清代扬州画派作品展览	香港中文大学文物馆
5.	1986	清代帝后寝居展览	香港中国文物展览馆
6.	1987	清代广东贡品展览	香港中文大学文物馆
7.	1988	故宫博物院藏明代绘画展览	香港中文大学文物馆
8.	1994	皇帝的一天	/
9.	1996	清代皇后的一天	/
10.	1996	慈禧生活展览	市政局博物馆举办香港市政局沙田大会堂展厅开幕
11.	1996	朗世宁故宫藏品展览	商务印书馆
12.	2000	清宫筵宴展	/
13.	2007.06.28－08.11	国之重宝——故宫博物院藏晋唐宋元书画展	香港艺术馆
14.	2012.06.22－10.14	颐养谢尘喧——乾隆皇帝的秘密花园展	香港艺术馆
15.	2013.07.31－10.07	国采朝章——清代宫廷服饰展	香港历史博物馆
16.	2014.06.07－09.15	卓椅非凡：穿梭时空看世界展	香港文化博物馆
17.	2015.06.26－09.23	西洋奇器——清宫科技展	香港科学馆
18.	2015.11.27－2016.02.27	仙工奇制——故宫珍藏痕都斯坦玉器精品展	香港中文大学中国文化研究所
19.	2016.11.29－2017.02.27	宫囍——清帝大婚庆典展	香港文化博物馆
20.	2017.06.28－10.13	八代帝居——故宫养心殿文物展	香港文化博物馆
21.	2017.07.02－10.09	万寿载德—清宫帝后诞辰庆典展	香港历史博物馆
22.	2018.12.07－2019.04.10	匠心独运——钟表珍宝展	香港科学馆
23.	2019.12.14－2020.03.18	内里乾坤——故宫文物修复展	香港科学馆

心殿文物展"，蕴含当代工匠精神、展现可移动文物保护成果的"内里乾坤——故宫文物修复展"等。2022年7月3日香港故宫文化博物馆对外开放，这是香港西九文化区管理局与故宫博物院的重要合作项目。

（2）故宫博物院赴中国澳门地区举办文物交流展览统计分析

1949-2019年，故宫在澳门地区举办的文物交流展览有21项（见表6-2-4）。故宫在澳门举办文物交流展览起步较晚，第一个展览是澳门回归祖国之时，在澳门艺术博物馆举办的"康乾盛世书画展"。十年之后，为庆祝澳门回归祖国十周年，故宫和澳门艺术博物馆共同筹划了"九九归一——庆祝澳门回归祖国十周年故宫珍宝展"。本次展览共展出文物100件（组），其中一级文物达36件（组）。在这些珍贵的文物中包括了宋元书画、五大名窑瓷器（见图6-2-3）、商周青铜重器、红山文化玉器等国宝重器，涵盖了绘画、书法碑帖、瓷器、青铜器、玉器、漆器、珐琅器、金银器、佛造像、织绣和竹木牙角等文物品类。在书法碑帖和绘画部分，包括宋元时期的朱熹《自书城南唱和诗卷》、王蒙《葛洪移居图》轴、《西岳华山庙碑》轴、杨九咎《雪梅图》卷、祁序《江山放牧图》卷、邓文原《章草急就章》卷等珍品。大型文物"太平有象"，则寓意澳门回归祖国后民康物阜，一片繁荣景象，与祖国共同迈向太平盛世。

（3）故宫赴中国台湾地区举办文物交流展览统计分析

故宫在台湾地区举办了6项重要展览（表6-2-5），分别是"明清家具展""书法的变革""康雍乾盛代精华展""雍正——清世宗文物大展""十全乾隆——清高宗的艺术品味展""神笔丹青——郎世宁来华展"。

"雍正——清世宗文物大展"是60年来两岸故宫首次共同举办文物展览活动（见

图6-2-3　宋汝窑天青釉圆洗（故宫博物院藏）

▼ 表6-2-4 1949-2019年故宫赴中国澳门地区举办文物交流展览统计表（与澳门艺术博物馆合作办展）

序号	展览时间	展览名称
1.	1999	康乾盛世书画展览
2.	2000	金相玉质——清代宫廷包装艺术展
3.	2002.12.16-2003.03.17	怀抱古今——乾隆皇帝的文化生活艺术展
4.	2002.12.16-2003.03.17	海过波澜——清代宫廷西洋传教士画师绘画流派精品展
5.	2003.12.13-2004.03.14	妙谛心传——故宫珍藏藏传佛教文物展
6.	2004.09-12	石涛、八大山人书画展
7.	2004.12-2005.03	日升月恒——故宫珍藏钟表展
8.	2006.12.15-2007.03.18	永乐文渊——清代宫廷典籍文化艺术特展
9.	2007.12.14-2008.03.16	天下家国——以物见史故宫专题文物特展
10.	2008.12.12-2009.03.15	钧乐天听——故宫珍藏戏曲文物特展
11.	2009.12.15-2010.03.15	九九归一——庆祝澳门回归祖国十周年故宫珍宝展
12.	2011.12.07-2012.03.11	故宫珍藏两宋瓷器精品展
13.	2012.12.13-2013.03.10	君子比德——故宫珍藏清代玉器精品展
14.	2013.09.05-11.17	山水清晖：故宫、上博珍藏王鉴、王翚及虞山派绘画精品展
15.	2013.12.14-2014.03.09	清心妙契——故宫博物院及英国国立维多利亚与艾伯特博物馆藏中西茶文物特展
16.	2014.09.27-11.16	梅景秘色：吴湖帆书画鉴赏精品展
17.	2014.12.12-2015.03.08	朱艳增华——故宫珍藏清乾隆漆器精品展
18.	2015.12.12-2016.03.13	太乙嵯峨——紫禁城建筑艺术特展
19.	2016.12.17-2017.03.12	平安春信——故宫珍藏花器精品展
20.	2017.12.15-2018.03.11	大阅风仪——故宫珍藏皇家武备精品展
21.	2018.12.18-2019.03.10	海上生辉——故宫博物院藏海派绘画精品展

图6-2-4）。展览展出文物246件，其中台北故宫209件，北京故宫37件。37件雍正时期的文物精品是两岸故宫的工作人员共同从北京故宫所藏挑选的，皆为台北故宫典藏所无，其中有人物画、漆器、瓷器、印章等多种类别，包括雍正帝朝服像、雍正像耕织图册、雍正帝祭先农坛图等各种雍正的画像，还包括为君难玺、金漆花卉圆盒、黑漆描金白寿字碗、黑漆描金山水楼阁图手炉、画珐琅花蝶纹玻璃天球冠架、画珐琅

▼ 表6-2-5　1949-2019年故宫赴中国台湾地区举办文物交流展览统计表

序号	展览时间	展览名称	展览合作机构
1.	1999	明清家具展览	台湾台北历史博物馆
2.	2000	书法的变革	/
3.	2003.02.23-08.17	康雍乾盛代精华展	高雄市立美术馆（2003.02.23-04.20）、台中港区艺术中心（2003.04.26-06.22）、台北孙中山纪念馆（2003.06.28-08.17）
4.	2009.10.07-2010.01.10	雍正——清世宗文物大展	台北故宫博物院
5.	2013.10.08-2014.01.07	十全乾隆——清高宗的艺术品味展	台北博物馆
6.	2015.10.08-2016.01.04	神笔丹青——郎世宁来华展	台北故宫博物院

缠枝莲纹六颈瓶、月白缎绣金龙绵甲、银刻化嵌松石珊瑚马鞍、世宗御用桦皮弓等器物。展出的文物可呈现雍正其人其事以及雍正所在的那个时期的历史信息，此次展览为两岸故宫之间馆际交流的重要成果，具有里程碑意义。

3. 故宫博物院赴举办美国文物交流展览统计分析

1949-2019年，故宫在美国举办主要文物交流展览有16项（见表6-2-6），展览主题主要是宫廷生活、书画艺术等。最早的是1980年在美国举办的"故宫博物院明清宫廷生活展览"。之后故宫与国内文博机构或联合，或参与赴美办展。也有不少由故宫策划、组织和实施的重要赴美展览，举例如下：

2014年10月14日至2015年1月11日，由故宫博物院与美国弗吉尼亚艺术博物馆举办的"紫禁城——故宫博物院皇家珍品展（见图6-2-5）"在弗吉尼亚州里士满展出。展览分为宫廷礼仪、宫廷文化艺术、宫廷绘画、宫廷宗教4个部分，重要展现明清皇家的生活，展品包括明代天启皇帝和清代乾隆皇帝朝服像，康熙、雍正、乾隆三位皇帝的生活像，乾隆皇后画像，反映帝王生活的《乾隆岁朝图》《万国来朝图》等，著名宫廷画师郎世宁的《万吉骦》也在展出之列，反映帝王婚仪的《光绪大婚图》属于首次赴美。本次展览不仅使美国观众了解中国古代帝王生活，也可以从中管窥中国历史和文化。

2018年，适逢中美建交四十周年，故宫在美国举办两项重要展览。2018年2月25日至5月13日，故宫博物院联合国内外文博机构在美国芝加哥艺术博物馆推出"吉金鉴古：中国古代皇室和文人的青铜器收藏展"，共展出横跨商代至今3400多年约180

图 6-2-5　清掐丝珐琅寿字螭纹连座用端香薰
（故宫博物院藏）

图 6-2-4　故宫赴中国台湾地区"雍正——清世宗文物大展"开幕仪式

2009 年 10 月 6 日，两岸故宫院长在"雍正——清世宗文物大展"开幕记者会上互赠两院出版物。[1]

件作品，从青铜器的功能和宗教礼仪含义、青铜器的收藏与分类以及其在中国文化中的意义等角度展示古人收藏青铜器的传统，和由此发展出的金石学，及其对重要历史人物和当时社会的重大影响。本次展览约有 40 件展品来自故宫博物院，30 余件来自上海博物馆。此外，波士顿美术馆、哈佛大学美术馆、旧金山亚洲艺术博物馆等美国博物馆所藏重要青铜器也是本次展览的展品。2018 年 8 月 18 日至 2019 年 6 月 23 日，故宫博物院联合迪美博物馆、美国国家博物馆—史密森博物学院的佛利尔 - 赛克勒艺术博物馆在美国举办"凤舞紫禁：清代皇后的艺术与生活展"。展览展出来自故宫博物院的近 200 件珍品，包括皇后的服饰和朝冠、玉器、条屏、金银器、御用瓷、书画、家具及佛教文物等，展现崇庆、孝贤、慈禧等清代皇后对家事、朝政、外交、宫廷艺术、宗教文化的影响，从女性视角为观众讲述鲜为人知的清代历史文化。

1　照片来源：郑欣淼 . 太和充满——郑欣淼说故宫 [M]. 北京：中国大百科全书出版社，2022：290.

▼ 表6-2-6 1949-2019年故宫赴美国举办文物交流展览统计表

序号	展览时间	展览名称	展览合作机构
1.	1980	故宫博物院明清宫廷生活展览	/
2.	1984	紫禁城文物展览	佛罗里达州迪斯尼世界
3.	1984	紫禁城中和韶乐乐器展览	新奥尔良
4.	1986	故宫博物院钟表工艺展览	佛罗里达州迪斯尼世界
5.	1989	故宫博物院藏明清绘画展览	美火奴鲁鲁艺术院博物馆、亚特兰大高等艺术馆、克利失兰艺术博物馆、明尼阿波利斯美术学院、纽约大都会博物馆、休斯敦美术馆
6.	1991	龙的艺术展览	佛罗里达州迪斯尼世界
7.	1992	董其昌世纪展览	纳尔逊博物馆
8.	1999	清代皇家政务与内廷生活展览	/
9.	2002	紫禁城文物展	/
10.	2004.03.12－09.19	乾隆大帝展	芝加哥富地博物馆
11.	2010.09－2011 08	乾隆花园古典家具与内装修设计展	马萨诸塞州的皮博迪埃塞克斯博物馆、美国纽约大都会博物馆、威斯康星州的密尔沃基美术馆等
12.	2011.11.03－2012.01.08	紫禁城山水画精品展	美国檀香山艺术学院
13.	2014.10.18－2015.01.11	紫禁城——北京故宫博物院皇家珍品展	美国弗吉尼亚美术馆
14.	2015.05.04－07.24	中国：镜花水月	美国大都会艺术博物馆
15.	2018.02.25－05.13	吉金鉴古：中国古代皇室和文人的青铜器收藏展	芝加哥艺术博物馆
16.	2018.08.18－2019.06.23	凤舞紫禁：清代皇后的艺术与生活	美国迪美博物馆（2018.08.18－2019.02.10）、美国史密森博物学院佛利尔－赛克勒艺术博物馆（2019.03.30－06.23）

（二）故宫博物院举办的引进文物展览统计分析

据不完全统计，1949–2019 年，故宫博物院从境外引进的重要的文物展览有 32 项（见表 6-2-7）。最早引进的展览可以追溯到 1958 年在故宫举办的"罗马尼亚民间艺术展览"。引进的展览中，欧洲国家最多（有 21 项），其中又以从法国引进的展览最多，有 4 项，具体是：2005 年举办的"太阳王路易十四——法国凡尔赛宫珍品特展"、2008 年的"卢浮宫·拿破仑一世展"、2017 年的"尚之以琼华——始于十八世纪的珍宝艺术展"、2019 年的"有界之外：的卡地亚·故宫博物院工艺与修复特展"。从俄罗斯引进了两项展览，分别是 2006 年的"克里姆林宫珍品展"和 2019 年的"穆穆之仪：来自莫斯科克里姆林宫的俄罗斯宫廷典礼展"。2005 年 5 月 1 日至 7 月 31 日，由中法文化年中方组委会、中华人民共和国文化部、中华人民共和国国家文物局、法中文化年法方组委会、法国外交部、法国文化与通讯部、法国艺术行动委员会主办，故宫博物院、法国凡尔赛宫承办的"太阳王路易十四——法国凡尔赛宫珍品特展"在故宫午门城楼展厅展出。4 月 21 日，中国国家总理温家宝、法国总理拉法兰为展览揭幕。本次展览展出了来自法国凡尔赛宫路易十四时期的 84 件（组）文物和故宫博物院收藏的同一时期反映两国文化往来的 16 件（组）文物，展现了法国路易十四时期的政治、军事、生活、艺术以及与中国经济文化交往等方面内容。在 2004 至 2005 年"中法文化年"期间，故宫博物院在凡尔赛宫博物馆成功举办了"康熙时期艺术展"，此次展览是法国文化机构对中国的回访。

▼ 表 6-2-7　故宫主要引进的文物交流展览统计表

序号	时间	展览名称	引进展览国家或地区	展览合作机构
1.	1958.05	罗马尼亚民间艺术展览	罗马尼亚	/
2.	1993	中国古代玻璃珍藏暨现代玻璃创作展览（永寿宫）	中国台湾	台湾琉璃工房
3.	2002.05.18 – 06.03	比利时尤伦斯夫妇藏中国书画展	比利时	比利时国际艺术世界公司
4.	2004.05.25 – 08.24	亚马孙——原生传统展	巴西	巴西联络促进会
5.	2005.05.01 – 07.31	太阳王路易十四——法国凡尔赛宫珍品特展	法国	凡尔赛宫博物馆
6.	2005.09.26 – 12.26	世纪典藏　情归华夏——瑞典藏中国陶瓷展	瑞典	瑞典世界文化国家博物馆

续表

序号	时间	展览名称	引进展览国家或地区	展览合作机构
7.	2006.9.28 – 2007.01.06	西班牙骑士文化与艺术——马德里皇家博物馆珍品展	西班牙	马德里皇家博物馆
8.	2006.09.28 – 2007.01.08	克里姆林宫珍品展	俄罗斯	俄罗斯克里姆林宫博物馆
9.	2007.03.10 – 06.10	英国与世界——1714–1830 展	英国	大英博物馆
10.	2007.06.26 – 09.05	中国·比利时绘画 500 年展	比利时	比利时布鲁塞尔美术宫
11.	2007.09.29 – 2008.01.06	西班牙骑士文化与艺术——马德里皇家武器博物馆珍品展	西班牙	马德里皇家武器博物馆
12.	2008.04.05 – 07.03	卢浮宫·拿破仑一世展	法国	卢浮宫博物馆
13.	2008.10.29 – 11.12	陶铸古今 ——饶宗颐学术·艺术展	中国香港	香港大学
14.	2009.04.08 – 07.08	白鹰之光——萨克森－波兰宫廷文物精品展	德国	德国德累斯顿国家艺术收藏馆
15.	2011.04.29 – 06.27	交融——两依藏珍选粹展	中国香港	香港两依藏博物馆
16.	2013.04.25 – 07.31	印度宫廷的辉煌——英国国立维多利亚与艾伯特博物馆珍藏展	英国	英国国立维多利亚与艾伯特博物馆
17.	2016.04.16 – 07.17	玲珑万象 来自美国的俄罗斯皇家法贝热装饰艺术展	美国	美国弗吉尼亚美术馆
18.	2016.09.28 – 2017.01.03	梵天东土 并蒂莲华：公元 400–700 年印度与中国雕塑艺术展	印度	印度国家博物馆
19.	2017.03.17 – 06.17	浴火重光——来自阿富汗国家博物馆的宝藏展	阿富汗	阿富汗国家博物馆
20.	2017.04.11 – 07.17	尚之以琼华——始于十八世纪的珍宝艺术展	法国	尚美巴黎（CHAUMET）、法国卢浮宫博物馆、枫丹白露宫、英国国立维多利亚与阿尔伯特博物馆等
21.	2018.09.07 – 11.11	贵胄绵绵：摩纳哥格里马尔迪王朝展	摩纳哥	摩纳哥格里马尔迪宫
22.	2017.09.28 – 2018.01.03	茜茜公主与匈牙利——17–19 世纪匈牙利贵族生活展	匈牙利	匈牙利国家博物馆

序号	时间	展览名称	引进展览国家或地区	展览合作机构
23.	2018.09.14 - 2019.02.14	爱琴遗珍——希腊安提凯希拉岛水下考古文物展	希腊	希腊文化体育部、希腊国家考古博物馆等
24.	2018.09.26 - 11.19	流金溢彩——乌克兰博物馆文物及实用装饰艺术大展	乌克兰	普拉塔博物馆
25.	2019.05.28 - 07.14	传心之美——梵蒂冈博物馆藏中国文物展	梵蒂冈	梵蒂冈博物馆
26.	2019.06.01 - 07.31	有界之外：卡地亚·故宫博物院工艺与修复特展	法国	卡地亚珠宝公司
27.	2019.06.12 - 10.07	釉彩国度——葡萄牙瓷板画500年展	葡萄牙	葡萄牙国立瓷板画博物馆
28.	2019.08.29 - 11.08	穆穆之仪：来自莫斯科克里姆林宫的俄罗斯宫廷典礼展	俄罗斯	莫斯科克里姆林宫博物馆

故宫博物院从境外引进展览主要集中在近20年，这是因为随着中国经济社会发展，国家综合实力的增强，为引进国外展览提供了更加充实的条件，另外，2005年完成了故宫午门现代化展厅的改造，为举办国际大型展览创造了更加有利的空间（见图6-2-6、图6-2-7）。所以，进入21世纪，故宫对外交流频繁，从境外引进的展览也开始增多，成为故宫对外文化交往中的新亮点。

图6-2-6　故宫午门外景

图6-2-7 故宫午门西雁翅楼展厅

2005年故宫博物院午门改造成为现代化多功能综合展厅，为大型文物展览创造了更优质的条件，图为现在的午门展厅内景。

第七章

陕西省文物对外交流展览统计与分析

第一节
陕西省文物对外交流展览概况与发展分期

（一）陕西省文物对外交流展览概况

陕西是中华民族和华夏文明的重要发祥地之一，承载着黄帝陵、兵马俑、延安宝塔、秦岭、华山等众多中华文明、中国革命、中华地理的精神标识和自然标识。中国古代历史上包括周、秦、汉、唐等辉煌盛世在内的 14 个王朝或政权都曾在这里建都，形成了独特的历史文化风貌。秦兵马俑是文物对外交流展览中的"明星文物"，深受海外观众欢迎。秦兵马俑坑发现于 1974 年，在秦兵马俑陪葬坑遗址上建立的秦始皇帝陵博物院 1979 年正式开放，至 2019 年，累计接待中外观众超过 1 亿人（次），其中包括近 200 位国家元首和政府首脑。秦兵马俑先后在 40 多个国家和地区的 80 多个城市展出，海外观众超过 2000 万人（次）。秦兵马俑每到一处都会引起当地轰动，已成为增进国际政治文化交流的友好使者。陕西省文博机构依托丰富的文化遗存、深厚的文化积淀，多年来积极开展对外文化交流活动，成为我国开展文物对外交流的重要力量，也是举办文物出境展览最多的省级行政区。

从 1965-2019 年的 55 年间，陕西省主办（含承办，下同）154 项文物出境展览，到访过 36 个国家和地区。另外，协助或参与的出境展览有 122 项。这些展览吸引海外观众超过 1 亿人（次）。以秦俑为代表的陕西文物，让"秦俑故乡"的陕西在海外家喻户晓，陕西文物出境展览成为国际上了解和认知中国的重要窗口和渠道。

为加强陕西文物对外交流合作，1983 年 5 月，陕西省文物局正式成立"对外文物展览处"（对外使用"陕西省对外文物展览公司"）。1990 年 5 月，"对外文物展览处"正式更名为"陕西省文物事业管理局外事处"。1995 年 8 月，为适应文物工作对外交往的需要，陕西省机构编制委员会办公室批准成立了"陕西省文物交流服务中心"。2003年 9 月，"陕西省文物交流服务中心"正式更名为"陕西省文物交流中心"，陕西省文物局正式委托陕西省文物交流中心负责陕西境内文物出国（境）展览的具体组织实施工作。2012 年，陕西省文物交流协会成立。2014 年"外事处"又更名为"文物交流合作处"。2016 年 12 月，陕西省事业单位机构调整。陕西省文物交流中心与陕西历史博物馆合并，仍然保留了"陕西省文物交流中心"的机构和牌子，职责不变，在陕西历史博物馆（陕西省文物交流中心）内部称"文物交流部"，对外仍然是独立运作。

完整的机构组织与从事对外交流的专业人才，是陕西省文物进行对外交流合作的坚实基础。陕西省文物局对外文物展览处（现称"文物交流合作处"）负责归口管理全省文物对外交流合作事宜；陕西省文物交流中心主要承担文物对外交流方面的有偿服务，综合协调承担全省文物的出境展览事宜；陕西省文物交流协会负责港澳台及海外华侨华人相关的文物交流合作及非文物出境展览的执行工作。三个部门与机构各司其职，通力合作，保障了陕西文物对外交流展览的开展，提升陕西文物对外交流展览的能力。而针对不同对象采取不同的交流方式，也使得陕西省文物对外交流工作更加高效。除陕西省文物交流中心、陕西省文物交流协会专职负责出境展览的组织实施工作外，陕西省内各博物馆和文物收藏部门也利用本单位资源优势，单独筹备文物出境展览，如秦始皇帝陵博物院、汉景帝阳陵博物院、西安碑林博物馆、西安博物院等，都曾以馆藏文物举办过单独的文物出境展览。陕西省同时鼓励各地市文物部门及文物收藏单位发挥自身文物藏品优势，积极举办文物出境展览[1]。

（二）陕西省文物对外交流展览主题统计

陕西文物或包含有陕西文物的综合类出境展览以协办性质的为主，主办性质的为辅。陕西文物或包含有陕西文物的专题类出境展览以主办性质的为主，协办性质的为辅。秦汉文化和唐代文化题材的展览，主办性质的占了绝大多数，协办性质的比例相对较低。丝绸之路题材的展览，主办性质的比例较低，协办性质的比例则相对较高[2]。陕西自主举办的文物出境展览是指由陕西省内的相关文博机构为主导，直接与境外单位合作在境外举办的展览，陕西负责展览的全部事宜；陕西协助举办的文物出境展览是指陕西省内相关文博机构协助国家文物局、中国文物交流中心或其他省、自治区、直辖市的文博机构和其他机构在境外举办的展览，一般陕西只负责提供部分参展展品，并不参与到展览的整体操作中。

陕西省主办的出境展览以专题类为主，综合类展览多以协作办展的身份参与其中。按照时代分类，陕西省主办的出境展览主要聚焦在西周礼乐、秦汉艺术、隋唐文化。按照题材划分，则以秦兵马俑、佛教艺术、丝绸之路、碑林拓本等主题为主。其中以

1　张阳.陕西省文物出境展览研究［D］.西安：西北大学，2019.
2　庞雅妮.陕西文物出境展览三十年大数据分析.文博.2016（1）：58-67.

秦代兵马俑为主题的展览最多，达 53 项，占陕西省主办出境展览的三分之一；以佛教艺术，尤其法门寺出土文物为主题的有 12 项；以丝绸之路为主题的 10 项；以碑林拓本为主题的有 10 项；另外，体现陕西文物精华的展览有 5 项。

（三）陕西省文物对外交流展览发展历程与分期

陕西省依托丰厚的文物资源禀赋，早在 1965 年陕西省就开始协作和参与文物出境展览，1985 年开始自主组织文物出境展览，之后陕西省的文物交流事业欣欣向荣，成为中国省级行政区中最为活跃的对外文物交流力量，截至 2019 年，共主办文物出境展览 154 项，平均每年 4.4 项（见图 7-1-1），另外，协助或参与的文物出境展览有 122 项。1965 至 2019 年的陕西省对外文物交流事业可以划分为 3 个阶段：1965 至 1984 年是协作参与阶段、1985 至 2001 年是主办拓展阶段、2002 至 2019 年是长足发展阶段。

1. 1965-1984 年：协作参与阶段

1965 至 1984 年陕西省主要协助国家层面进行文化交流，提供文物展品参加由其他机构主导的文物对外交流展览。这期间陕西省协助或参与的文物出境展览有 25 项。1965 年 9 月 3 日，"中国两千年的美——古陶瓷和西安碑林拓本展览会"在日本东京开幕，当时的陕西省博物馆精选的 80 种 147 件拓片在该展亮相，随后该展转场至大阪和北九州分别展出，在日本引起广泛关注和热烈欢迎，这也是陕西协作与参与文物出境展览的起始点。陕西还选调文物参加了 1973 至 1978 年由文化部"出土文物展览筹备小组（中国文物交流中心前身）"组织的"中华人民共和国出土文物展览"在境外的巡展，陕西共有 134 件（组）展品参与其中，多为陕西各文物收藏单位的镇馆之宝，如人面鱼纹彩陶盆（见图 7-1-2）、兽首玛瑙杯、三彩骆驼载乐俑、兵马俑、舞马衔杯纹银壶（见图 7-1-3）等精美文物。

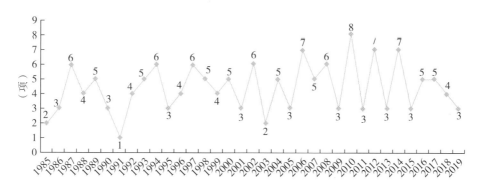

图 7-1-1　1985-2019 年陕西省主办的文物出境展览各年数量统计图

图 7-1-2 仰韶文化时期人面鱼纹彩陶盆（陕西历史博物馆藏）

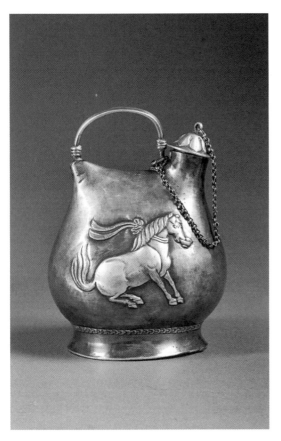

图 7-1-3 唐鎏金舞马衔杯仿皮囊式银壶

该文物于 1970 年在陕西省西安市南郊何家村窖藏出土，陕西历史博物馆藏，是文物对外交流展览经常出现的展品。

2. 1985-2001 年：主办拓展阶段

1985 年，正值陕西省与美国明尼苏达州友好省州关系建立三周年之际，在陕西省文物局的积极推动下，国家文物局授权陕西省文物局直接与美国明尼阿波利斯艺术博物馆商谈并签署协议，筹办"中国秦代兵马俑展览"，从此陕西文物出境展览的新纪元得以开启[1]。自 1985 年陕西开始自主举办文物出境展览之后，陕西省对外文物交流事业蒸蒸日上。1985 年至 2001 年，陕西省相关机构共主办 69 项文物出境展览，协助或参与的出境展览有 33 项。

1994 和 1997 年各主办 6 项文物出境展览，是这一阶段展览最多的年份。1994 年主办了"长安至宝与万里长城展览（赴日本）""中国秦始皇兵马俑展览（赴意大利）""中国陵墓之宝——古西安的陪葬艺术展览（赴美国）""中国秦代文物展览（赴韩国）""大唐长安展览（赴日本）"。1997 年主办了"中国秦始皇珍宝展览（赴美国）""秦始皇帝和大兵马俑展览（赴日本）""秦兵马俑展览（赴芬兰）""中国秦始皇珍宝展览（赴加拿大）""秦始皇帝和兵马俑展览（赴日本）""耀州窑展览（赴日本）"。

1999 年 10 月至 2000 年 2 月"埋藏的珍宝——中国陕西文物精华展览（见图 7-1-4）"在英国大英博物馆举

1　庞雅妮. 陕西文物出境展览三十年大数据分析 [J]. 文博 .2016（1）：58-67.

办，参观人数约 7.3 万人（次）。该展览展品共计 140 件（组），多为 20 世纪 70 年代以来陕西考古发现的最新成果（见图 7-1-4），一级文物超过半数，是中英展览史上规格最高的展览，时任国家主席江泽民、英国女王伊丽莎白二世出席开幕式致辞并为展览剪彩。英国主流报纸《泰晤士报》用了 32 个版面对展览的情况进行了介绍。

3. 2002-2019 年：长足发展阶段

进入 21 世纪，陕西省对外文物交流事业进入快速发展阶段，2002 至 2019 年陕西省共主办 86 项文物出境展览，协助或参与的出境展览有 54 项。

2006 至 2014 年是陕西省对外文物交流最为活跃的一段时间，在这 9 年

图 7-1-4　唐鎏金铁芯铜龙

该文物 1975 年陕西省西安市草场坡出土，陕西历史博物馆藏。

间共组织 49 项文物出境展览，平均每年 5.4 项。仅 2010 年就主办了 8 项展览，是最多的一年，具体是"《石墨真宝》——西安碑林博物馆碑拓特展（赴中国台湾）""大遣唐使展（赴日本）""中国陕西新出土文唐代文物展（赴日本）""中国秦兵马俑展（赴加拿大）""中国的兵马俑展（赴瑞典）""平城迁都 1300 年纪念特别展——花鸟画：中国·韩国与日本（赴日本）""法门寺地宫唐代文物大展（赴中国台湾）""秦始皇及其地下大军展（赴澳大利亚）"。

2010 年 8 月至 2011 年 2 月，陕西省文物局和瑞典东方博物馆共同举办的"中国的兵马俑展"在瑞典东方博物馆展出，这次展览汇集了来自陕西省 11 家博物馆共 300 多件秦代和汉代时期的陶塑艺术珍品，不少秦汉时期的文物展品是首次赴中国境外参展，其中的 10 尊秦兵马俑和 100 多尊汉兵马俑特别引人注目。瑞典古斯塔夫国王在开幕式讲话中说，今年是瑞典与中国建交 60 周年之际，瑞典与中国的文化交往将更加源远流长。他感谢瑞典东方博物馆为庆祝瑞中建交 60 周年举办了这样一个"非同寻常的展览"。

2017 年 6 月至 9 月，在哈萨克斯坦国家博物馆举办的"中国陕西秦始皇兵马俑展"，这是陕西文物在中亚的第一次精彩亮相。展览正值阿斯塔纳世博会期间，哈萨克

斯坦总统纳扎尔巴耶夫、总理萨金塔耶夫等十余位外国元首参观了展览，成为世博会场外的亮丽的中国风景，彰显了中国文化的魅力。

2012年，陕西在韩国庆州博物馆举办"纪念友好交流十周年——陕西历史博物馆文物精华展"，这是陕西省第一个自主策划的展览[1]。此次展览展品共计80件（组），均为陕西历史博物馆藏唐代文物精品。

2012年10月至2013年1月"赫赫宗周——西周文化特展"在台北故宫博物院展出，展品共计176件（组），其中一级品高达54件（组），参观人数达100.7万人（次）。展览通过陕西各地丰富的墓葬出土和窖藏青铜器、玉器、金器等精美文物，介绍了整个西周王朝的建立与发展。在这次展览中，最早记载"中国"一词的何尊及墙盘等重量级国宝首次赴台展出，陕西地区具有长篇铭文的青铜重器与台北故宫博物院院藏的青铜重器首次同台展出，跨越海峡相聚，规模空前，意义非凡。

（四）陕西引进文物入境展览

陕西省组织文物展览"走出去"同时，还积极把国外文物展览"引进来"，截至2019年，陕西引进境外文物展览70多项，主要有日本、韩国、新西兰、柬埔寨、哈萨克斯坦等国展览，如2011年引进"日本考古展——古都奈良考古文物精华展"、2014年引进"新西兰毛利碧玉展"、2015年引进"高棉的微笑——柬埔寨吴哥文物与艺术展"、2016年引进"梵音东渡——日本醍醐寺国宝展"、2018年引进和"茜茜公主与匈牙利：17-19世纪匈牙利贵族生活展"和哈萨克斯坦"伟大草原遗产：珍宝艺术展"等。

2011年10月21日至12月11日，由陕西省文物局、日本奈良县主办，陕西历史博物馆、奈良县立橿原考古学研究所附属博物馆承办的"日本考古展——古都奈良考古文物精华展"在陕西历史博物馆展出。本次展览第一次将日本奈良发掘出土的文物引进到陕西展示，在陕西和日本国内引起了广泛关注。展览分为三个篇章：古代奈良的历史，古代奈良与中国文化，奈良所见隋唐文化遗风。通过展示日本古都奈良的出土文物，不仅追溯从旧石器时代、绳文时代、弥生时代、古坟时代、飞鸟—奈良时代到平安时代日本的发展历程，展示日本古代文明孕育、产生、鼎盛的发展经过，而且还彰显了中日古代文化的交流历程。展览展出奈良出土的各时代珍贵文物243件

1　张阳.陕西省文物出境展览研究［D］.西安：西北大学，2019.

（组），种类包括有石器、陶器、玉器、铜器、鎏金器等，皆为古都奈良绚丽多彩的重要文化遗产，具有极高的历史、科学和艺术价值。该展览也成为 2011 年"第十五届中国东西部合作与投资贸易洽谈会"和西安"第 41 届世界园艺博览会"期间的亮点之一。

2018 年 5 月 28 日至 8 月 20 日，陕西引进的"茜茜公主与匈牙利——17–19 世纪的匈牙利贵族生活展"在陕西历史博物馆（陕西省文物交流中心）展出。展览选取匈牙利国家博物馆 152 件（组）珍贵文物，从社会风貌、衣着服饰、日常生活、武器装备、宗教信仰五个视角，展现匈牙利 17 至 19 世纪的历史、文化和艺术风貌，讲述着了伊丽莎白皇后传奇而又令人叹息的一生。30 年前，"中国秦代兵马俑展览"在匈牙利布达佩斯展出引起轰动；30 年后，17 至 19 世纪匈牙利贵族与茜茜公主相关文物来到中国，对陕西观众了解匈牙利历史文化和增进中匈两国友好交流起到积极作用。

第二节
陕西省文物出境展览统计与分析

（一）陕西省文物出境展览到访五大洲统计

1985-2019 年，陕西省主办文物出境展览主要去往亚洲（82 项）、欧洲（40 项）和北美洲（23 项），其中亚洲最多，达 82 项，占比达 53%。大洋洲（7 项）和北美洲（2 项）相对较少（见图 7-2-1）。陕西省文博机构在非洲没有举办过真正意义上的文物出境展览，只是于 2005 年 4 月在南非组织了一场"陕西古代文物复制品展销会"。

在亚洲举办的最早的文物出境展是 1986 年 6 月至 11 月，在日本岩见泽市 21 世纪博览会举办的"中国陕西省秦兵马俑展览"。在北美洲举办的最早的文物出境展是 1985 年 8 月和 9 月在美国明尼阿波利斯艺术博物馆举办的"中国秦代兵马俑展览"，也是陕西第一个自主主办的文物出境展览。赴欧洲最早的文物展览是 1987 年 10 月至 12 月，在民主德国柏林佩加蒙博物馆举办的"中国秦代兵马俑展览"。紧跟其后的是，1987 年 12 月至 1988 年 2 月在英国皇家园艺学会旧馆举办的"中国秦代兵马俑展览"。赴大洋洲最早的文物展览是 1986 年 8 月至 1987 年 2 月在新西兰奥克兰市美术馆、克莱斯特彻奇 Robert mcdougall 美术馆和惠灵顿国家博物馆举办的"中国秦代兵马俑展览"。赴

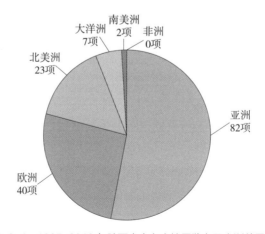

图 7-2-1　1985-2019 年陕西省主办出境展览在五大洲数量统计

南美洲最早的展览是 2006 年 6 月至 9 月在哥伦比亚波哥大国家博物馆举办的"中国秦兵马俑展"。

（二）陕西省文物出境展览到访国家和地区统计

陕西省主办出境展览到过 36 个国家和地区，其中日本最多，达 38 项，其次是美国，有 19 项；之后是中国香港、中国台湾和韩国各有 10 项；德国有 7 项、法国和比利时各有 5 项，中国澳门、英国和澳大利亚各有 4 项（见表 7-2-1）。

▼ 表 7-2-1　陕西省主办文物出境展览到访的国家和地区统计表（1995-2019 年）

国家（地区）	日本	美国	中国香港	中国台湾	韩国	德国	法国	比利时	中国澳门	英国	澳大利亚
展览数量（项）	38	19	10	10	10	7	5	5	4	4	4

1. 赴日本展览统计

陕西主办的 38 项赴日本的文物交流展览（见表 7-2-2），到访过日本 46 个城市，其中东京和奈良最多，分别 7 项和 5 项。赴日的展览以专题展为主，展览主题主要是秦汉及其兵马俑主题（12 项）和唐文化主题（12 项）。

巡展时间最长、展览场次最多的是于 1999 年 6 月至 2000 年 6 月，分别在岐阜市历史博物馆、静冈县沼津市综合展览会馆、仙台会场、福井市立美术馆、石川县立美术馆、熊本县立美术馆、冲绳岛浦添市浦添美术馆和宫崎县立综合博物馆举办的"秦汉雕塑艺术展览"（见图 7-2-2）。

展品最多的赴日展览有 5 项，分别是 1994 年 9 月至 11 月举办的"大唐长安展览"、1998 年 10 月至 1999 年 8 月举办的"女皇武则天及其时代展览"、1999 年 9 月至 2000 年 7 月举办的"法门寺及唐代文物精华展览"、2006 年 8 月至 2007 年 7

图 7-2-2　秦军吏陶俑

陕西省临潼秦始皇帝陵一号兵马坑出土，秦始皇帝陵博物院藏。

▼ 表7-2-2 陕西省赴日本主办文物交流展览统计表（1985-2019年）

序号	展览名称	展览时间	展览场地
1.	中国陕西省秦兵马俑展览	1986.06-11	日本岩见泽市21世纪博览会等
2.	陕西省出土文物展览（金龙与金马）	1987.08-11	大阪市立美术馆
3.	中国陕西省文物展览	1987.10-12	群马县立历史博物馆
4.	唐十八陵文物展览	1987.11	京都世界历史名城博览会
5.	丝绸之路文物展览	1988.04-09	奈良国立博物馆（奈良丝绸之路博览会）
6.	陕西省宝鸡市周原出土文物展览	1988.07-08	岐阜市历史博物馆
7.	中国唐长安文物展览	1989.03-07	兵库县立历史博物馆
8.	中国陕西唐代文物展览	1989.03-09	日本福冈1989亚洲太平洋博览会
9.	东亚文明源流展——中国陕西省出土文物展览	1989.09.24-11.12	富山市美术馆
10.	中日友好古钱币展览	1989.10-12	加藤近代美术馆
11.	中国秦代兵马俑展览	1990.05-06	北九州市立美术馆
12.	丝绸之路——长安秘宝展览	1992.07-11	东京SEZON美术馆、大津市历史博物馆、北九州市立美术馆
13.	中国唐临摹壁画及文物展览	1992.09-11	福冈市博物馆
14.	长安至宝与万里长城展览（长安文物精华展览）	1994.02-03	东京古代文化博物馆
15.	大唐长安展览	1994.09-11	京都文化博物馆
16.	和平的使者——秦始皇帝铜车马展览	1995	日本静冈县中川美术馆
17.	秦始皇及其时代展览	1995.12.25-1996.02.20	福冈市博物馆
18.	大唐王朝之华——长安女性展览	1996.03-1997.02	兵库县立历史博物馆、岐阜市立历史博物馆、鸟取县立历史博物馆、和歌山市立博物馆、群马县立历史博物馆、三重县综合文化中心、京都高岛屋豪华厅
19.	秦兵马俑展览	1996.07-09	鸟取县燕赵园
20.	唐代金银器与建筑材料展览	1996.10-11	福冈市博物馆
21.	秦始皇帝和大兵马俑展览	1997.03-06	大阪万博博物馆

续表

序号	展览名称	展览时间	展览场地
22.	秦始皇帝和兵马俑展览	1997.09－1998.05	德岛百货公司特设会场、广岛市福屋百货大楼八楼、冈山市天满屋特设会场、佐贺县立博物馆、岛根县立博物馆
23.	耀州窑展览	1997.10－1998.05	山口县萩市美术馆·浦上纪念馆、大阪市立东洋陶瓷美术馆、爱知县陶瓷资料馆
24.	大唐文明展览	1998.03－05	香川综合展览会议中心
25.	女皇武则天及其时代展览	1998.10－1999.08	东京都美术馆、神户市立博物馆、福冈市立博物馆、名古屋市立博物馆
26.	三藏法师的世界展览	1999.06－12	奈良县立博物馆、山口县立博物馆、东京都美术馆
27.	秦汉雕塑艺术展	1999.06－2000.06	岐阜市历史博物馆、静冈县沼津市综合展览会馆、仙台会场、福井市立美术馆、石川县立美术馆、熊本县立美术馆、冲绳岛浦添市浦添美术馆、宫崎县立综合博物馆
28.	法门寺及唐代文物精华展	1999.09－2000.07	新潟县立近代美术馆、东京三得利美术馆、山口县立萩市美术馆·浦上纪念馆、大阪市立东洋陶瓷美术馆
29.	秦兵马俑展	2000.03－11	山形美术馆、郡山美术馆、岩手县民会馆、青森产业会馆、秋田阿托利中心、松本市立博物馆
30.	长安陶俑之精华展	2004.01－06	东京桥高岛屋、滋贺县MIHO博物馆
31.	长安文物瑰宝展	2004.09－10	新潟市乡土历史博物馆、新潟市美术馆
32.	大兵马俑展	2004.09－2005.01	东京上野之森美术馆
33.	始皇帝和彩色兵马俑展——史记的世界	2006.08－2007.07	江户东京博物馆、京都府文化博物馆、北九州市立自然历史博物馆、长野县信浓美术馆、新潟县立万代博物馆
34.	大遣唐使展	2010.04－06	奈良国立博物馆
35.	中国陕西新出土文唐代文物展	2010.04－06	奈良县立橿原考古学研究所附属博物馆
36.	平城迁都1300年纪念特别展——花鸟画：中国·韩国与日本	2010.09－11	奈良县立美术馆

续表

序号	展览名称	展览时间	展览场地
37.	始皇和大兵马俑展	2015.10.27-2016.10.02	东京国立博物馆、九州国立博物馆、大阪国立国际美术馆
38.	玉与镜的世界——西安·新潟友好交流特别展	2018.09.15-10.28	新潟市历史博物馆

月举办的"始皇帝和彩色兵马俑展——史记的世界"和 2015 年 10 月至 2016 年 10 月举办的"始皇和大兵马俑展",陕西省为每项展览各选调 120 件(组)文物。

由陕西省文物局主办、陕西省文物交流中心承办的"始皇和大兵马俑展"先后在东京国立博物馆、九州国立博物馆、大阪国立国际美术馆举办,展出的 120 件(组)展品来自陕西省的秦始皇帝陵博物院、陕西省考古研究院、西安博物院、宝鸡青铜器博物院等 19 家文博单位。展览分为三个部分,分别为"秦王朝的发展轨迹——从西陲方国到统一帝国""真实的秦始皇——帝都与陵寝周边的考古发掘""不朽的地下王国——兵马俑与铜车马",全面系统地展示了秦人从边境小国到最终统一全国的历史脉络,以及秦文化的最新研究成果。

1999 年 9 月至 2000 年 6 月,"法门寺及唐代文物精华展"先后在日本新潟、东京、萩市、大阪巡回展出,展品共计 120 件(组)。这次展览是陕西举办的第一个以法门寺出土文物为主题的文物出境展览。随后,该主题的展览还于 2010、2014 年分别在中国台湾、新加坡举办。以法门寺文物为代表的宗教文物展览,充分展现出陕西佛教文化对中国及东亚地区佛教文化的影响力。

2010 年 4 月至 6 月"中国陕西新出土唐代文物展"在日本奈良县立橿原考古学研究所附属博物馆展出,展品共计 80 件(组),全部来自陕西省考古研究院。该展是为配合陕西省和奈良县友好关系的缔结以及日本平城京迁都 1300 年而举办,以唐代帝陵新出土文物为载体,以唐人帝陵的制度及其影响为切入点,集中体现了唐代高超的制造工艺、帝王贵族华美洒脱的审美情趣和宏富博大的精神追求,全方位地展示了隋唐近 240 年间中日两国互遣使节、友好往来的历史及辉煌灿烂的唐代文化对日本文化的影响。

2.赴美国展览统计

1985 至 2019 年陕西主办赴美国的文物交流展览有 19 项(见表 7-2-3),到访了美国 27 个城市。展览主题以秦始皇兵马俑为主。

▼ 表 7-2-3　陕西省赴美国主办文物交流展览统计表（1985-2019 年）

序号	展览名称	展览时间	展览场地
1.	中国秦代兵马俑展览	1985.08-09	明尼阿波利斯艺术博物馆
2.	中国秦代兵马俑展览	1985.11-12	帕森迪那使节学院
3.	中国秦兵马俑展览	1992.11-1993.01	密西根大学艺术博物馆
4.	中国陵墓之宝——古西安的陪葬艺术展览	1994.08-1995.06	旧金山亚洲艺术博物馆、沃特堡基姆贝尔博物馆、夏威夷火奴鲁鲁美术馆
5.	中国秦始皇珍宝展览	1996.07-09	伯明翰艺术博物馆
6.	中国秦始皇珍宝展览	1997.02-05	沃特斯艺术馆
7.	中国秦汉雕塑展览	1998.02-10	代顿艺术博物馆、圣巴巴拉艺术博物馆
8.	中国历史上马的艺术展	2000.04-08	肯塔基州国际马博物馆
9.	中国黄河文明展	2002.10-12	关岛DFS免税店
10.	西安碑林博物馆佛教造像展	2007.09-12	美国华美协进社纽约中国美术馆
11.	黄河文明展	2008.01-04	米德兰艺术中心埃尔顿陶氏科学艺术博物馆
12.	中国秦兵马俑展	2008.05-2010.04	美国圣安娜市宝尔博物馆、亚特兰大海伊博物馆、休斯敦自然科学博物馆、华盛顿国家地理协会博物馆
13.	秦汉唐文物精品展	2011.10-2012.09	美国圣安娜市宝尔博物馆、休斯敦自然科学博物馆
14.	中国秦兵马俑展	2012.04-08	纽约探索时代广场展览馆
15.	中国秦兵马俑展	2012.10-2013.05	明尼阿波利斯艺术博物馆、旧金山亚洲艺术博物馆
16.	中国陕西秦兵马俑——始皇帝的彩绘军阵展	2014.05-11	美国印第安纳波利斯儿童博物馆
17.	中国秦始皇兵马俑展	2016.03.04-2017.01.08	芝加哥费尔德博物馆
18.	兵马俑：秦始皇帝的永恒守卫展	2017.04.07-2018.03.05	西雅图太平洋科学博物馆、费城富兰克林科学博物馆
19.	辉煌大秦——兵马俑展	2017.11.14-2018.08.12	弗吉尼亚美术馆、辛辛那提美术馆

　　展览持续时间最长的是 2008 年 5 月至 2010 年 4 月，在美国圣安娜市宝尔博物馆、亚特兰大海伊博物馆、休斯敦自然科学博物馆、华盛顿国家地理协会博物馆举办的

"中国秦兵马俑展"，这也是陕西在美国举办场次最多一项展览。展览展出文物100件（组），一级文物占20%。参展文物主要来自秦始皇兵马俑博物馆、陕西省考古研究院、宝鸡青铜器博物院、宝鸡市考古工作队、临潼博物馆等文物收藏单位。这些文物的时间跨度自春秋到秦代，展品有兵马陶俑、青铜器、玉器、石器等。

3. 赴韩国展览统计

1985年至2019年陕西组织文物在韩国9个城市主办10项交流展览（见表7-2-4）。展览主题既有以时代分类的秦代文物展，也有以地域分类的陕西文物展览，还有书法碑刻类等。陕西在韩国最早举办的展览是1994年8月至1995年5月在首尔民俗博物馆景福宫、釜山直辖市立博物馆、光州市民俗博物馆和大邱市博物馆举办的"中国秦代文物展览"。在韩国巡展时间最长、展览场次最多的是2003年7月至2004年8月，在韩国首尔展览中心、釜山国际会议展览中心和大田市贸易展览展示馆举办的"秦代文化精华展"。

▼ 表7-2-4　陕西省赴韩国主办文物交流展览统计表（1985-2019年）

序号	展览名称	展览时间	展览场地
1.	中国秦代文物展览	1994.08-1995.05	首尔民俗博物馆景福宫、釜山直辖市立博物馆、光州市民俗博物馆、大邱市博物馆
2.	西安碑林拓本展览	1998.05.07-07.04	延世大学博物馆
3.	中国黄河文明展览	1998.09-11	1998年庆州文化博览会、庆州博物馆
4.	秦代文化精华展	2003.07-2004.08	韩国首尔展览中心、釜山国际会议展览中心、大田市贸易展览展示馆
5.	法门寺出土文物展	2005.11-12	首尔奥林匹克特别展示场/釜山国际会议中心
6.	陕西文物精华展	2007.08-09	韩国首尔历史博物馆
7.	西安碑林名碑拓本展	2008.07.29-08.31	首尔历史博物馆
8.	纪念友好交流10周年——中国陕西历史博物馆文物精品展	2012.04-06	韩国庆州国立博物馆
9.	西安碑林博物馆书法家与韩国全罗南道书法家书法展	2014.06.17-06.21	木浦市文化艺术中心
10.	西安碑林博物馆书法家书法展	2015.08-2016.06	韩国国立忠北大学博物馆

4. 赴中国港澳台地区展览统计

1985-2019 年，陕西在港澳台地区共主办 24 项文物交流展览，其中香港和台湾各 10 项（见表 7-2-5、表 7-2-6），澳门 4 项。展览主题主要聚焦在秦代与兵马俑、唐代与佛教、陕西与丝绸之路。

▼ 表 7-2-5　陕西省在中国香港主办文物交流展览统计表（1985-2019 年）

序号	展览名称	展览时间	展览场地
1.	秦始皇兵马俑展览	1986.02-06	香港中国文物展览馆
2.	丝绸之路——长安瑰宝展览	1993.10-1994.01	香港艺术馆
3.	物华天宝——唐代贵族的物质生活展览	1993.11-1994.02	香港沙田大会堂
4.	陕西出土文物精华展	2001.06-06	香港国际会展中心
5.	战争与和平——秦汉文物精华展	2002.11-2003.03	香港历史博物馆
6.	陕西考古新发现展	2004.11-11	香港国际会展中心
7.	秦兵马俑文化（复制品）展	2007.07-08	香港地铁公司
8.	秦始皇文物大展	2012.07-11	香港历史博物馆
9.	错彩镂金：陕西珍藏中国古代金银器展	2017.06.23-09.24	香港中文大学文物馆
10.	绵亘万里：世界遗产丝绸之路展	2017.11.28-2018.03.05	香港历史博物馆

▼ 表 7-2-6　陕西省在中国台湾主办文物交流展览统计表（1985-2019 年）

序号	展览名称	展览时间	展览场地
1.	兵马俑——秦文化特展	2000.12-2001.05	台北历史博物馆、台中自然科学博物馆
2.	法门寺真身佛指舍利供奉展	2002.02-03	中台禅寺、金光明寺、佛光山等
3.	唐代文物展	2002.04-10	台北故宫博物院、高雄市立美术馆
4.	秦代新出土文物大展——兵马俑展Ⅱ	2006.11-2007.07	台中自然科学博物馆、台北历史博物馆
5.	微笑彩俑——汉景帝的地下王国展	2009.06-09	台北历史博物馆
6.	《石墨真宝》——西安碑林博物馆碑拓特展	2010	台湾中台禅寺中台山博物馆
7.	法门寺地宫与唐代文物大展	2010.10-2011.04	台北历史博物馆、高雄科学工艺博物馆
8.	赫赫宗周——西周文化特展	2012.10-2013.01	台北故宫博物院
9.	万法归宗—隋唐长安佛教宗派兴盛纪实特展	2013	台湾中台禅寺中台山博物馆
10.	大秦文化特展	2016.05.07-12.18	台北故宫博物院、高雄科学工艺博物馆

（1）赴香港地区展览统计

在香港最早举办的展览是 1986 年 2 月至 6 月在香港中国文物展览馆举办的"秦始皇兵马俑展览"。展览规模最大的是"绵亘万里：世界遗产丝绸之路展"，在香港历史博物馆于 2017 年 11 月至 2018 年 3 月展出。该展览国内展品共计 167 件（组），其中一级品 97 件（组），占展品总数的 58%，参观人数约为 12 万人（次）。该展览是由国家文物局与香港康乐及文化事务署共同主办，陕西牵头承办，国内展品涵盖陕西、甘肃、河南、新疆四省（自治区），同时有哈萨克斯坦、吉尔吉斯斯坦两国展品参与展出，共汇集三个国家的 37 家文博单位近 220 件（组）的文物。该展览也是首次以中哈吉三国联合申报的世界文化遗产"丝绸之路：长安—天山廊道的路网"为主题，展现丝绸之路路网沿线民族交流、文化融合、文明互鉴的壮阔历史。

（2）赴台湾地区展览统计

陕西文博机构在台湾地区办文物展览较晚，最早的是 2000 年 12 月至 2001 年 5 月，在台北历史博物馆和台中自然科学博物馆举办的"兵马俑——秦文化特展"，此次展览参观量达 165 万人（次），这也是目前陕西在台湾地区主办的展览中参观人数最多的一项。

2016 年 5 月 7 日至 2016 年 12 月 18 日，在台北故宫博物院和高雄科学工艺博物馆举办"大秦文化特展"，陕西选调 189 件（组）展品参展，这是陕西在台湾地区举办展览中展品数量最多一次（见图 7-2-3）。

2009 年 6 月至 9 月，"微笑彩俑——汉景帝的地下王国展"在台北历史博物馆展出，展品共计 100 件（组），全部来自汉景帝阳陵博物院，参观人数约为 10.9 万人（次）。展览从西汉帝陵的丧葬情况，反映出汉代文景时代人民生活富足，精神生活丰富的社会风貌。

（3）赴澳门地区展览统计

陕西省在澳门仅主办 4 项文物交流展，分别是 1990 年的"马年马展"、1991 年的"西安碑林藏石拓本展览"、2000 和 2001 年连续举办的"走向世界的唐代文明展"。

图 7-2-3　秦陶马

陕西省临潼秦始皇帝陵二号兵马俑坑出土，秦始皇帝陵博物院藏。

（三）展览中展品数量统计

陕西举办的文物出境展览中，展品最多的一次展览是于2005年1月至9月在挪威斯塔旺格考古博物馆、奥斯陆大学文化历史博物馆、挪威科技大学自然科学博物馆举办的"古史鉴今——中国汉景帝阳陵出土文物展"，展品有205件（组）（见表7-2-7），这也是陕西举办的首个以汉代历史文化主题的出境展览，通过中国人以古代的人、事作为当今人、事的借镜习惯，介绍这一时期中国人的思维方式及其对后世的影响，为观众提供了更多层次理解中国第一个繁荣盛世的机会和窗口。展品数量排在第二的文物出境展览是2016年在中国台湾举办的"大秦文化特展"，展品为189件（组）。之后是2012年10月至2013年1月在中国台湾举办的"赫赫宗周——西周文化特展"，展品为176件（组），2017年11月至2018年3月在中国香港举办的"绵亘万里：世界遗产丝绸之路展"，展品为167件（组），1999年10月至2000年2月在英国举办的"陕西省文物精华展"，展品为140件（组），2013在中国台湾举办的"万法归宗——隋唐长安佛教宗派兴盛纪实特展"，展品也是140件（组）。另外，还有34项展览，文物展品数量都是120件（组），如2002年9月至2003年7月在澳大利亚珀斯西澳博物馆举办的"中华文明源流文物展"、2011年11月至2012年4月在荷兰德伦特博物馆举办的"中国的黄金时代——大唐遗珍展"、2014年1月至5月在新加坡亚洲文明博物馆举办的"中国陕西省法门寺与大唐文化展"等。

（四）展览参观人（次）统计

中国举办的文物展览在东亚国家和地区最受欢迎，陕西主办的出境展览中，超过100万人（次）参观的6项展览，其中5项在日本、韩国和中国台湾（见表7-2-8）。参观人数最多的是1988年4月至9月在日本奈良国立博物馆（奈良丝绸之路博览会）举办的"丝绸之路文物展览"，参观人数达300万人（次）。排在第二位的是2012年在韩国举办的"纪念友好交流10周年——中国陕西历史博物馆文物精品展"，仅2012年就有216万人（次）前往参观。之后是2000年12月至2001年5月在台湾举办的"兵马俑——秦文化特展［参观人数为165万人（次）］"，1989年在日本举办的"中国陕西唐代文物展览［参观人数为138万人（次）］"，2004年5月至2005年4月在西班牙举办的"西安的勇士展［参观人数为110万人（次）］"，2012年10月至2013年1月在台湾举办的"赫赫宗周——西周文化特展［参观人数为100.7万人（次）］"。

▼ 表 7-2-7　展品数量最多的前 10 项陕西省主办文物出境展览统计表（1985-2019 年）

序号	展览名称	展览时间	展出国家或地区	展览场地	展品件（组）数
1.	古史鉴今——中国汉景帝阳陵出土文物展	2005.01-2005.09	挪威	斯塔旺格考古博物馆、奥斯陆大学文化历史博物馆、挪威科技大学自然科学博物馆	205
2.	大秦文化特展	2016.05.07-12.18	中国台湾	台北故宫博物院、高雄科学工艺博物馆	189
3.	赫赫宗周——西周文化特展	2012.10-2013.01	中国台湾	台北故宫博物院	176
4.	绵亘万里：世界遗产丝绸之路展	2017.11.28-2018.03.05	中国香港	香港历史博物馆	167
5.	陕西省文物精华展	1999.10-2000.02	英国	大英博物馆	140
6.	万法归宗——隋唐长安佛教宗派兴盛纪实特展	2013.11	中国台湾	台湾中台禅寺中台山博物馆	140
7.	秦始皇文物大展	2012.07-11	中国香港	香港历史博物馆	123
	辉煌大秦——兵马俑特展	2017.11.14-2018.03.11	美国	美国弗吉尼亚美术馆、辛辛那提美术馆	122
8.	中国秦汉文物精品展	2006.09-2007.01	意大利	罗马总统府博物馆	122
9.	秦汉唐文物精品展	2011.10-2012.09	美国	美国圣安娜市宝尔博物馆、休斯敦自然科学博物馆	121
	中国秦兵马俑展	2012.04-08	美国	纽约探索时代广场展览馆	121
10.	大唐长安展、中国历史上马的艺术展、中华文明源流文物展等 34 项展览	1994-2019	日本、美国、澳大利亚等	日本京都文化博物馆、美国肯塔基州国际马博物馆、澳大利亚珀斯西澳博物馆等	120

▼ 表7-2-8 参观人数最多的前10项陕西省主办文物出境展览统计表（1985-2019年）

序号	展览名称	展览时间	国家（地区）	展览场地	参观人数〔万（人次）〕
1.	丝绸之路文物展	1988.04-09	日本	奈良国立博物馆（奈良丝绸之路博览会）	300
2.	纪念友好交流10周年——中国陕西历史博物馆文物精品展	2012.04-06	韩国	韩国庆州国立博物馆	216
3.	兵马俑——秦文化特展	2000.12-2001.05	中国台湾	台北历史博物馆、台中自然科学博物馆	165
4.	中国陕西唐代文物展览	1989.03-09	日本	日本福冈89亚洲太平洋博览会	138
5.	西安的勇士展	2004.05-2005.04	西班牙	巴塞罗那2004 FORUM环球文化论坛、马德里卡斯迪亚中心、瓦伦西亚国际会展中心	110
6.	赫赫宗周——西周文化特展	2012.10-2013.01	中国台湾	台北故宫博物院	100.7
7.	始皇和大兵马俑展	2015.10.27-2016.10.02	日本	东京国立博物馆、九州国立博物馆、大阪国立国际美术馆	91
8.	中国秦代文物展	1994.08-1995.05	韩国	首尔民俗博物馆景福宫、釜山直辖市立博物馆、光州市民俗博物馆、大邱市博物馆	75
9.	中国秦兵马俑展览	2010.06-2011.06	加拿大	加拿大皇家安大略博物馆、蒙特利尔艺术博物馆	60.5
10.	中国陕西省秦兵马俑展览	1986.06-11	日本	日本岩见泽市21世纪博览会等	60

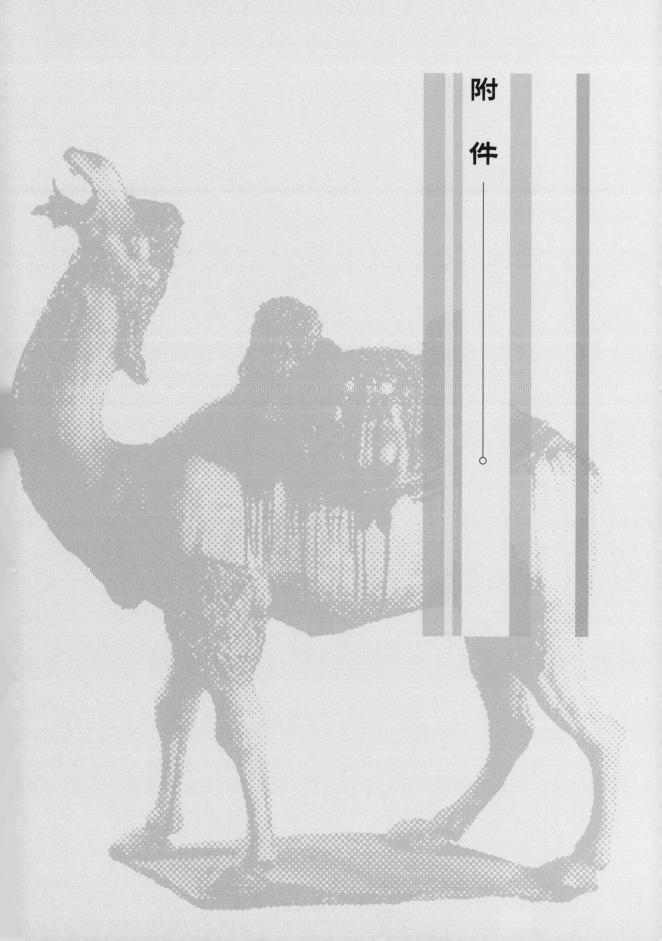

附件

附件 1
全国进出境文物展览统计表（2010-2019 年）

▼ 附件 1-1 全国文物出境展览统计表（2010-2019 年）

序号	展览名称	展览时间	展览场地	境内承办单位	境外合作机构
1.	中山舰出水文物展	2010.09.20-09.26	台湾台北孙中山纪念馆	武汉市中山舰博物馆	台湾台北孙中山纪念馆
2.	文艺绍兴——南宋艺术与文化特展	2010.10.08-12.26	台北故宫博物院	中国文物交流中心	台湾广达文教基金会
3.	法门寺地宫与唐代文物大展	2010.10.29-2011.04.24	台北历史博物馆、高雄科学工艺博物馆	陕西省文物交流中心	台湾财团法人向阳公益基金会、台北历史博物馆及高雄科学工艺博物馆
4.	北京—首尔—东京"城市原型与保存"特别展	2010.11.03-12.05	韩国首尔博物馆	首都博物馆	韩国首尔博物馆
5.	辽宁古代文物展	2010.11.25-2011.02.27	韩国京畿道博物馆	辽宁省文物局、辽宁省博物馆、辽宁省文物考古研究所和沈阳市文物考古研究所	韩国京畿道博物馆
6.	秦始皇及其地下大军展	2010.12.04-2011.03.13	澳大利亚新南威尔士艺术博物馆	陕西省文物交流中心	澳大利亚新南威尔士艺术博物馆
7.	景德镇出土明宣德官窑瓷器精品展	2010.12.10-2011.03.06	澳门民政总署画廊	江西省文化厅	澳门特别行政区民政总署
8.	斗色争妍——故宫博物院藏清代御窑瓷器精品展	2010.12.17-2011.03.20	澳门艺术博物馆	故宫博物院	澳门艺术博物馆
9.	丝绸之路大文明展	2010.12.17-2011.04.03	韩国国立中央博物馆	中国文物交流中心	韩国国立中央博物馆、东亚报社
10.	福建船政——清末自强运动先驱展	2010.12.23-2011.09.25	台湾长荣海事博物馆	马尾·中国船政文化博物馆	台湾财团法人张荣发基金会附设之长荣海事博物馆

续表

序号	展览名称	展览时间	展览场地	境内承办单位	境外合作机构
11.	长江中游商周青铜器展	2011.01.25—06.12	美国华美协进社中国美术馆	湖南博物院	美国华美协进社中国美术馆
12.	中国重庆大足石刻艺术展	2011.01.26—04.03	英国威尔士国立博物馆	重庆大足石刻博物馆	英国威尔士国立博物馆
13.	大清盛世——沈阳故宫文物展	2011.01.29—05.01	台湾台北历史博物馆	沈阳故宫博物院	台湾联合报股份有限公司
14.	敬天崇祖：楚地礼仪艺术展	2011.02.04—04.26	澳大利亚新南威尔士艺术博物馆	湖北省博物馆	澳大利亚新南威尔士艺术博物馆
15.	精诚笃爱——孙中山与宋庆龄文物特展	2011.02.17—03.30	台湾台北孙中山纪念馆	中国宋庆龄基金会	台北孙中山纪念馆
16.	华夏瑰宝展	2011.02.18—11.07	印度新德里国立博物馆、孟买威尔士亲王博物馆、海德拉巴萨拉江博物馆、加尔各答国立图书馆	中国文物交流中心	印度考古局
17.	齐白石绘画精品展	2011.02.23—05.08	台湾台北历史博物馆	辽宁省文化厅	台湾台北历史博物馆
18.	御座威仪展	2011.02.28—06.19	法国凡尔赛宫	故宫博物院	法国凡尔赛宫
19.	辛亥革命一百周年·纪念大展	2011.03.02—05.16	香港历史博物馆	湖北省文物局	香港特别行政区康乐及文化事务署
20.	友谊之路——孙中山、宋庆龄与俄国展	2011.03.11—04.29	俄罗斯国家中央现代历史博物馆、俄罗斯国家政治历史博物馆	中国宋庆龄基金会	俄罗斯"文明对话"世界公众论坛
21.	中荷航海交流展	2011.04.01—2012.03.31	荷兰鹿特丹航海博物馆	上海中国航海博物馆	荷兰鹿特丹航海博物馆
22.	辽代文物展	2011.04.10—11.27	日本大阪市立美术馆、日本九州国立博物馆、东京艺术大学	内蒙古博物院	日本大阪市立美术馆、日本九州国立博物馆、东京艺术大学
23.	上海博物馆明清官窑瓷器展	2011.04.16—10.23	荷兰海牙市立博物馆	上海博物馆	荷兰海牙市立博物馆
24.	地上的天宫展	2011.05.03—2012.03.22	日本东京富士美术馆、北海道立近代美术馆、关西国际文化中心、福冈市美术馆、松坂屋美术馆、爱媛县美术馆	故宫博物院	日本财团法人东京富士美术馆、日本株式会社黄山社

序号	展览名称	展览时间	展览场地	境内承办单位	境外合作机构
25.	太平天国展	2011.05.20－11.16	香港海防博物馆	南京市太平天国历史博物馆	香港特别行政区政府康乐及文化事务署
26.	山水合璧——黄公望与富春山居图特展	2011.06.01－09.05	台北故宫博物院	中国文物交流中心	台湾广达文教基金会
27.	中山舰出水文物展	2011.06.21－10.16	香港中央图书馆、新加坡亚洲文明博物馆	武汉市中山舰博物馆、陕西省文物交流中心	香港文汇报国际公关顾问有限公司、新加坡国家文物局
28.	话江南——河姆渡文化特展	2011.06.27－08.31	台湾新北市立十三行博物馆	余姚市河姆渡遗址博物馆	台湾财团法人鸿禧艺术文教基金会
29.	上海舞台艺术精华展	2011.07.02－08.31	台湾传统艺术中心	上海市文化艺术档案馆	台湾唐龙艺术有限公司
30.	宇野雪村之美展	2011.07.06－07.31	日本国立新美术馆	故宫博物院	日本财团法人每书道社
31.	环珠江口史前石拍展	2011.07.28－2012.01.11	香港中文大学文物馆	中国文物交流中心	香港中文大学中国艺术考古研究中心
32.	长江中游商周青铜器展	2011.09.01－2012.01.08	美国缅因州鲍登学院艺术博物馆	湖南博物院	美国华美协进社中国美术馆
33.	上海博物馆赴意大利威尼斯青铜器展	2011.09.01－2012.09.01	意大利罗马威尼斯宫国立博物馆	中国文物交流中心、上海博物馆	意大利罗马威尼斯宫国立博物馆
34.	粉墨登场：中国京剧的艺术展	2011.09.06－2012.02.26	瑞士巴赛尔博物馆	中国艺术研究院	瑞士巴赛尔博物馆
35.	山水正宗——故宫、上博珍藏王时敏、王原祁"娄东派"绘画精品展	2011.09.07－11.13	澳门艺术博物馆	故宫博物院、上海博物馆	澳门艺术博物馆
36.	碧绿之美——龙泉大窑枫洞岩窑址发掘成果展	2011.09.10－2012.08.26	日本大阪市立东洋陶瓷美术馆、日本爱知县陶瓷资料馆、日本山口县立萩美术馆·浦上纪念馆	浙江省博物馆	日本大阪市立东洋陶瓷美术馆
37.	后辛亥时代的孙中山与广州文物展	2011.09.20－2012.03.28	香港孙中山纪念馆	孙中山大元帅府纪念馆	香港特别行政区政府康乐及文化事务署所属孙中山纪念馆

续表

序号	展览名称	展览时间	展览场地	境内承办单位	境外合作机构
38.	孙中山与澳门展	2011.09.23－12.11	澳门博物馆	广州博物馆	澳门博物馆
39.	天下为公——孙中山与澳门文物展	2011.09.23－12.11	澳门博物馆	深圳博物馆	澳门特别行政区政府文化局及其下属澳门博物馆
40.	重扉轻启——明清宫廷生活文物展	2011.09.26－2012.01.09	法国卢浮宫	故宫博物院	法国卢浮宫
41.	孙文·梅屋庄吉与长崎展	2011.10.01－2012.03.25	日本长崎历史文化博物馆	中国文物交流中心	日本长崎县政府
42.	秦汉唐文物精品展	2011.10.01－2012.09.03	美国加利福尼亚州圣安娜市宝尔博物馆、美国休斯敦自然科学博物馆	陕西省文物交流中心	美国加利福尼亚州圣安娜市宝尔博物馆、德克萨斯州休斯敦自然科学博物馆
43.	康熙大帝与路易十四特展	2011.10.03－2012.01.03	台湾台北故宫博物院	故宫博物院	台湾台北故宫博物院
44.	革命、再革命展	2011.10.08－2012.02.08	广州博物馆	广州博物馆	新加坡晚晴园（孙中山南洋纪念馆）
45.	中国艺术的变革时代：傅抱石（1904-1965）展	2011.10.16－2012.04.29	美国克利夫兰艺术馆、美国纽约大都会艺术博物馆	南京博物院	美国克利夫兰艺术馆、纽约大都会艺术博物馆
46.	丝绸之路展	2011.10.20－2012.02.26	意大利戴克里先浴场国家博物馆	中国文物交流中心	罗马考古与遗产特别监管局
47.	清代宫廷文物展	2011.10.29－2012.05.13	意大利特拉维索的卡萨德·卡拉雷兹博物馆	故宫博物院	意大利卡萨马卡基金会及萨德·卡拉雷兹博物馆
48.	从努尔哈赤到溥仪——公元1559-1967年展	2011.10.29－2012.05.13	意大利特拉维索卡萨德—卡拉雷兹博物馆	故宫博物院	意大利特拉维索卡萨德—卡拉雷兹博物馆
49.	中国现代绘画的开拓者展：徐悲鸿的艺术（1895-1953）	2011.10.30－2012.01.29	美国丹佛美术馆	徐悲鸿纪念馆	美国丹佛美术馆
50.	紫禁城山水画精品展	2011.11.03－2012.01.08	美国夏威夷檀香山博物馆	故宫博物院	美国夏威夷檀香山博物馆
51.	中国科举展	2011.11.09－2012.02.06	香港历史博物馆	嘉定博物馆	香港历史博物馆

序号	展览名称	展览时间	展览场地	境内承办单位	境外合作机构
52.	北京首都博物馆佛教文物珍藏展	2011.11.09–2012.09.12	台北世界宗教博物馆	北京首都博物院	台北世界宗教博物馆
53.	东亚青瓷展	2011.11.10–2012.03.04	台湾新北市立莺歌陶瓷博物馆	浙江省博物馆	台湾新北市立莺歌陶瓷博物馆
54.	墨韵国风——潘天寿艺术回顾展	2011.11.24–2012.02.05	香港艺术馆	中央美术学院	香港艺术馆
55.	玉貌清明——故宫珍藏两宋瓷器精品展	2011.12.07–2012.03.11	澳门艺术博物馆	故宫博物院	澳门艺术博物馆
56.	胡适文物图片展	2011.12.08–2012.01.07	北京新文化运动纪念馆	北京新文化运动纪念馆	台湾台北胡适纪念馆
57.	国家图书馆善本特藏展	2011.12.09–2012.01.15	香港中央图书馆展厅	中国国家图书馆	香港中央图书馆
58.	国宝观澜——故宫博物院文物精华展	2012.01.02–02.09	日本东京国立博物院	故宫博物院	东京国立博物馆、日本朝新闻社、NHK、NHK 事业公司
59.	中国近代绘画与日本展	2012.01.07–02.26	日本京都国立博物馆	日本京都国立博物馆	/
60.	楚风湘韵——湖南民艺民风民俗特展	2012.01.14–02.12	台湾台中文化创意产业园区	湖南博物院	台湾台中文化创意产业园区
61.	神秘北纬30度线——古蜀文明秘宝展	2012.01.19–03.04	台湾新光三越台北信义新天地、台中市新光三越中港展馆、新光三越高雄左营店	三星堆博物馆、成都金沙遗址博物馆	台湾新光三越文教基金会、新光三越百货公司
62.	山西金代戏曲砖雕艺术展	2012.02.07–06.17	美国华美协进社中国美术馆	山西博物院	美国纽约华美协进社
63.	龙行香港展	2012.02.10–2013.01.27	香港中文大学文物馆	中国社会科学院考古研究所、中国文物交流中心	香港中文大学中国考古艺术研究中心
64.	日本美秀美术馆特别展——献给母亲们	2012.03.09–08.19	日本美秀美术馆	山东博物馆	日本美秀美术馆
65.	海月星辉——邓散木艺术展	2012.03.12–03.17	澳门民政总署画廊	黑龙江省博物院	澳门民政总署
66.	古代玉器珍品展	2012.03.30–06.30	墨西哥人类学博物馆	故宫博物院	墨西哥人类学博物院

续表

序号	展览名称	展览时间	展览场地	境内承办单位	境外合作机构
67.	衣锦环绣——中国丝绸文化展	2012.03.30–09.16	英国诺丁汉城堡博物馆	中国丝绸博物馆	英国诺丁汉市政厅
68.	北京人展	2012.04.02–2013.03.31	韩国石壮里博物馆	周口店遗址博物馆	韩国石壮里博物馆
69.	纪念友好交流10周年——中国陕西历史博物馆文物精品展	2012.04.23–06.17	韩国国立庆州博物馆	陕西历史博物馆	韩国国立庆州博物馆
70.	中国汉代地下珍宝展	2012.05.05–11.11	剑桥大学菲茨威廉博物馆	徐州博物馆、西汉南越王博物馆	英国剑桥大学菲茨威廉博物馆
71.	中国珍宝展	2012.05.05–11.11	英国剑桥大学菲兹威廉博物馆	中国文物交流中心	英国剑桥大学菲兹威廉博物馆
72.	中国的黄金时代——大唐遗珍展	2012.05.11–10.20	比利时马塞可市博物馆、荷兰德伦特博物馆	陕西省文物局、陕西省文物交流中心	比利时马塞可市博物馆、荷兰德伦特博物馆
73.	有情世界——丰子恺艺术展	2012.05.25–10.07	香港艺术馆	浙江省博物馆	香港艺术馆
74.	海上瓷路——粤港澳文物大展	2012.05.25–2014.02.16	澳门博物馆、香港艺术馆	广东省文化厅	香港特别行政区政府民政事务局、澳门特别行政区政府文化局
75.	皇家风尚——清代宫廷与西方贵族珠宝特展	2012.06.09–09.09	台湾台北故宫博物院	沈阳故宫博物院	台湾台北故宫博物院
76.	来自黄土高原的考古发现展	2012.06.16–10.21	美国斯特林和佛郎辛·克拉克艺术中心	山西博物院	美国斯特林和佛郎辛·克拉克艺术中心
77.	味蕾的诱惑——中国烹饪与饮食展	2012.06.19–09.30	法国凯布朗利博物馆	中国国家博物馆	巴黎文化中国
78.	颐养谢尘喧——乾隆皇帝的秘密花园展	2012.06.22–10.14	香港艺术馆	故宫博物院	香港艺术馆
79.	南国瓷珍——潮州窑瓷器精品展	2012.07.137–/	香港中文大学文物馆	广东省博物馆、潮州市博物馆	香港中文大学文物馆
80.	千年重光——山东青州龙兴寺佛教造像展	2012.07.14–09.30	台湾佛光山佛陀纪念馆	中国文物交流中心	台湾财团法人佛光山文教基金会

序号	展览名称	展览时间	展览场地	境内承办单位	境外合作机构
81.	万里江山——中国美术馆藏20世纪山水画精品展	2012.07.31－08.26	日本东京国立博物馆	中华人民共和国文化部，中国美术馆	日本国文化厅、日本东京国立博物馆
82.	林则徐纪念馆藏品文物展	2012.08.10－09.30	台湾文献馆	/	/
83.	填空补白：景德镇十五世纪中期瓷器展	2012.08.17－12.16	香港中文大学文物馆	景德镇官窑博物馆	香港中文大学文物馆
84.	第八届海峡两岸图书交易会	2012.09.12－09.21	台北世贸中心	江苏凤凰出版传媒集团	台湾新闻出版总署
85.	中华名人展	2012.09.18－10.04	法国巴黎博物馆	中国艺术研究院	法国巴黎博物馆
86.	中国重庆大足石刻艺术展	2012.09.20－2013.03.17	加拿大安大略省基奇纳市意念博物馆	重庆大足石刻博物馆	加拿大安大略省基奇纳市
87.	尊道重礼——道教经坛文物展	2012.09.21－11.04	香港啬色园	中国道教协会	香港特别行政区香港啬色园
88.	浙江名宝展	2012.09.24－11.25	韩国国立光州博物馆	浙江省博物馆	韩国国立光州博物馆
89.	北京的恭王府展	2012.10.03－12.31	丹麦历史博物馆	恭王府博物馆	丹麦历史博物馆
90.	中国·福建博物院馆藏文物展——追溯长崎文化的源流	2012.10.06－11.30	日本长崎历史博物馆	福建博物院	日本长崎历史博物馆
91.	中华大文明展	2012.10.09－2013.09.16	日本九州国立博物馆、神户市立博物馆，名古屋市博物馆	中国文物交流中心	日本东京国立博物馆、日本放送协会（NHK）和日本放送协会文化促进会社
92.	金昭玉粹：清代宫廷生活艺术展	2012.10.20－2013.01.20	德国科隆东亚艺术博物馆	故宫博物院	德国科隆东亚艺术博物馆
93.	两宫藏藏传佛教及藏族文物珍品展	2012.10.20－2013.06.02	意大利特拉维索卡萨德－卡拉雷兹博物馆	中国文物交流中心	意大利卡萨马卡基金会、卡萨德－卡拉雷兹博物馆及意大利希奇隆公司
94.	丝绸之路——中国古代丝绸艺术展	2012.10.25－12.23	西班牙国家装饰艺术博物馆	中国丝绸博物馆、西国家装饰艺术博物馆、马德里中国文化中心	西班牙国家装饰艺术博物馆

序号	展览名称	展览时间	展览场地	境内承办单位	境外合作机构
95.	鲁迅 与日本友人展	2012.11.02– 11.11	日本爱知大学	上海鲁迅纪念馆	日本爱知大学
96.	汇通天下—— 从钱庄到 现代银行展	2012.11.03– 12.07	台湾台北孙中山 纪念馆	中国工商银行、 上海市银行 博物馆	台湾台北孙中山纪念馆
97.	中国秦兵马俑展	2012.11.18– /	美国明尼苏达州 明尼阿波利斯 艺术博物馆	陕西省文物局、 陕西省文物交流 中心	美国明尼苏达州明尼阿 波利斯艺术博物馆
98.	印象敦煌—— 中国文化大展	2012.11.20– 2013.01.13	土耳其伊斯坦布尔 米玛·希南大学	中国文化部	土耳其文化旅游部
99.	华夏瑰宝展	2012.11.20– 2013.02.20	土耳其伊斯坦布尔 的老皇宫博物馆	中国文化部、 国家文物局、 中国驻土耳其 大使馆和土耳其 文化旅游部	土耳其伊斯坦布尔的 老皇宫博物馆
100.	蓝海福建 文物大展	2012.11.24– 2013.02.28	金沙艺术科技 博物馆	泉州市博物馆	新加坡福建会馆
101.	清新淡雅 德化名瓷展	2012.12.05– 12.23	台湾台北孙中山 纪念馆	福建博物院	台湾台北孙中山纪念馆
102.	君子比德—— 故宫珍藏清代 玉器精品展	2012.12.13– 2013.03.10	澳门艺术博物馆	故宫博物院	澳门艺术博物馆、澳门 基金会、澳门特别行政区 政府旅游局、澳门日报
103.	盛世之风—— 四川博物院藏汉 代画像砖珍品展	2012.12.15– 2013.03.03	澳门民政总署 画廊	四川博物院	澳门民政总署
104.	苏州博物馆馆藏 文物精品展	2012.12.15– 2013.03.17	美国圣地亚哥 艺术博物馆	苏州博物馆	美国圣地亚哥艺术 博物馆
105.	光照大千—— 丝绸之路的佛教 艺术展	2012.12.20– 2013.03.20	台湾台东史前文 化博物馆	中国文物交流 中心	台湾台东史前文化 博物馆
106.	中韩两国 （徽州—安东） 古代文书交流展	2012.12– 2013.02	韩国安东大学 博物馆	徽州文化博物馆	韩国安东大学博物馆
107.	古韵新风——河 南朱仙镇木版年 画展	2013.01.18– 03.17	台湾台北历史 博物馆	河南博物院	台湾台北历史博物馆

序号	展览名称	展览时间	展览场地	境内承办单位	境外合作机构
108.	中国西域·丝路传奇展	2013.02.07－2014.01.13	日本长崎孔子庙中国历代博物馆	中国新疆维吾尔自治区文物局、新疆维吾尔自治区博物馆、新疆文物考古研究所	日本长崎孔子庙中国历代博物馆
109.	中国秦兵马俑展	2013.02.22－05.27	美国旧金山亚洲艺术博物馆	陕西历史博物馆	美国旧金山亚洲艺术博物馆
110.	上海画派展	2013.03.08－06.30	法国巴黎市赛努奇博物馆	上海博物馆	巴黎市赛努奇博物馆
111.	紫垣撷珍——明清宫廷生活文物展	2013.03.08－2015.01.11	加拿大皇家安大略博物馆	故宫博物院	加拿大皇家安大略博物馆、加拿大温哥华美术馆
112.	兵马俑军队与统一的秦汉王朝——中国陕西出土文物展	2013.03.14－11.17	瑞士伯尔尼历史博物馆	陕西省文物交流中心	瑞士伯尔尼历史博物馆
113.	海上魅惑——中国现代女性时装展	2013.04.26－09.29	美国纽约美国华人博物馆	中国丝绸博物馆	美国纽约美国华人博物馆
114.	东江纵队港九独立大队文物展	2013.04.26－2023.10.23	香港海防博物馆	广东革命历史博物馆	康乐及文化事务署
115.	华夏瑰宝展	2013.04.29－08.01	罗马尼亚布加勒斯特国家历史博物馆	中国国家文物局、中国文物交流中心	罗马尼亚国家历史博物馆
116.	黄河流域王室与诸侯——中国河南青铜文明展	2013.05.15－11.17	瑞典国立世界文化博物馆	安阳博物馆	瑞典国立世界文化博物馆
117.	物本天成—景德镇官窑博物馆藏珠山明御厂出土成化官窑瓷器展	2013.05.17－07.07	澳门民政总署画廊	景德镇官窑博物馆	澳门民政总署
118.	梁庄王墓文物展	2013.05.18－08.04	台湾台北十三行博物馆	湖北省博物馆	台湾台北十三行博物馆
119.	溯源与拓展——岭南画派特展	2013.06.01－08.25	台湾台北故宫博物院	广州艺术博物院	台湾台北故宫博物院
120.	白云点缀的天堂展	2013.06.01－10.01	新西兰国家博物馆	中国国家博物馆	新西兰国家博物馆

续表

序号	展览名称	展览时间	展览场地	境内承办单位	境外合作机构
121.	当传奇与历史相会：陕西西安兵马俑——来自中国的始皇帝宝藏展	2013.06.14－12.01	芬兰坦佩雷市瓦普里克博物馆中心	陕西省文物局、陕西省文物交流中心	芬兰坦佩雷市瓦普里克博物馆中心
122.	早期中国（公元前3500－前221）——中华文明系列展 I	2013.06.20－2014.02.01	意大利罗马市威尼斯宫	中国文物交流中心	意大利文化遗产部
123.	黄河与泰山——山东历史文物展	2013.06.29－10.20	日本山口县立萩美术馆、和歌山县立博物馆	山东博物馆	日本山口县立萩美术馆、和歌山县立博物馆
124.	中国少数民族艺术展	2013.07.06－10.28	新西兰奥塔哥博物馆	上海博物馆	新西兰奥塔哥博物馆
125.	清代宫廷服饰展	2013.07.31－10.07	香港历史博物馆	故宫博物院	香港历史博物馆
126.	丝路传奇——虞弘墓石椁展	2013.08.22－11.22	澳大利亚新南威尔士艺术博物馆	山西博物院	澳大利亚新南威尔士艺术博物馆
127.	山水清晖——故宫、上博珍藏王鉴、王翚"虞山派"展	2013.09.05－11.17	澳门艺术博物馆	故宫博物院、上海博物馆	民政总署、澳门艺术博物馆
128.	光照大千——丝绸之路的佛教艺术展	2013.09.14－12.08	台湾佛光山佛陀纪念馆	中国文物交流中心	台湾佛光山佛陀纪念馆
129.	百济金铜大香炉发掘20周年纪念特展	2013.09.26－11.24	韩国扶余博物馆	洛阳博物馆	韩国扶余博物馆
130.	佛国墨影——河南巩义石窟寺拓片展	2013.10.05－2014.01.05	台湾佛光山佛陀纪念馆	河南巩义石窟寺保护所	台湾佛光山佛陀纪念馆
131.	大明展	2013.10.05－2014.02.02	荷兰阿姆斯特丹新教堂博物馆	南京博物院	荷兰阿姆斯特丹新教堂博物馆
132.	十全乾隆——清高宗的艺术品味展	2013.10.08－2014.01.07	台湾台北故宫博物院	故宫博物院	台湾台北故宫博物院
133.	鲁迅——和光中友好儿童版画展	2013.10.12－10.20	日本和光学园	文化和旅游部、上海鲁迅纪念馆、北京鲁迅博物馆、上海市对外友好协会	日本和光学园

序号	展览名称	展览时间	展览场地	境内承办单位	境外合作机构
134.	鲁迅生平展	2013.10.12-10.27	马来西亚创价学会综合文化中心	北京鲁迅博物馆	马来西亚创价学会
135.	中国古代绘画名品700-1900展	2013.10.23-2014.01.19	英国维多利亚阿尔伯特博物馆	中国文物交流中心	英国维多利亚阿尔伯特博物馆
136.	地下的中国——凤翥龙翔考展	2013.10.25-2014.03.02	香港中文大学	中国文物交流中心、中国社科院考古研究所、深圳市文物考古研究所	/
137.	永远的孔子——走进衍圣公府展	2013.10-11	台湾佛光山佛陀纪念馆	山东省文物局	佛光山佛陀纪念馆
138.	上海博物馆珍藏中国绘画名品展	2013.10-11.24	日本东京国立博物馆	上海博物馆	日本东京国立博物馆、日本经济新闻社、每新闻社等
139.	侵华军第七三一部队罪行展	2013.10-11.30	韩国独立纪念馆	侵华军第731部队罪行陈列馆	韩国独立纪念馆
140.	天工开物——中国盐史展	2013.11.01-2014.01.01	台湾盐博物馆	河北海盐博物馆	台湾盐博物馆
141.	天工开物——中国盐史展	2013.11.01-2014.01.01	台湾盐博物馆	河北海盐博物馆	台湾盐博物馆
142.	斗品团香——中摩茶文化交流展	2013.11.25-2014.07.15	摩洛哥索维拉市博物馆	杭州茶博物馆	摩洛哥索维拉市博物馆
143.	辛亥革命在广东展	2013.11.29-2014.05.14	香港孙中山纪念馆	广东省立中山图书馆	香港孙中山纪念馆
144.	包容的北京——一座城市的成长展	2013.11.30-2014.02.09	韩国首尔历史博物馆	北京首都博物馆	韩国首尔历史博物馆
145.	定窑·优雅的白瓷世界——窑址发掘成果展	2013.11-2014.03	日本大阪市东洋陶瓷美术馆	河北省文物研究所	日本大阪市东洋陶瓷美术馆
146.	鲁迅的生平与创作展	2013.12.06-12.09	尼泊尔学院	北京鲁迅博物馆	尼泊尔加德满都的尼泊尔学院
147.	鲁迅生平图片展	2013.12.07-12.09	尼泊尔加德满都尼泊尔学院	北京鲁迅博物馆	德夫科塔—鲁迅学会
148.	盛唐回忆——洛阳唐三彩珍品展	2013.12.13-2014.03.02	澳门民政总署	洛阳博物馆	澳门民政总署
149.	丰子恺《护生画集》真迹展	2013.12.15-2014.03.02	台湾佛光山佛陀纪念馆	浙江省博物馆	台湾佛光山佛陀纪念馆

续表

序号	展览名称	展览时间	展览场地	境内承办单位	境外合作机构
150.	旅顺博物馆名品展	2013.12.22–2014.02.11	日本北九州市立自然史·历史博物馆	旅顺博物馆	日本北九州市立自然史·历史博物馆
151.	清心妙契——中国茶艺文物展	2013.12–2014.03	澳门艺术博物馆	故宫博物院	澳门艺术博物馆
152.	重庆中国三峡博物馆藏19世纪–20世纪书画精品展	2014.01.03–03.16	匈牙利布达佩斯科瓦克艺术基金会美术馆	重庆中国三峡博物馆	匈牙利布达佩斯科瓦克艺术基金会美术馆
153.	中国陕西省法门寺与大唐文化展	2014.01.16–05	新加坡亚洲文明博物馆	陕西省文物局	新加坡亚洲文明博物馆
154.	甘肃省·秋田县缔结友好关系30周年纪念文化交流展	2014.02.15–/	日本秋田美术馆	甘肃省博物馆	日本秋田美术馆
155.	印记——二十世纪法国文化在中国展	2014.02.28–2015.01.11	北京新文化运动纪念馆、北京市档案馆等	北京新文化运动纪念馆、北京市档案馆等	法国蒙达尔纪市法中友协会
156.	礼乐中国——湖北省博物馆藏商周青铜器特展	2014.03.03–2015.01.11	俄罗斯国立普希金造型艺术博物馆	湖北省博物馆	俄罗斯国立普希金造型艺术博物馆
157.	维京海盗：生命与传奇	2014.03.06–06.22	/	/	大英博物馆
158.	七位中国天子与其生活的时代	2014.03.22–06.22	新西兰国家博物馆	中国国家博物馆	新西兰国家博物馆
159.	感知中国展	2014.03.26–/	法国巴黎联合国教科文总部	西安曲江艺术博物馆	联合国教科文组织
160.	南京瑰宝——南京博物院、南京市博物馆紫砂茶具精选展	2014.03.26–07.10	香港茶具文物馆	南京博物院·南京市博物馆	香港茶具文物馆
161.	白石造化——北京画院藏齐白石作品展	2014.04.25–06.15	澳门艺术博物馆	北京画院	澳门艺术博物馆、澳门民政总署
162.	新文化运动急先锋——钱玄同文物展	2014.05.20–03.27	澳门艺术博物馆	北京新文化运动纪念馆、北京鲁迅博物馆	澳门艺术博物馆、澳门民政总署
163.	中国陕西秦兵马俑：始皇帝的彩绘军阵展	2014.05–11	美国印第安纳波利斯儿童博物馆	美国印第安纳波利斯儿童博物馆	陕西历史博物馆（陕西省文物交流中心）

序号	展览名称	展览时间	展览场地	境内承办单位	境外合作机构
164.	万里江山 频入梦——两岸 张大千辞世三十 周年纪念展	2014.06.06- 08.20	台湾台北历史 博物馆	吉林省博物院、 四川博物院、 深圳博物馆	台湾台北历史博物馆
165.	卓椅非凡：穿梭 时空看世界展	2014.06.07- 09.15	香港文化博物馆	故宫博物院	香港文化博物馆
166.	十里红妆—— 中国浙东地区婚 俗文物展	2014.06.07- 2015.05.25	日本长崎孔子庙 中国历代博物馆	中国文物交流 中心	日本长崎孔子庙中国 历代博物馆
167.	岭南印记—— 粤港澳考古成果展	2014.06.10- 09.25	香港历史博物馆、 澳门博物馆	广东省博物馆	香港特别行政区政府 民政事务局、澳门特别 行政区政府文化局
168.	屈家岭——湖北 省博物馆藏长江 中游史前考古 文物展	2014.06.14-/	台湾台北十三行 博物馆	湖北省博物馆	台湾台北十三行博物馆
169.	马王堆汉墓 传奇——中华 文明系列展 II	2014.06.28- 2015.06.28	意大利罗马 威尼斯宫国立 博物馆	湖南博物院	意大利罗马威尼斯宫 国立博物馆
170.	广西古代陶屋展	2014.07.14- 09.15	香港历史博物馆	广西博物馆	香港历史博物馆
171.	江西古代文明 历史文物展	2014.07.15- 08.30	台湾台北历史博 物馆	江西省文化厅	台湾台北历史博物馆
172.	大彩契丹—— 辽宁省博物馆 馆藏辽代三彩展	2014.07.15- 09.15	韩国国立大邱 博物馆	辽宁省博物馆	韩国国立大邱博物馆
173.	上海博物馆藏 中国古代青铜器展	2014.07.22- 09.21	美国克拉克艺术馆	上海博物馆	美国克拉克艺术馆
174.	山水画：寻求 理想乡展	2014.07.28- 2015.04.18	韩国国立中央 博物馆	上海博物馆	韩国国立中央博物馆
175.	华夏瑰宝展	2014.08.08- 11.09	捷克布拉格城堡 皇家马厩展厅	中国文物交流 中心	捷克布拉格城堡皇家 马厩展厅
176.	韩国光州双年展 20周年纪念特别 企画展"甘露： 1980 以后"	2014.08.08- 2015.03.01	韩国光州市立 美术馆	韩国光州市立 美术馆	北京鲁迅博物馆
177.	甲午战争文物展	2014.08.22- 2015.03.11	香港海防博物馆	香港海防博物馆	中国甲午战争博物院

续表

序号	展览名称	展览时间	展览场地	境内承办单位	境外合作机构
178.	黄埔军校文物展	2014.08.29－2015.01.14	香港孙中山纪念馆	广东革命历史博物馆	香港孙中山纪念馆
179.	大明展	2014.09.18－2015.01.05	英国大英博物馆	南京博物院	英国大英博物馆
180.	东亚之华——陶瓷名品展	2014.09.20－11.24	日本东京国立博物馆	东京国立博物馆	中国国家博物馆、韩国国立中央博物馆、东京国立博物馆
181.	七宝瑞光——中国南方佛教艺术展	2014.09.23－2015.05.24	台湾佛光山佛陀纪念馆	中国文物交流中心	台湾佛光山佛陀纪念馆
182.	百济文化祭第60周年纪念特别展	2014.09.26－10.05	韩国忠清南道扶余郡	/	韩国扶余市、公州市
183.	梅影秘色——吴湖帆书画鉴赏精品展	2014.09.27－11.16	澳门艺术博物馆	故宫博物院	澳门艺术博物馆
184.	变革与壮景：中国古代青铜器展	2014.10.18－/	美国大都会艺术博物馆	上海博物馆	美国大都会艺术博物馆
185.	紫禁城—北京故宫博物院皇家珍品展	2014.10.18－2015.01.11	美国弗吉尼亚美术馆	故宫博物院	美国弗吉尼亚美术馆
186.	中山舰出水文物特展	2014.10.18－2015.04.19	新加坡晚晴园——孙中山南洋纪念馆	武汉市中山舰博物馆	新加坡晚晴园——孙中山南洋纪念馆
187.	汉风——中国汉代文物展	2014.10.21－2015.05.01	法国国立亚洲艺术－吉美博物馆	中国文物交流中心	法国国立亚洲艺术－吉美博物馆
188.	敦煌文化及艺术展	2014.11.28－2015.03.16	香港文化博物馆	敦煌研究院	香港特别行政区康乐及文化事务署、香港文化博物馆
189.	朱艳增华——故宫珍藏清乾隆漆器精品展	2014.12.13－2015.02.18	澳门艺术博物馆	故宫博物院	澳门艺术博物馆、澳门民政总署
190.	正经补史——西周霸国文物特展	2014.12.13－2015.03.01	澳门特别行政区民政总署画廊	山西省考古研究所	澳门民政总署
191.	牵星过洋——中非海上丝绸之路历史文化展	2014.12.15－2015.03.08	坦桑尼亚达累斯萨拉姆国家博物馆	中国文物交流中心	坦桑尼亚达累斯萨拉姆国家博物馆
192.	颐和园珍宝展	2014.12.17－2015.03.08	马来西亚国家博物馆	中国文物交流中心	马来西亚国家博物馆

序号	展览名称	展览时间	展览场地	境内承办单位	境外合作机构
193.	自然的吟唱——馆藏花鸟画精品展	2014.12.18-2015.03.29	法国巴黎中国文化中心	重庆中国三峡博物馆	法国巴黎中国文化中心
194.	神游武当——道教千年文物特展	2014.12.20-2015.03.01	台湾台北历史博物馆	武当山旅游经济特区博物馆	台湾台北历史博物馆、联合报系、UDN售票网
195.	道生万物——道教文物展	2014.12.20-2015.03.10	台湾台北历史博物馆	颐和园管理处 湖北省博物馆	台湾联合报股份有限公司
196.	指掌春秋——闽台木偶艺术展	2015.01.17-04.19	台湾佛光山佛陀纪念馆	福建中国闽台缘博物馆	台湾财团法人人间文教基金会
197.	华夏瑰宝展	2015.02.06-09.30	匈牙利工艺美术馆	中国文物交流中心	匈牙利工艺美术馆
198.	皇家品味展	2015.02.25-06.26	美国佛罗里达瑞林博物馆、美国南加州大学亚太博物馆	湖北省博物馆	美国佛罗里达瑞林博物馆、美国南加州大学亚太博物馆
199.	中国的黄金时代：乾隆皇帝（1736-1795）展	2015.03.27-03.20	澳大利亚维多利亚州国家美术馆	故宫博物院	澳大利亚维多利亚州国家美术馆
200.	秦始皇——中国陕西兵马俑展	2015.04.01-03.29	丹麦摩斯盖德博物馆	陕西省文物局	丹麦奥胡斯市摩斯盖德博物馆
201.	秦始皇——中国陕西兵马俑展	2015.04.01-06.21	丹麦摩斯盖德博物馆	陕西省文物交流中心	丹麦摩斯盖德博物馆
202.	齐白石书画篆刻作品展	2015.04.11-05.24	美国宝尔博物馆	湖南博物院	美国宝尔博物馆
203.	神秘的古蜀文化展	2015.04.11-09.07	美国休斯敦自然科学博物馆	三星堆博物馆和成都金沙博物馆	美国休斯敦自然科学博物馆
204.	天然之趣——北京画院藏齐白石精品展	2015.04.23-06.25	匈牙利国家美术馆	北京画院	匈牙利国家美术馆
205.	孙中山次女孙婉、戴恩赛伉俪文物联展	2015.04.24-07.11	香港孙中山纪念馆	深圳博物馆	香港孙中山纪念馆
206.	回眸胡适展	2015.04.25-/	美国德克萨斯州休斯敦佛光山中美寺、美国加利福尼亚州佛光山西来寺	北京鲁迅博物馆（北京新文化运动纪念馆）	美国德克萨斯州休斯敦佛光山中美寺、美国加利福尼亚州佛光山西来寺

续表

序号	展览名称	展览时间	展览场地	境内承办单位	境外合作机构
207.	回眸胡适展	2015.04.25–05.24	美国德克萨斯州休斯敦佛光山中美寺	北京新文化运动纪念馆	美国德克萨斯州休斯敦佛光山中美寺
208.	中国：镜花水月展	2015.05.04–2016.02.22	美国大都会艺术博物馆	故宫博物院	美国大都会艺术博物馆
209.	佛光普照——河北幽居寺塔石佛暨佛塔宝藏艺术展	2015.05.16–09.07	台湾佛光山佛陀纪念馆	中国文物交流中心	台湾佛光山佛陀纪念馆
210.	粤港抗战文物展	2015.05.22–07.26	香港海防博物馆	广州革命历史博物馆	香港海防博物馆
211.	铸鼎镕金——先秦材料科学的智慧特展	2015.05.22–08.26	台湾台中自然科学博物馆	湖北省博物馆	台湾台中自然科学博物馆
212.	纪念赵少昂诞辰110周年书画展览	2015.05.22–12.06	香港文化博物馆	广州艺术博物院	香港文化博物馆
213.	兰房旧梦——中国明清贵族妇女生活展	2015.06.09–09.23	日本东京都涩谷区立松涛美术馆	中国文物交流中心	日本东京都涩谷区立松涛美术馆
214.	汉武盛世展	2015.06.23–2016.02.28	香港历史博物馆	中国文物交流中心	香港特区政府康乐及文化事务署、香港历史博物馆
215.	西洋奇器——清宫科技展	2015.06.26–2016.02.29	香港科学馆	故宫博物院	香港科学馆
216.	汉唐中原——河南文物精品展	2015.07.15–11.11	意大利罗马威尼斯宫国立博物馆	河南博物院	意大利罗马威尼斯宫国立博物馆
217.	李朝名儒崔溥的中国见闻展	2015.07.21–10.05	韩国国立济州博物馆	浙江省博物馆	韩国国立济州博物馆
218.	二战结束70周年庆典展	2015.08.14–11.04	美国密苏里号纪念馆协会	南京博物院	美国密苏里号纪念馆协会
219.	抗战专题展览	2015.08.15–12.20	美国旧金山海外抗日战争纪念馆	四川省建川博物馆	美国旧金山海外抗日战争纪念馆
220.	中国古代都城文物展——汉魏晋南北朝展	2015.09.08–07.24	韩国汉城百济博物馆	中国文物交流中心	韩国汉城百济博物馆

序号	展览名称	展览时间	展览场地	境内承办单位	境外合作机构
221.	吴赵风流——吴让之、赵之谦书画印特展	2015.09.12–2016.01.04	澳门艺术博物馆	浙江省博物馆	澳门艺术博物馆
222.	洛阳：丝绸之路上的世界大都会唐代文明展	2015.09.12–2016.02.28	瑞典远东考古博物馆	河南博物院	瑞典远东考古博物馆
223.	古代佛教艺术展	2015.09.24–2016.03.13	韩国国立中央博物馆	中国文物交流中心	韩国国立中央博物馆
224.	秦汉文明缩影——中塞文化对话展	2015.09.30–11.15	塞浦路斯考古局利马索尔区博物馆	中国文物交流中心	塞浦路斯通信与工程部、塞浦路斯考古局
225.	画说红楼——旅顺博物馆馆藏《红楼梦画册展》	2015.10.02–2016.04.18	台湾佛光山佛陀纪念馆	旅顺博物馆	台湾佛光山佛陀纪念馆
226.	神笔丹青——郎世宁来华三百年特展	2015.10.08–2016.08.15	台湾台北故宫博物院	故宫博物院	台湾台北故宫博物院
227.	九州国立博物馆开馆十周年纪念特别展	2015.10.18–2016.09.04	日本九州国立博物馆	扬州市文物考古研究所	日本九州国立博物馆
228.	唐宋转换时期的吴越展	2015.10.26–2016.10.02	韩国国立全州博物馆	苏州博物馆	韩国国立全州博物馆
229.	始皇和大兵马俑	2015.10.27–2016.10.02	日本东京国立博物馆	陕西省文物交流中心	日本东京国立博物馆、九州国立博物馆、日本国立国际美术馆
230.	以法相会——明清水陆画艺术展	2015.11.14–2016.03.13	台湾佛光山佛陀纪念馆	中国文物交流中心	台湾佛光山佛陀纪念馆
231.	意想青花瓷展	2015.11.19–2016.01.17	台湾新北市立莺歌陶瓷博物馆	景德镇御窑博物馆	台湾新北市立莺歌陶瓷博物馆
232.	清代：中国的生活1644–1911展	2015.11.22–2016.01.02	澳大利亚国家图书馆	中国国家图书馆	澳大利亚国家图书馆
233.	古代百济与洛阳佛教文化交流展——百济定林寺与北魏永宁寺	2015.11.24–11.15	韩国国立扶余博物馆	洛阳博物馆	韩国国立扶余博物馆
234.	盛世风华——洛阳唐三彩特展	2015.11.24–2016.05.22	台湾台北历史博物馆	河南省文物局	台湾台北历史博物馆

续表

序号	展览名称	展览时间	展览场地	境内承办单位	境外合作机构
235.	吴冠中：大美无垠展	2015.11.25－11.29	新加坡国家美术馆	中国文物交流中心	新加坡国家美术馆
236.	仙工奇制——故宫珍藏痕都斯坦玉器精品展	2015.11.27－2016.09.25	香港中文大学中国文化研究所文物馆	故宫博物院	香港中文大学
237.	太乙嵯峨——紫禁城建筑艺术特展	2015.12.12－2016.02.27	澳门艺术博物馆	故宫博物院	澳门艺术博物馆
238.	中华服饰艺术展	2015.12.12－2016.02.28	日本山口县立萩美术馆·浦上纪念馆	山东博物馆	日本山口县立萩美术馆·浦上纪念馆
239.	童服里的故事展	2015.12.17－2016.01.24	香港文化博物馆	广东省文物局、孙中山大元帅府纪念馆	香港特别行政区康乐及文化事务署、香港文化博物馆
240.	景德镇御窑博物馆藏珠山出土永乐官窑瓷器展	2015.12.18－10.04	澳门民政总署画廊	景德镇御窑博物馆	澳门特别行政区民政总署
241.	锦绣缤纷——亚洲织品展	2016.01.05－07.10	台湾台北故宫博物院	沈阳故宫博物院	台湾台北故宫博物院
242.	大足石刻艺术展	2016.02.01－12.20	台湾新北市世界宗教博物馆	重庆大足石刻研究院	台湾新北市世界宗教博物馆
243.	中国秦始皇兵马俑展	2016.03.04－2017.03.01	美国芝加哥富地自然历史博物馆	陕西省文物局	美国芝加哥富地自然历史博物馆
244.	帝国前的中国——楚文物特展	2016.03.11－12.20	意大利亚得里亚国立考古博物馆	湖北省博物馆	意大利亚得里亚国立考古博物馆、威尼斯东方博物馆、意大利"希希隆"埃斯特国立考古学博物馆
245.	帝国前的中国——楚文物特展	2016.03.11－2017.03.19	意大利威尼斯东方博物馆	湖北省博物馆	意大利威尼斯东方博物馆
246.	鄂君启金节——2300年前通关免税通行证展	2016.03.25－03.31	香港中文大学文物馆	安徽博物院	香港中文大学文物馆
247.	亚洲之旅——与上海博物馆共同演绎展	2016.04.01－2017.01.08	日本东京国立博物馆东洋馆	上海博物馆	日本东京国立博物馆
248.	来自丝路之都的唐代艺术展	2016.04.09－2017.06.13	澳大利亚国立新南威尔士艺术博物馆	陕西省文物局	澳大利亚国立新南威尔士艺术博物馆

序号	展览名称	展览时间	展览场地	境内承办单位	境外合作机构
249.	六朝的艺术新潮展	2016.04.28-/	美国夏威夷火奴鲁鲁艺术博物馆、纽约华美协进社中国美术馆	南京博物院	美国夏威夷火奴鲁鲁艺术博物馆、纽约华美协进社中国美术馆
250.	敦煌石窟：丝绸之路的佛教艺术展	2016.05.07-06.26	美国洛杉矶盖蒂保护研究所	敦煌研究院	美国洛杉矶盖蒂保护研究所
251.	归程：中国宝船和墨西哥巴洛克式艺术展	2016.05.26-09.25	墨西哥巴洛克艺术博物馆	中国文物交流中心	墨西哥巴洛克艺术博物馆
252.	大明展	2016.06.14-03.04	西班牙 La Caixa 基金会位于巴塞罗那、帕尔马、萨拉戈萨的展馆	南京博物院	西班牙 La Caixa 基金会
253.	辛亥革命漫画展	2016.06.16-10.09	香港孙中山纪念馆	广州辛亥革命纪念馆	香港孙中山纪念馆
254.	上海博物馆藏中国古代瓷器珍品：10-19世纪展	2016.06.16-11.26	意大利罗马威尼斯宫国立博物馆	上海博物馆	意大利罗马威尼斯宫国立博物馆
255.	诗的力量——鲁迅、裴多菲的文学生涯展	2016.06.25-2017.02.16	匈牙利裴多菲文学博物馆	北京鲁迅博物馆（北京新文化运动纪念馆）	匈牙利裴多菲文学博物馆
256.	新安海底文物发掘40周年特别展	2016.07.26-2017.02.26	韩国国立中央博物馆	浙江省博物馆	韩国国立中央博物馆
257.	香事清心——苏州博物馆藏香具集萃展	2016.08.13-11.13	台湾佛光山佛陀纪念馆	苏州博物馆	台湾财团法人佛光山文教基金会
258.	天子·公民——末代皇帝溥仪展	2016.08.25-09.25	香港海防博物馆	伪满皇宫博物院	香港海防博物馆
259.	盛世繁华——紫禁城清代宫廷生活艺术展	2016.09.02-11.23	智利总统府文化中心	故宫博物院	智利总统府文化中心
260.	华夏瑰宝展	2016.09.06-11.27	卡塔尔伊斯兰艺术博物馆	中国文物交流中心	卡塔尔伊斯兰艺术博物馆
261.	中国山东·韩国首尔国际交流展"孔子和他的故乡：山东"	2016.09.08-10.30	韩国首尔汉城百济博物馆	山东博物馆	韩国首尔汉城百济博物馆

序号	展览名称	展览时间	展览场地	境内承办单位	境外合作机构
262.	中华服饰艺术展	2016.09.08－12.08	韩国国立春川博物馆	山东博物馆	韩国国立春川博物馆
263.	园林／艺术／商业：中国木刻版画展	2016.09.17－10.09	美国汉廷顿图书馆、艺术收藏与植物园	上海博物馆联合中国国家图书馆、南京图书馆	美国汉廷顿图书馆、艺术收藏与植物园
264.	文心万象——中国古代文人的绘画与生活展	2016.09.30－2017.01.09	波兰华沙国家博物馆	中国国家博物馆	波兰华沙国家博物馆
265.	希腊国家考古博物馆成立150周年纪念展	2016.10.03－2017.01.08	希腊国家考古博物馆	故宫博物院	希腊国家考古博物馆
266.	美术里之都市，都市里之美术展	2016.10.04－2017.02.13	韩国国立中央博物馆	辽宁省博物馆	韩国国立中央博物馆
267.	天涯若比邻——华夏瑰宝秘鲁行展	2016.10.07－2017.01.08	秘鲁国家考古人类学历史博物馆	中国文物交流中心	秘鲁国家考古人类学历史博物馆
268.	吴越国——西湖孕育的文化精粹展	2016.10.08－12.04	日本大和文华馆	浙江省博物馆	日本大和文华馆
269.	唯一的汉字，唯一的美——汉字的历史与美学展	2016.10.19－2017.09.10	日本东京富士美术馆、日本京都市美术馆（分馆）、日本新潟县立近代美术馆、日本东北历史博物馆、日本高崎市美术馆	中国文物交流中心、中国人民对外友好协会	日本中国文化交流协会、日本黄山美术社
270.	丝路瑰宝展	2016.10.21－2017.09.10	拉脱维亚国家艺术博物馆	中国文物交流中心	拉脱维亚国家艺术博物馆
271.	跨越海洋——中国海上丝绸之路文化遗产精品联展	2016.10.26－2017.01.07	香港历史博物馆	中国文物交流中心、宁波博物院	香港特别行政区康乐及文化事务署
272.	孙中山与武汉——纪念孙中山先生诞辰150周年特展	2016.11.05－2017.02.22	新加坡晚晴园孙中山南洋纪念馆	辛亥革命武昌起义纪念馆	新加坡晚晴园孙中山南洋纪念馆
273.	孙中山《实业计划》与当代中国展	2016.11.11－2017.04.23	香港孙中山纪念馆	广东革命历史博物馆	香港特别行政区康乐及文化事务署
274.	山西古代艺术展	2016.11.22－2017.03.12	俄罗斯国立历史博物馆	山西博物院	俄罗斯国立历史博物馆

序号	展览名称	展览时间	展览场地	境内承办单位	境外合作机构
275.	紫禁佛光——清宫佛教文物展	2016.11.27-2017.01.06	台湾佛光山佛陀纪念馆	中国文物交流中心	台湾财团法人佛光山文教基金会
276.	自然的吟唱：中国花鸟画艺术展	2016.11.27-2017.01.21	英国威尔士国家博物馆	重庆中国三峡博物馆	英国威尔士国家博物馆
277.	南澳 I 号——明代海上贸易	2016.11.28-2017.02.28	韩国国立海洋文化财研究所	广东省博物馆	韩国国立海洋文化财研究所
278.	宫囍——清帝大婚庆典展	2016.11.29-12.27	香港文化博物馆	故宫博物院	香港特别行政区政府
279.	国之重器——保利艺术博物馆臻品展	2016.11.30-2017.02.27	加拿大保利文化温哥华画廊	保利艺术博物馆	保利文化（北美）投资有限公司
280.	平安春信——故宫珍藏花器精品展	2016.12.17-2017.03.01	澳门艺术博物馆	故宫博物院	澳门艺术博物馆
281.	山东博物馆藏扬州画派精品展	2016.12.26-2017.02.27	台湾佛光山佛陀纪念馆	山东博物馆	台湾财团法人人间文教基金会邀请
282.	玉意深远——中原古代玉器文化展	2017.01.07-02.26	台湾台北历史博物馆	河南博物院	台湾财团法人鸿禧艺术文教基金会
283.	闺阁沧桑展	2017.01.13-07.02	香港中文大学文物馆	上海博物馆	香港中文大学文物馆
284.	丝路瑰宝展	2017.01.20-2018.03.04	立陶宛艺术博物馆所属应用艺术设计博物馆	中国文物交流中心	立陶宛艺术博物馆
285.	成吉思汗与黄金家族的风采展	2017.02.16-04.18	荷兰国家军事博物馆	内蒙古博物院	荷兰国家军事博物馆
286.	王陵瑰宝——中国汉代考古新发现展	2017.02.17-07.16	美国旧金山亚洲艺术博物馆	南京博物院	美国旧金山亚洲艺术博物馆
287.	18 世纪的江户与北京展	2017.02.18-08.27	日本东京都江户东京博物馆	中国文物交流中心	日本东京都江户东京博物馆
288.	江南晨曦——浙江省博物馆良渚文化展	2017.02.28-09.24	香港艺术馆分馆香港茶具文物馆	浙江省博物馆	香港艺术馆
289.	佛光恒常——安徽佛教文物精品展	2017.03.19-10.15	台湾佛光山佛陀纪念馆	安徽博物院	台湾佛光山佛陀纪念馆

续表

序号	展览名称	展览时间	展览场地	境内承办单位	境外合作机构
290.	仙境之鹿展	2017.03.24—03.12	香港中文大学文物馆	南京博物院	香港中文大学文物馆
291.	佛·缘——河北曲阳白石佛教造像艺术展	2017.03.25—09.03	台湾佛光山佛陀纪念馆举	河北博物院	台湾财团法人佛光山文教基金会
292.	秦汉文明展	2017.03.27—05.30	美国大都会艺术博物馆	中国文物交流中心	美国大都会艺术博物馆
293.	玉意深远——中原古代玉器文化展	2017.04.01—06.14	台湾佛光山佛陀纪念馆	河南博物院	台湾财团法人鸿禧艺术文教基金会、台湾佛光山佛陀纪念馆
294.	兵马俑：秦始皇帝的永恒守卫展	2017.04.07—2018.03.05	美国西雅图太平洋科学博物馆	陕西历史博物馆（陕西省文物交流中心）	美国西雅图太平洋科学博物馆、费城富兰克林科学博物馆
295.	西泠印社创社四君子暨历任社长书画篆刻展	2017.04.08—10.01	香港中央图书馆展厅	西泠印社社务委员会	香港集古斋有限公司、香港中央图书馆
296.	景德镇御窑博物馆陶瓷特展	2017.04.08—10.29	荷兰代尔夫特王子纪念馆	景德镇御窑博物馆	荷兰代尔夫特王子博物馆
297.	永膺福庆——清代宫廷的辉煌展	2017.04.21—06.11	芬兰坦佩雷市博物馆	故宫博物院	芬兰坦佩雷市博物馆
298.	中国内蒙古辽代文物精品展	2017.04.22—07.16	荷兰德伦特省博物馆	内蒙古博物院	荷兰德伦特省博物馆
299.	敦煌风华再现——续说石窟故事展	2017.04.26—05.12	台湾台中自然科学博物馆	敦煌研究院	台湾台中自然科学博物馆
300.	西泠四君子——丁仁、王褆、叶铭、吴隐书画篆刻作品展	2017.05.02—04.13	日本兵库县美术馆	西泠印社社务委员会	日本篆刻家协会、日本兵库县美术馆
301.	敦煌壁画精品展走进联合国	2017.05.08—2018.04.08	联合国维也纳办事处	敦煌研究院	奥地利奥中文化交流协会
302.	丝绸之路上的宗教艺术：敦煌佛教石窟展	2017.05.15—10.01	英国王储传统艺术学院	敦煌研究院	英国王储传统艺术学院、香港敦煌文化弘扬基金会
303.	张大千艺术特展	2017.05.23—09.10	澳门艺术博物馆	四川博物院	澳门艺术博物馆
304.	楚王梦：玉衣与永生——徐州博物馆汉代珍藏展	2017.05.25—11.12	美国华美协进社中国美术馆、美国纳尔逊艺术博物馆	徐州博物馆	美国华美协进社、美国纳尔逊艺术博物馆

续表

序号	展览名称	展览时间	展览场地	境内承办单位	境外合作机构
305.	慈母手中线——儿童服饰里的祝福与寓意展	2017.05.27-09.17	新加坡晚晴园-孙中山南洋纪念馆	孙中山大元帅府纪念馆	新加坡晚晴园-孙中山南洋纪念馆
306.	中国秦始皇兵马俑文物展	2017.06.09-12.03	哈萨克斯坦国家博物馆	秦始皇帝陵博物院、陕西历史博物馆（陕西省文物交流中心）	哈萨克斯坦国家博物馆
307.	信仰·生活：唐宋转换时期的苏州展	2017.06.16-05.07	丹麦德兰西南博物馆	苏州博物馆	丹麦德兰西南博物馆
308.	错彩镂金：陕西珍藏中国古代金银器展	2017.06.23-03.12	香港中文大学中国文化研究所文物馆	陕西历史博物馆（陕西省文物交流中心）	香港中文大学中国文化研究所文物馆
309.	慈悲妙相——首都博物馆典藏中国古代观音菩萨造像展	2017.06.24-06.25	台湾佛光山佛陀纪念馆	首都博物馆	台湾财团法人人间文教基金会、台湾佛光山佛陀纪念馆
310.	八代帝居——故宫养心殿文物展	2017.06.28-2018.01.28	香港文化博物馆	故宫博物院	香港特别行政区康乐及文化事务署、香港文化博物馆
311.	清朝万寿盛典展	2017.06.29-08.05	香港历史博物馆	故宫博物院	香港特别行政区康乐及文化事务署、香港历史博物馆
312.	印象·生活——闽台龟粿文化展	2017.07.05-09.03	台湾澎湖生活博物馆	福建中国闽台缘博物馆	台湾澎湖生活博物馆
313.	中国和埃及：两个文明的源流展	2017.07.06-10.22	德国柏林埃及博物馆与莎草纸文稿收藏馆	上海博物馆	德国柏林埃及博物馆与莎草纸文稿收藏馆
314.	继文绳武——清代帝王的家国天下展	2017.07.14-08.31	摩纳哥格里马尔迪宫	故宫博物院	摩纳哥格里马尔迪宫
315.	皇家品味——15世纪中国藩王的艺术展	2017.07.21-10.09	俄罗斯民族博物馆	湖北省博物馆	俄罗斯民族博物馆
316.	渊源与流变——湖南现代名家书法作品展	2017.07.31-10.08	韩国艺术殿堂	湖南博物院	韩国艺术殿堂
317.	从木匠到大师——齐白石艺术作品展	2017.07.31-12.15	韩国艺术殿堂	湖南博物院	韩国艺术殿堂

续表

序号	展览名称	展览时间	展览场地	境内承办单位	境外合作机构
318.	创立20周年纪念名品展——情系贝聿铭	2017.08.01－09.10	日本美秀美术馆	山东博物馆	日本美秀美术馆
319.	何香凝艺术精品展	2017.09.05－12.31	日本东京上野森美术馆	何香凝美术馆	日本中国友好协会、日本女子美术大学
320.	海丝映粤——广州海上丝绸之路文化遗产精品展	2017.09.21－2018.03.04	葡萄牙埃武拉博物馆	广州博物馆	葡萄牙"中国观察协会"、葡萄牙埃武拉博物馆
321.	中国制造——克莱姆莱茵河上的广州展	2017.09.22－2018.03.25	荷兰阿美里斯维尔特庄园博物馆	广东省博物馆	荷兰阿美里斯维尔特庄园博物馆
322.	从瓷器看中国园林的欧洲影响展	2017.09.23－11.05	法国卢瓦尔河畔肖蒙领地	中国园林博物馆北京筹备办公室	法国卢瓦尔河畔肖蒙领地
323.	东西汇流——13至17世纪的海上丝绸之路展	2017.09.28－2018.03.10	意大利罗马威尼斯宫国立博物馆	广东省博物馆	意大利罗马威尼斯宫国立博物馆
324.	慈禧太后——颐和园文物精选展	2017.09.29－11.12	美国宝尔博物馆	北京市颐和园管理处	美国宝尔博物馆
325.	晚明时期的中国人生活展	2017.10.08－12.11	波兰弗罗茨瓦夫国立博物馆	首都博物馆	波兰弗罗茨瓦夫国立博物馆
326.	传神雅聚——中国明清肖像画展	2017.10.12－2018.03.11	德国柏林国家博物馆	故宫博物院	德国柏林国家博物馆
327.	有凤来仪——湖北省博物馆藏楚文化玉器特展	2017.10.20－2018.01.07	香港中文大学文物馆	湖北省博物馆	香港中文大学文物馆
228.	"悔僧"陈洪绶艺术中的幻境与幻灭展	2017.10.25－04.09	美国加州大学伯克利艺术馆及太平洋电影档案馆	上海博物馆	美国加州大学伯克利艺术馆及太平洋电影档案馆
329.	绣色——大连现代博物馆馆藏织绣品展	2017.10.26－2018.03.11	日本舞鹤市政纪念馆	大连现代博物馆	日本舞鹤市市政府
330.	来自上海博物馆的珍宝展	2017.10.28－2018.01.29	希腊雅典卫城博物馆	上海博物馆	希腊雅典卫城博物馆
331.	牵星过洋——明代海贸传奇展	2017.11.03－2018.03.18	香港文物探知馆	广东省博物馆	香港康乐及文化事务署

序号	展览名称	展览时间	展览场地	境内承办单位	境外合作机构
332.	从木匠到大师——齐白石艺术作品展	2017.11.06－2018.03.05	韩国釜山广域市立博物馆	湖南博物院	韩国釜山广域市立博物馆
333.	中原音乐文物瑰宝——来自河南博物院的远古和声展	2017.11.09－2018.03.18	美国亚利桑那州凤凰城乐器博物馆	河南博物院	美国亚利桑那州凤凰城乐器博物馆
334.	辉煌大秦——兵马俑展	2017.11.14－2018.08.20	美国弗吉尼亚美术馆	陕西省文物局、陕西历史博物馆（陕西省文物交流中心）	美国弗吉尼亚美术馆和辛辛那提艺术博物
335.	刺桐帆影——泉州海外交通史博物馆"海上丝绸之路"藏品展	2017.11.16－2018.03.25	日本长崎历史文化博物馆	福建省泉州海外交通史博物馆	日本长崎历史文化博物馆
336.	洛阳唐三彩艺术展	2017.11.27－2018.05.06	波兰卢布林省图书馆（博物馆）	河南省文物局、洛阳博物馆	波兰卢布林省图书馆（博物馆）
337.	绵亘万里：世界遗产丝绸之路展	2017.11.28－2018.02.28	香港历史博物馆	陕西历史博物馆（陕西省文物交流中心）	香港历史博物馆
338.	中国箸文化展	2017.12.10－2018.01.20	台湾佛光山佛陀纪念馆	旅顺博物馆	台湾财团法人佛光山文教基金会
339.	启明气象——景德镇御窑博物馆馆藏洪武时期珍品展	2017.12.14－2018.07.25	澳门民政总署画廊	景德镇御窑博物馆	澳门特别行政区政府文化局
340.	白银时代——香港及珠三角外销银器之来历与贸易展	2017.12.15－2018.01.14	香港海事博物馆	广东省博物馆	香港海事博物馆
341.	大阅风仪——故宫珍藏皇家武备精品展	2017.12.15－2018.08.12	澳门艺术博物馆	故宫博物院	澳门艺术博物馆
342.	唐代胡人俑——丝路考古新发现展	2017.12.16－12.28	日本大阪市东洋陶瓷美术馆	甘肃省文物局、庆城县博物馆	日本大阪市东洋陶瓷美术馆
343.	长风破浪——中斯海上丝路历史文化展	2017.12.20－2018.04.29	斯里兰卡科伦坡国家博物馆	中国文物交流中心	斯里兰卡科伦坡国家博物馆
344.	指掌乾坤——闽台木偶艺术展	2017.12.25－2018.08.26	澳大利亚佛光山南天寺宝藏馆	福建中国闽台缘博物馆	澳大利亚佛光山南天寺

序号	展览名称	展览时间	展览场地	境内承办单位	境外合作机构
345.	东亚虎的艺术——韩国·日本·中国展	2018.01.20-01.26	韩国国立中央博物馆	中国国家博物馆	韩国国立中央博物馆
346.	丝绸之路上的宗教艺术：敦煌佛教石窟展	2018.02.07-03.18	意大利威尼斯大学展览空间	敦煌研究院	意大利威尼斯大学
347.	秦始皇和兵马俑展	2018.02.08-03.11	英国利物浦国家博物馆	陕西历史博物馆（陕西省文物交流中心）	英国利物浦国家博物馆
348.	绣色——大连现代博物馆藏绣品展	2018.02.09-05.13	法国勒阿弗尔市艺术历史博物馆	大连现代博物馆	法国勒阿弗尔市艺术历史博物馆
349.	吉金鉴古：皇室与文人的青铜器收藏展	2018.02.25-04.08	美国芝加哥艺术博物馆	故宫博物院	美国芝加哥艺术博物馆
350.	中国芳香：古代中国的香文化展	2018.03.09-08.26	法国池努奇亚洲艺术博物馆	上海博物馆	法国池努奇亚洲艺术博物馆
351.	北京猿人走进马来西亚——周口店遗址文物展	2018.03.16-10.28	马来西亚国家博物馆	周口店北京人遗址博物馆	马来西亚旅游文化部、马来西亚国家博物馆
352.	雨果与中国文化展	2018.03.24-06.16	法国滨海塞纳省维勒基埃雨果纪念馆	毛泽东同志主办农民运动讲习所旧址纪念馆	法国滨海塞纳省维勒基埃雨果纪念馆
353.	上海博物馆藏明代艺术珍品展	2018.04.16-04.30	俄罗斯克里姆林国立历史文化遗产博物馆	上海博物馆	俄罗斯克里姆林国立历史文化遗产博物馆
354.	深蓝瑰宝——"南海Ⅰ号"水下考古文物大展	2018.04.18-10.22	澳门博物馆	澳门博物馆	广东海上丝绸之路博物馆
355.	清风雅韵——扬州博物馆藏清代扇面展	2018.05.20-2019.06.23	台湾佛光山佛陀纪念馆	扬州博物馆	台湾财团法人人间文教基金会
356.	数码敦煌——天上人间的故事展	2018.05.27-07.10	香港文化博物馆	敦煌研究院	香港特别行政区康乐及文化事务署
357.	丝路瑰宝——敦煌壁画艺术精品展	2018.06.02-07.31	德国杜伊斯堡市中国国家形象展示馆	敦煌研究院	德中艺术设计交流协会
358.	山东陶瓷文化展	2018.06.05-10.28	日本山口县立萩美术馆·浦上纪念馆	山东博物馆	日本山口县立萩美术馆·浦上纪念馆

续表

序号	展览名称	展览时间	展览场地	境内承办单位	境外合作机构
359.	17-20世纪中国文人的艺术生活展	2018.06.17-07.07	法国盖亚克美术馆	北京艺术博物馆	法国盖亚克美术馆
360.	风雅艺趣——中国人的生活·智慧·艺术展	2018.06.27-07.01	列支敦士登国家博物馆	北京画院	列支敦士登国家博物馆
361.	潘玉良作品特展	2018.07.16-09.15	香港亚洲协会香港中心	安徽博物院	香港特别行政区亚洲协会香港中心
362.	东西汇流——十三至十七世纪的海上丝绸之路展	2018.08.14-12.22	香港海事博物馆	广东省博物馆	香港海事博物馆
363.	明万历皇家金器——东波斋珍藏展	2018.08.15-10.21	斯洛文尼亚国家博物馆	西安曲江艺术博物馆	斯洛文尼亚国家博物馆
364.	凤舞紫禁：清代皇后的艺术与生活展	2018.08.18-2019.06.23	美国迪美博物馆、美国史密森博物学院佛利尔—赛克勒艺术博物馆	故宫博物院	美国迪美博物馆、美国史密森博物学院佛利尔—赛克勒艺术博物馆
365.	信仰·生活：唐宋转换时期的苏州展	2018.08.29-12.02	新西兰陶波博物馆	苏州博物馆	新西兰陶波博物馆
366.	文白之变——中国新文学诞生展	2018.08.31-11.11	日本长崎孔子庙中国历代博物馆	中国文物交流中心	日本长崎孔子庙中国历代博物馆
367	填空补白Ⅱ——考古新发现明景德镇十五世纪中期瓷器展	2018.09.01-11.30	香港中文大学文物馆	景德镇御窑博物馆	香港中文大学文物馆
368.	一山一水一圣人——山东珍贵文献展	2018.09.03-2019.01.13	澳大利亚南澳州州立图书馆	山东省图书馆	澳大利亚南澳州州立图书馆
369.	华夏瑰宝展	2018.09.06-2019.02.14	沙特阿拉伯利雅得国家博物馆	中国文物交流中心	沙特阿拉伯王国旅游和民族遗产总机构
370.	丝路东延：中韩文化的互动展	2018.09.07-2019.01.06	韩国汉城百济博物馆	山东博物馆	韩国汉城百济博物馆
371.	渔山春色——吴历逝世三百周年书画特展	2018.09.07-2019.03.10	澳门艺术博物馆	上海博物馆、故宫博物院	澳门艺术博物馆
372.	重文德之光华：重华宫原状文物展	2018.09.14-11.11	希腊雅典卫城博物馆	故宫博物院	希腊共和国文化和体育部

续表

序号	展览名称	展览时间	展览场地	境内承办单位	境外合作机构
373.	玉与镜的世界——西安·新潟友好交流特别展	2018.09.15-2019.02.15	日本新潟市历史博物馆	西安博物院	日本新潟市历史博物馆
374.	青出于蓝——青花瓷的起源、发展与交流展	2018.10.15-2019.07.07	乌兹别克斯坦国家历史博物馆	上海博物馆联合上海科技馆、中国科学院上海硅酸盐研究所、景德镇御窑博物馆、海南省博物馆、中国（海南）南海博物馆	乌兹别克斯坦国立历史博物馆
375.	箸与生活展	2018.10.20-2019.04.10	日本北九州自然史·历史博物馆	旅顺博物馆	日本北九州自然史·历史博物馆
376.	最美文房——安徽博物院文房四宝特展	2018.10.21-12.16	台湾佛光山佛陀纪念馆	安徽博物院	台湾财团法人佛光山文教基金会
377.	北洋军政岁月展	2018.10.26-12.30	香港孙中山纪念馆	天津博物馆	香港特别行政区政府
378.	徐悲鸿与他的时代——中央美术学院百年校庆精品展	2018.10.26-2019.01.20	香港一新美术馆	中央美术学院	香港紫荆杂志社
379.	清平福来——北京画院藏齐白石精品展	2018.10.30-2019.03.17	日本东京国立博物馆	北京画院	日本东京国立博物馆
380.	一衣带水——文物视角中的香港与江门展	2018.11.01-2019.01.23	香港大学饶宗颐学术馆	江门市博物馆	香港大学饶宗颐学术馆
381.	画笔与线条：革命与漫画展	2018.11.03-2019.03.17	新加坡晚晴园—孙中山南洋纪念馆	广州市辛亥革命纪念馆	新加坡晚晴园—孙中山南洋纪念馆
382.	山东博物馆藏清人临书展	2018.11.05-12.09	韩国国立韩古尔博物馆	山东博物馆	韩国国立韩古尔博物馆
383.	漆木精华：潮州木雕展	2018.11.08-2019.01.31	香港历史博物馆	广东省博物馆	香港历史博物馆
384.	韩中丝织技术与丝绸文化展	2018.11.09-11.11	韩国国立无形遗产院	中国丝绸博物馆	韩国国立无形遗产院
385.	华夏文明之源——河南文物珍宝展	2018.11.15-2019.02.25	卢森堡国家历史与艺术博物馆	河南博物院	卢森堡国家历史与艺术博物馆

续表

序号	展览名称	展览时间	展览场地	境内承办单位	境外合作机构
386.	似与不似：对话齐白石展	2018.11.19－2019.10.13	韩国首尔艺术殿堂书世博物馆	中国美术馆	韩国首尔艺术殿堂
387.	神与人的世界——四川古蜀文明特展	2018.11.29－12.14	意大利那不勒斯国家考古博物馆	四川省文物局	意大利那不勒斯国家考古博物馆
388.	动与醒——五四新文化运动展	2018.11.30－2019.04.26	香港孙中山纪念馆	北京鲁迅博物馆（北京新文化运动纪念馆）	香港特别行政区政府
389.	东风西韵——紫禁城与海上丝绸之路展	2018.12.04－2019.02.22	葡萄牙阿茹达宫博物馆	故宫博物院	葡萄牙文化遗产总局
390.	匠心独运——钟表珍宝展	2018.12.07－12.15	香港科学馆	故宫博物院	香港特别行政区政府
391.	妙香秘境——云南佛教艺术展	2018.12.08－2019.02.14	台湾佛光山佛陀纪念馆	云南省博物馆	台湾佛光山佛陀纪念馆
392.	古代东亚镇墓兽展	2018.12.11－2019.03.14	韩国国立公州博物馆	中国文物交流中心	韩国国立公州博物馆
393.	文心万象——中国古代文人的绘画与生活展	2018.12.14－2019.03.31	塞尔维亚国家博物馆	中国国家博物馆	塞尔维亚国家博物馆
394.	秦始皇兵马俑：永恒的守卫展	2018.12.15－2019.10.13	新西兰蒂帕帕国家博物馆、澳大利亚维多利亚国立美术馆	陕西历史博物馆（陕西省文物交流中心）、秦始皇帝陵博物院	新西兰蒂帕帕国家博物馆、澳大利亚维多利亚国立美术馆
395.	海上生辉——故宫博物院藏海派绘画精品展	2018.12.18－2019.02.10	澳门艺术博物馆	故宫博物院	澳门艺术博物馆
396.	箸与生活——中韩箸文化展	2019.01.22－08.25	韩国仁川广域市立博物馆	旅顺博物馆	韩国仁川广域市立博物馆
397.	18世纪的东方盛世及清高宗乾隆皇帝展	2019.02.24－03.14	俄罗斯莫斯科克里姆林宫博物馆	故宫博物院	俄罗斯莫斯科克里姆林宫博物馆
398.	妙笔传神——中国美术馆藏任伯年人物画特展	2019.03.20－05.30	香港中文大学文物馆	中国美术馆	香港中文大学文物馆

续表

序号	展览名称	展览时间	展览场地	境内承办单位	境外合作机构
399.	意在巴黎——庆祝中法建交55周年暨纪念留法勤工俭学100周年中国美术馆馆藏精品展	2019.03.24—07.19	法国巴黎中国文化中心	中国美术馆	法国巴黎中国文化中心
400.	三星堆：人与神的世界——四川古蜀文明特展	2019.03.25—04.17	意大利图拉真市场及帝国广场博物馆	四川省文物局	意大利图拉真市场及帝国广场博物馆
401.	士人情怀——中国古代士大夫的人生追求与精神世界展	2019.04.10—10.18	克罗地亚克洛维切维·德沃里美术馆	中国国家博物馆	克罗地亚克洛维切维·德沃里美术馆
402.	多彩草原——呼伦贝尔民俗文物展	2019.04.19—08.18	日本长崎孔子庙中国历代博物馆	中国文物交流中心	日本长崎孔子庙中国历代博物馆
403.	庆祝中华人民共和国成立70周年暨澳门回归祖国20周年美在新时代——中国美术馆典藏大师展	2019.05.03—06.09	澳门艺术博物馆	中国美术馆	澳门艺术博物馆
404.	黑与白的艺术——磁州窑博物馆精品展	2019.05.27—2020.01.05	韩国国立光州博物馆	磁州窑博物馆	韩国国立光州博物馆
405.	丝路古忆——西夏文物特展	2019.05.31—08.11	澳门博物馆	宁夏回族自治区博物馆	澳门特别行政区政府文化局
406.	丝绸之路上的中国和匈牙利——钱币的旅程展	2019.06.18—08.18	匈牙利中央银行钱币博物馆	上海博物馆	匈牙利中央银行
407.	梦回布哈拉——唐定远将军安菩夫妇墓出土文物特展	2019.06.20—09.06	乌兹别克斯坦国家历史博物馆	洛阳博物馆	乌兹别克斯坦国家历史博物馆
408.	中国内蒙古辽代文物精品展	2019.06.22—10.06	蒙古国国家博物馆	内蒙古博物院	蒙古国国家博物馆
409.	现代化之路——共和国七十年展	2019.07.02—09.20	香港历史博物馆	中国国家博物馆	香港特别行政区政府康乐及文化事务署

序号	展览名称	展览时间	展览场地	境内承办单位	境外合作机构
410.	三国志展	2019.07.09－2020.01.01	日本东京国立博物馆、日本九州国立博物馆	中国文物交流中心	日本东京国立博物馆、日本放送协会（NHK）、日本放送协会文化促进会社（NHK Promotions）、朝新闻社
411.	风雅江南——常熟博物馆藏文房珍玩展	2019.07.29－08.26	日本长崎孔子庙中国历代博物馆	中国文物交流中心	日本长崎孔子庙中国历代博物馆
412.	龙门佛光——河南佛教艺术展	2019.08.18－12.15	台湾佛光山佛陀纪念馆	龙门石窟研究院	台湾财团法人佛光山文教基金会
413.	翎静芳馨——南京博物院藏陈之佛作品展	2019.08.23－2020.03.01	澳门艺术博物馆	南京博物院	澳门特别行政区政府文化局
414.	秦始皇——中国第一个皇帝与兵马俑展	2019.09.15－2020.02.15	泰国曼谷国家博物馆	陕西历史博物馆（陕西省文物交流中心）	泰国文化部艺术厅
415.	庆祝新中国成立七十周年暨澳门回归二十周年文献特展	2019.10.08－2020.03.26	澳门艺术博物馆	中国国家图书馆	澳门中华总商会、澳区省级政协委员联谊会
416.	齐白石艺术展	2019.10.30－11.15	希腊塞奥哈拉基斯艺术基金会美术馆	北京画院	希腊塞奥哈拉基斯艺术基金会美术馆
417.	礼乐·华章——中国湖北文物特展	2019.11.05－2020.05.03	印度新德里国家博物馆	湖北省博物馆	印度新德里国家博物馆
418.	太湖石与文人生活：无锡博物院藏品精选展	2019.11.06－2020.03.18	美国圣安东尼奥艺术博物馆	无锡博物院	美国圣安东尼奥市政府
419.	星槎万里——紫禁城与海上丝绸之路展	2019.11.17－2020.01.11	澳门艺术博物馆	故宫博物院	澳门特别行政区政府文化局
420.	沈阳故宫藏清代珍宝展	2019.11.24－12.10	韩国古宫博物馆	沈阳故宫博物院	韩国古宫博物馆
421.	明万历皇家金器——东波斋珍藏展	2019.11.26－2020.04.13	罗马尼亚国家历史博物馆	西安曲江艺术博物馆	罗马尼亚国家历史博物馆
422.	海上佛影：上海博物馆藏佛教艺术展	2019.12.07－2020.02.23	台湾佛光山佛陀纪念馆	上海博物馆	台湾财团法人佛光山文教基金会

序号	展览名称	展览时间	展览场地	境内承办单位	境外合作机构
423.	内里乾坤——故宫文物修复展	2019.12.14–10.13	香港科学馆	故宫博物院	香港康乐及文化事务署
424.	美的瞬间：广西纺织文化展	2019.12.23–2020.01.10	韩国国立大邱博物馆	广西民族博物馆	韩国国立大邱博物馆
425.	何处寻真：仇英的艺术展	2020.02.09–03.22	美国洛杉矶郡艺术博物馆	上海博物馆	美国洛杉矶郡艺术博物馆
426.	上海博物馆藏明代绘画珍品展	/	美国洛杉矶郡立博物馆	/	/
427.	胡志明与越南革命者在龙州活动史迹展	/–2013.11.26	越南原省定化县胡志明主席纪念馆	广西壮族自治区文化厅	/

▼ 附件 1-2　全国文物入境展览统计表（2010-2019 年）

序号	展览名称	展览时间	展览场地	境外合作机构
1.	印度现代艺术展：现代性的气质	2010.09.21－10.31	四川博物院	印度国家现代美术馆
2.	花好月圆——两岸文物精品展	2010.09.21－11.21	中国闽台缘博物馆	台湾"中华花艺文教基金会"
3.	意大利乌菲齐博物馆珍藏展	2010.11.26－2011.02.13	湖南博物院	意大利乌菲齐博物馆
4.	印度现代艺术展：现代性的气质	2010.12.28－2011.02.28	深圳博物馆	印度国家现代美术馆
5.	波利尼西亚土著文化展	2011.01.20－04.06	福建博物院	美国夏威夷毕士普博物馆
6.	19-20 世纪波兰油画展	2011.01.26－03.26	宁波博物院	波兰比得哥什市博物馆
7.	意大利乌菲齐博物馆珍藏展	2011.03.12－06.05	中央美术学院美术馆	意大利乌菲齐博物馆
8.	印度现代艺术展：现代性的气质	2011.03.18－05.20	浙江省博物馆	印度国家现代美术馆
9.	海参：中国以及望加锡人与土著人之间的贸易往来展	2011.04.01－05.28	首都博物馆	澳大利亚墨尔本大学文化遗产保护中心
10.	启蒙的艺术展	2011.04.01－2012.03.31	中国国家博物馆	德国柏林国家博物馆、德累斯顿国家艺术收藏馆及巴伐利亚国家绘画收藏馆
11.	约翰·波特曼：艺术与建筑展	2011.04.14－06.12	首都博物馆	美国亚特兰大海伊艺术博物馆
12.	波利尼西亚土著文化展	2011.04.25 07.31	浙江省博物馆	美国夏威夷毕士普博物馆
13.	东西交融——两依藏珍选粹展	2011.04.28－06.27	故宫博物院	香港两依藏博物馆
14.	印加人的祖先——公元1-7 世纪的古代秘鲁展	2011.04.28－10.28	中国国家博物馆	秘鲁文化部
15.	郑成功展	2011.05.18－07.17	湖北省博物馆	台湾博物馆、台北鸿禧艺术文教基金会

续表

序号	展览名称	展览时间	展览场地	境外合作机构
16.	重返巴洛克——那不勒斯的黄金时代绘画展	2011.07.15－09.15	中华世纪坛世界艺术馆	意大利文化遗产与活动部、意大利卡波迪蒙蒂博物馆
17.	凡·高和阿姆斯特丹的画家们展	2011.09.02－10.09	首都博物馆	荷兰阿姆斯特丹国立博物馆
18.	古典与唯美——西蒙基金会藏雕塑、绘画展	2011.09.15－11.21	中华世纪坛世界艺术馆	墨西哥西蒙基金会
19.	多彩而独特的民族文化——印尼国家博物馆与中国广西民族博物馆联展	2011.09.15－11.20	广西民族博物馆	印尼国家博物馆
20.	兰亭特展	2011.09.21－12.20	故宫博物院	香港中文大学文物馆、日本东京国立博物馆
21.	亚历山大·佩里耶画展	2011.09.22－11.27	上海博物馆	瑞士日内瓦艺术与历史博物馆
22.	哈萨克斯坦传统艺术展	2011.09.23－11.23	中国丝绸博物馆	哈萨克斯坦卡斯杰耶夫国家艺术博物馆
23.	重返巴洛克——那不勒斯的黄金时代绘画展	2011.09.27－11.27	湖北省博物馆	意大利文化遗产与活动部、意大利卡波迪蒙蒂博物馆
24.	佛风梵韵——缅甸佛文化展	2011.10.11－2012.02.26	广西民族博物馆	缅甸国家博物馆、缅甸佛教艺术博物馆
25.	东方文明之光——越南国家历史博物馆馆藏文物精品展	2011.10.18－2012.01.18	广西壮族自治区博物馆	越南国家历史博物馆
26.	先驱作家姚紫生平及作品纪念展	2011.10.20－10.24	北京新文化运动纪念馆	新加坡文艺协会
27.	日本考古展——古都奈良考古文物精华展	2011.10.21－12.11	陕西历史博物馆（陕西省文物交流中心）	日本奈良县立橿原考古学研究所附属博物馆
28.	岭南画派及其时代——重庆中国三峡博物馆香港中文大学文物馆馆藏近代绘画作品展	2011.11.15－2012.02.15	重庆中国三峡博物馆	香港中文大学文物馆
29.	古典与唯美——西蒙基金会藏雕塑、绘画展	2011.12.02－2012.01.29	深圳博物馆	墨西哥西蒙基金会
30.	重返巴洛克——那不勒斯的黄金时代绘画展	2011.12.07－02.07	广东省博物馆	意大利文化遗产与活动部、意大利卡波迪蒙蒂博物馆
31.	近现代水墨书画名家特展	2011.12.22－2012.02.07	河南博物院	台湾台北历史博物馆、台湾"中华海峡两岸文化资产交流促进会"

序号	展览名称	展览时间	展览场地	境外合作机构
32.	古典与唯美——西蒙基金会藏雕塑、绘画展	2012.02.09－04.08	重庆中国三峡博物馆	墨西哥西蒙基金会
33.	近现代水墨书画名家特展	2012.02.19－03.20	江西省博物馆	台湾台北历史博物馆、台湾"中华海峡两岸文化资产交流促进会
34.	江户名瓷——伊万里展	2012.03.06－2013.05.25	甘肃省博物馆、辽宁省博物馆、内蒙古博物院、北京艺术博物馆和厦门市博物馆	日本大阪市立东洋陶瓷美术馆
35.	交融——两依藏珍选粹展	2012.03.21－05.10	故宫博物院	香港两依藏博物馆
36.	画影江山——郎静山摄影作品特展	2012.04.10－06.10	湖北省博物馆	台湾台北历史博物馆
37.	感受凡·高	2012.04.19－05.30	南京市博物总馆	荷兰北布拉邦博物馆
38.	古典与唯美——西蒙基金会藏雕塑、绘画展	2012.04.19－06.16	浙江省博物馆	墨西哥西蒙基金会
39.	张书旂中国画及艺术传承作品展	2012.04.28－05.12	重庆中国三峡博物馆	台湾中国文化大学华冈博物馆
40.	画影江山——郎静山摄影作品特展	2012.06.15－08.15	安徽博物院	台北历史博物馆、中华海峡两岸文化资产交流促进会
41.	瓷之韵——大英博物馆英国国立维多利亚与艾伯特博物馆藏瓷器精品展	2012.06.22－2013.01.06	中国国家博物馆	英国大英博物馆、维多利亚与艾伯特博物馆
42.	古典与唯美——西蒙基金会藏雕塑、绘画展	2012.06.26－08.23	湖北省博物馆	墨西哥西蒙基金会
43.	佛罗伦萨与文艺复兴：名家名作展	2012.07.06－2013.04.30	中国国家博物馆	意大利文化遗产活动部文物管理与开发司
44.	运水为艺——维多利亚及阿尔伯特博物馆藏英国水彩画展（1750－1950年）	2012.08.10－11.11	深圳博物馆	英国维多利亚及阿尔伯特博物馆
45.	山川菁英——中国与墨西哥古代玉石文明展	2012.08.15－11.11	故宫博物院	墨西哥人类学与历史局
46.	画影江山——郎静山摄影作品特展	2012.08.20－10.20	江苏省淮安国际摄影馆（郎静山摄影艺术馆）	台北历史博物馆、中华海峡两岸文化资产交流促进会
47.	朝鲜时代人们的一生展	2012.08.24－09.23	首都博物馆	韩国国立民俗博物馆

续表

序号	展览名称	展览时间	展览场地	境外合作机构
48.	古典与唯美——西蒙基金会藏雕塑、绘画展	2012.09.02－10.31	河南博物院	墨西哥西蒙基金会
49.	中荷航海交流展	2012.09.04－2013.02.03	上海中国航海博物馆	荷兰鹿特丹航海博物馆
50.	辉煌时代——罗马帝国文物特展	2012.09.25－2013.01.05	湖北省博物馆	意中桥（上海）会议展览有限桥公司、意大利佛罗伦萨考古学博物馆
51.	纪念友好交流10周年——韩国国立庆州博物馆文物精品展	2012.09.25－11.25	陕西历史博物馆	韩国国立庆州博物馆
52.	宝光璀璨——法贝热珠宝艺术展	2012.09.29－2013.01.03	上海博物馆	俄罗斯莫斯科克里姆林宫博物馆和俄罗斯费尔斯曼矿物博物馆
53.	幽蓝神采——元代青花瓷器大展	2012.10.19－2013.01.03	上海博物馆	日本大阪东洋陶瓷美术馆、日本出光美术馆、美国波士顿美术馆、英国埃斯卡纳齐古董行、英国大英博物馆、英国维多利亚与阿尔伯特博物馆、英国剑桥菲茨威廉博物馆、英国牛津阿什莫林博物馆、俄罗斯艾尔米塔什博物馆、伊朗国家博物馆、土耳其托普卡比博物馆和印度考古局等12家国外博物馆、美术馆、收藏机构
54.	东瀛篆宗——松丸东鱼作品展	2012.10.31－12.31	北京大学赛克勒考古与艺术博物馆	日本每日新闻社·财团法人每日书道会
55.	江户名瓷——伊万里展	2012.11.01－2013.01.05	大连现代博物馆	日本大阪市立东洋陶瓷美术馆
56.	毛利碧玉：新西兰的传世珍宝展	2012.11.01－2013.02.01	中国国家博物馆	新西兰国家博物馆
57.	翰墨荟萃：美国博物馆藏中国五代宋元书画珍品展	2012.11.02－2013.01.03	上海博物馆	美国大都会博物馆、波士顿艺术博物馆、克利夫兰艺术博物馆、纳尔逊－阿金斯艺术博物馆
58.	吴门画派之沈周大展	2012.11.05－2013.01.05	苏州博物馆	日本大阪市立美术馆、日本京都国立博物馆、瑞士苏黎世瑞特堡博物馆
59.	海上瓷路——粤港澳文物大展	2012.11.13－2013.06.13	广东省博物馆	香港特别行政区政府民政事务局、澳门特别行政区政府文化局

序号	展览名称	展览时间	展览场地	境外合作机构
60.	走向现代——英国美术300年展	2012.11.15-12.21	中华世纪坛世界艺术馆	英国贝里行政区市议会、英国曼彻斯特大区博物馆联盟、国际巡展联盟合作,借展包括英国曼彻斯特贝里艺术博物馆在内的英国西北部共17家收藏机构
61.	新安海底沉船文物与康津高丽青瓷展	2012.12.18-2013.03.03	浙江省博物馆	韩国国立光州博物馆
62.	台北世界宗教博物馆宗教艺术文化展	2012.12.26-2013.03.10	首都博物馆	台湾台北世界宗教博物馆
63.	走向现代——英国美术300年展	2012.12.29-2013.03.03	辽宁省博物馆	英国贝里行政区市议会、英国曼彻斯特大区博物馆联盟、国际巡展联盟合作,借展包括英国曼彻斯特贝里艺术博物馆在内的英国西北部共17家收藏机构
64.	辉煌时代——罗马帝国文物特展	2013.01.19-04.21	吉林省博物院	意中桥(上海)会议展览有限桥公司、意大利佛罗伦萨考古学博物馆
65.	家国春秋展	2013.01.24-05.23	广州起义纪念馆	香港大学美术博物馆
66.	大地、海洋和天空:西方艺术中的大自然——大都会艺术博物馆精品展	2013.02.01-05.09	中国国家博物馆	美国大都会艺术博物馆
67.	威尔士——红龙的故土展	2013.03.04-06.30	重庆中国三峡博物馆	英国威尔士国家博物馆
68.	走向现代——英国美术300年展	2013.03.14-04.21	江西省博物馆	英国贝里行政区市议会、英国曼彻斯特大区博物馆联盟、国际巡展联盟合作,借展包括英国曼彻斯特贝里艺术博物馆在内的英国西北部共17家收藏机构
69.	毛利碧玉:新西兰文化艺术珍品展	2013.04.01-06.30	良渚博物院	新西兰国家博物馆——蒂帕帕汤葛里瓦
70.	刚果河——非洲中部雕刻艺术展	2013.04.04-07.07	上海博物馆	法国凯布朗利博物馆
71.	协奏在时间深处——18、19世纪法国沙龙文化及艺术精品展	2013.04.18-05.07	国家大剧院	欧文风范文化艺术(北京)有限公司

续表

序号	展览名称	展览时间	展览场地	境外合作机构
72.	汉韵和风：青山杉雨的收藏与书法作品展	2013.04.20－07.02	上海博物馆	日本东京国立博物馆
73.	印度宫廷的辉煌展	2013.04.25－07.31	故宫博物院	英国维多利亚与艾尔伯特博物馆
74.	走向现代——英国美术300年展	2013.04.30－06.14	广东美术馆	英国贝里行政区市议会、英国曼彻斯特大区博物馆联盟、国际巡展联盟合作，借展包括英国曼彻斯特贝里艺术博物馆在内的英国西北部共17家收藏机构
75.	情忆丹青——闽台缘书画展	2013.06.15－06.21	厦门市博物馆	台湾中华文物保护协会
76.	面具，灵魂之美展	2013.06.17－08.16	中国国家博物馆	法国凯·布朗利博物馆
77.	走向现代——英国美术300年展	2013.06.25－08.09	河南博物院	英国贝里行政区市议会、英国曼彻斯特大区博物馆联盟、国际巡展联盟合作，借展包括英国曼彻斯特贝里艺术博物馆在内的英国西北部共17家收藏机构
78.	毛利碧玉：新西兰文化艺术珍品展	2013.07.19－10.20	广东省博物馆	新西兰国家博物馆——蒂帕帕汤葛里瓦
79.	中日儿童版画展	2013.08.17－08.25	上海鲁迅纪念馆	日本和光学园
80.	走向现代——英国美术300年展	2013.08.20－10.13	湖南博物院	英国贝里行政区市议会、英国曼彻斯特大区博物馆联盟、国际巡展联盟合作，借展包括英国曼彻斯特贝里艺术博物馆在内的英国西北部共17家收藏机构
81.	辉煌时代——罗马帝国文物特展	2013.09.01－11.30	秦始皇帝陵博物院	意中桥（上海）会议展览有限桥公司、意大利佛罗伦萨考古学博物馆
82.	毕加索与达利艺术大展	2013.09.05－11.24	广州艺术博物院	俄罗斯下塔吉尔美术馆和俄罗斯收藏家亚历山大·沙德林
83.	静谧人生——粤港澳三地藏孙中山次女孙琬、戴恩赛伉俪文物联展	2013.09.12－11.12	深圳博物馆	香港历史博物馆、澳门博物馆

序号	展览名称	展览时间	展览场地	境外合作机构
84.	博萃臻艺——中西方珍宝艺术展	2013.09.15－10.27	辽宁省博物馆	瑞士卡地亚艺术典藏馆
85.	克拉克艺术博物馆藏法国绘画精品展	2013.09.19－12.01	上海博物馆	美国克拉克艺术博物馆
86.	曙光时代——伊特鲁里亚文物特展	2013.09.20－2014.01.10	湖北省博物馆	意大利佛罗伦萨考古博物馆、意大利卡拉雷兹博物馆
87.	地中海文明——法国卢浮宫博物馆藏地中海区域文物精品展	2013.10.29－2014.02.10	中国国家博物馆	法国卢浮宫博物馆
88.	鲁本斯、凡·戴克与佛兰德斯画派——列支敦士登王室珍藏展	2013.11.05－2014.02.15	中国国家博物馆	列支敦士登王室收藏
89.	双城记展	2013.11.06－2014.05.06	南京博物院	英国皇家苏格兰古遗迹委员会
90.	毛利碧玉：新西兰文化艺术珍品展	2013.11.08－2014.03.02	重庆中国三峡博物馆	新西兰国家博物馆——蒂帕帕汤葛里瓦
91.	吴门画派之文徵明特展	2013.11.12－2014.02.16	苏州博物馆	美国夏威夷檀香山艺术博物馆、美国耶鲁大学美术馆和香港中文大学文物馆
92.	安纳托利亚文明：从新石器时代到奥斯曼帝国展	2013.11.18－2014.02.20	上海博物馆	土耳其文化旅游部文化遗产与博物馆总司
93.	粉黛千秋——香港两依藏化妆盒·手袋珠宝展	2013.11.20－2014.05.08	北京市颐和园管理处	香港两依藏博物馆
94.	家宅荣光——欧洲19世纪室内装饰画展	2013.12.12－2014.03.02	中华世纪坛艺术馆	美国史密森学会库珀·休伊特国家设计博物馆
95.	万里江山频入梦——两岸张大千辞世三十周年纪念展	2013.12.13－2014.03.02	深圳博物馆	台湾台北历史博物馆
96.	难忘的岁月——苏联20世纪20至40年代油画展	2013.12.15－2014.01.15	大连现代博物馆	国立中央俄罗斯现代历史博物馆
97.	岭南印记——粤港澳考古成果展	2013.12.27－2014.03.28	广东省博物馆	香港特别行政区政府民政事务局、澳门特别行政区政府文化局

序号	展览名称	展览时间	展览场地	境外合作机构
98.	静谧人生——粤港澳三地藏孙中山次女孙琬、戴恩赛伉俪文物联展	2014.01.15–03.15	广东革命历史博物馆	香港历史博物馆、澳门博物馆
99.	印度的世界——美国洛杉矶郡艺术博物馆馆藏印度文物展	2014.01.20–04.21	湖北省博物馆	美国洛杉矶郡艺术博物馆
100.	曙光时代——伊特鲁里亚文物特展	2014.01.21–04.20	浙江省博物馆	意大利佛罗伦萨考古博物馆、意大利卡拉雷兹博物馆
101.	万里江山频入梦——两岸张大千辞世三十周年纪念展	2014.03.10–05.25	四川博物院	台湾台北历史博物馆
102.	毛利碧玉：新西兰文化艺术珍品展	2014.04.05–07.05	陕西历史博物馆	新西兰国家博物馆——蒂帕帕汤葛里瓦
103.	名馆·名家·名作——纪念中法建交五十周年特展	2014.04.10–06.15	中国国家博物馆	法国国家博物馆联合会——大皇宫
104.	罗马与巴洛克艺术展	2014.04.29–2015.02.28	中国国家博物馆	意大利文化遗产活动部文物管理与开发司
105.	印度的世界——美国洛杉矶郡艺术博物馆馆藏印度文物展	2014.04.29–08.10	山西博物院	美国洛杉矶郡艺术博物馆
106.	曙光时代——伊特鲁里亚文物特展	2014.04.30–08.03	广东省博物馆	意大利佛罗伦萨考古博物馆、意大利卡拉雷兹博物馆
107.	大师与大师——徐悲鸿与法国学院派大家作品联展	2014.05.08–08.03	中华世纪坛艺术馆	法国奥赛美术馆、巴黎小皇宫博物馆、巴黎高等美术学院美术馆、默伦美术馆、鲁贝博物馆、南特美术馆、科涅克市博物馆、博韦市瓦兹省立美术馆等
108.	光、火焰、生命——瑞典水晶玻璃精品展	2014.05.18–08.24	苏州博物馆	瑞典斯莫兰博物馆
109.	日内瓦：时光之芯——瑞士钟表文化展	2014.05.23–08.24	首都博物馆	瑞士日内瓦艺术与历史博物馆

序号	展览名称	展览时间	展览场地	境外合作机构
110.	万里江山频入梦——两岸张大千辞世三十周年纪念展	2014.06.05－08.20	吉林省博物院	台湾台北历史博物馆
111.	刘延涛书画特展	2014.06.10－07.10	河南博物院	台湾台北历史博物馆
112.	欧洲玻璃艺术史珍品展——捷克共和国布拉格国家工艺美术博物馆收藏展	2014.06.20－09.14	湖南博物院	捷克共和国布拉格国家工艺美术博物馆
113.	传统与传承——北美地区的部落文化艺术展	2014.07.11－10.20	广东省博物馆	美国宝尔博物馆
114.	威尼斯之辉文物展	2014.08.08－09.21	中国园林博物馆北京筹备办公室	意大利威尼斯公立博物馆联盟
115.	大师与大师——徐悲鸿与法国学院派大家作品联展	2014.08.14－10.19	河南博物院	法国奥赛美术馆、巴黎小皇宫博物馆、巴黎高等美术学院美术馆、默伦美术馆、鲁贝博物馆、南特美术馆、科涅克市博物馆、博韦市瓦兹省立美术馆等
116.	曙光时代——伊特鲁里亚文物特展	2014.08.15－11.16	秦始皇帝陵博物院	意大利佛罗伦萨考古博物馆、意大利卡拉雷兹博物馆
117.	印度的世界——美国洛杉矶郡艺术博物馆馆藏印度文物展	2014.08.22－11.23	深圳博物馆	美国洛杉矶郡艺术博物馆
118.	飞越欧洲的雄鹰——拿破仑文物特展	2014.08.26－11.23	湖北省博物馆	法国拿破仑基金会
119.	列夫·托尔斯泰与他的时代展	2014.09.23－12.22	中国国家博物馆	俄罗斯雅斯纳雅·波良纳庄园博物馆及国立托尔斯泰博物馆
120.	欧洲玻璃艺术史珍品展——捷克共和国布拉格国家工艺美术博物馆收藏展	2014.09.26－12.14	内蒙古博物院	捷克共和国布拉格国家工艺美术博物馆
121.	铜塑美国西部展	2014.09.29－2015.01.18	南京博物院	美国大都会艺术博物馆
122.	粉黛千秋——香港两依藏化妆盒·手袋珠宝展	2014.09.30－11.30	北京市颐和园管理处	香港两依藏博物馆

续表

序号	展览名称	展览时间	展览场地	境外合作机构
123.	威尼斯之辉文物展	2014.09.30－11.30	辽宁省博物馆	意大利威尼斯公立博物馆联盟
124.	日本西出义心先生珍藏于右任先生日记及书法精品特展	2014.10.04－10.13	西安交通大学博物馆	日本西出义心先生
125.	传统与传承——北美地区的部落文化艺术展	2014.11.01－2015.03.10	山西博物院	美国宝尔博物馆
126.	玛雅——美的语言展	2014.11.10－2015.03.08	中国国家博物馆	墨西哥国家文化和艺术委员会、墨西哥国立人类学历史学研究所
127.	周野鹿鸣——宝鸡石鼓山西周贵族墓出土青铜器展	2014.11.13－2015.03.01	上海博物馆	美国大都会艺术博物馆
128.	罗丹雕塑艺术大展	2014.11.27－2015.03.22	中国国家博物馆	法国国立罗丹博物馆
129.	印度佛教艺术展	2014.12.03－2015.02.02	上海博物馆	加尔各答印度博物馆
130.	飞越欧洲的雄鹰——拿破仑文物特展	2014.12.09－2015.03.08	天津博物馆	法国拿破仑基金会
131.	威尼斯之辉文物展	2014.12.14－2015.03.06	宁波博物院	意大利威尼斯公立博物馆联盟
132.	曙光时代——伊特鲁里亚文物特展	2014.12.20－2015.03.27	辽宁省博物馆	意大利佛罗伦萨考古博物馆、意大利卡拉雷兹博物馆
133.	高棉的微笑——吴哥艺术特展	2014.12.26－2015.03.25	首都博物馆	柬埔寨王国政府文化部
134.	欧洲玻璃艺术史珍品展——捷克共和国布拉格国家工艺美术博物馆收藏展	2015.01.06－03.15	北京艺术博物馆	捷克共和国布拉格国家工艺美术博物馆
135.	璀璨的欧洲绘画艺术展	2015.01.10－03.15	贵州省博物馆	意大利都灵萨包达博物馆
136.	来自肖邦故乡的珍宝——15至20世纪的波兰艺术展	2015.02.06－05.10	中国国家博物馆	华沙国家博物馆等17家波兰博物馆
137.	威尼斯之辉文物展	2015.03.21－06.21	贵州省博物馆	意大利威尼斯公立博物馆联盟

序号	展览名称	展览时间	展览场地	境外合作机构
138.	璀璨的欧洲绘画艺术展	2015.03.24－06.21	重庆中国三峡博物馆	意大利都灵萨包达博物馆
139.	传统与传承——北美地区的部落文化艺术展	2015.03.27－05.27	湖南博物院	美国宝尔博物馆
140.	欧洲玻璃艺术史珍品展——捷克共和国布拉格国家工艺美术博物馆收藏展	2015.03.27－06.14	河南博物院	捷克共和国布拉格国家工艺美术博物馆
141.	伏尔加河回响——特列恰柯夫画廊藏巡回画派精品展	2015.03.27－06.28	中国国家博物馆	俄罗斯特列恰柯夫画廊
142.	北海之龙——维京时期的丹麦展	2015.03.27－06.28	苏州博物馆	丹麦日德兰西南博物馆
143.	飞越欧洲的雄鹰——拿破仑文物特展	2015.04.03－06.28	辽宁省博物馆	法国拿破仑基金会
144.	丹青风华——台湾鸿禧美术馆藏十九世纪中国绘画展	2015.04.18－07.19	大连现代博物馆	台湾鸿禧艺术文教基金会——鸿禧美术馆
145.	艺境天工——中西方珍宝艺术展	2015.04.18－08.02	四川博物院	历丰国际分支·卡地亚珠宝
146.	高棉的微笑——吴哥艺术特展	2015.04.21－06.27	广东省博物馆	柬埔寨王国政府文化部
147	日内瓦：时光之芯——瑞士钟表文化展	2015.04.23－08.12	首都博物馆	瑞士日内瓦艺术与历史博物馆
148.	奥地利百年绘画展1860－1960	2015.04.30－07.05	中华世纪坛艺术馆	中国—奥地利艺术协会
149.	渡海白云贯古今——黄君璧书画展	2015.06.15－07.15	无锡博物院	台湾黄君璧文化艺术协会
150.	璀璨的欧洲绘画艺术展	2015.07.01－09.20	南京博物院	意大利都灵萨包达博物馆
151.	盛世威仪——俄罗斯沙皇军械展	2015.07.04－10.10	上海市博物馆	莫斯科克里姆林宫博物馆
152.	航向世界展	2015.07.05－11.15	上海中国航海博物馆	英国格林威治国家航海博物馆、荷兰鹿特丹航海博物馆

序号	展览名称	展览时间	展览场地	境外合作机构
153.	欧洲玻璃艺术史珍品展——捷克共和国布拉格国家工艺美术博物馆收藏展	2015.07.07－10.07	辽宁省博物馆	捷克共和国布拉格国家工艺美术博物馆
154.	欧洲玻璃艺术史珍品展——捷克共和国布拉格国家工艺美术博物馆收藏展	2015.07.07－10.14	山西博物院	捷克共和国布拉格国家工艺美术博物馆
155.	飞越欧洲的雄鹰——拿破仑文物特展	2015.07.10－10.10	南京博物院	法国拿破仑基金会
156.	高棉的微笑——吴哥艺术特展	2015.07.15－10.15	陕西历史博物馆	柬埔寨王国政府文化部
157.	海上瓷路——粤港澳文物大展	2015.07.18－10.18	浙江省博物馆	香港艺术博物馆、澳门博物馆
158.	奥地利百年绘画展1860－1960	2015.07.24－09.06	大连现代博物馆	中国—奥地利艺术协会
159.	心血浇灌的碎片——毕加索亲制银盘、陶器展	2015.08.15－2016.06.30	西安曲江艺术博物馆	香港东波斋
160.	粤港抗战文物展	2015.09.03－12.03	广州起义纪念馆	香港海防博物馆
161.	拿破仑·波拿巴文物展	2015.09.08－11.08	大连现代博物馆	法国勒阿弗尔市历史博物馆
162.	纪念赵少昂诞辰110周年书画展览	2015.09.25－2016.01.03	广州艺术博物馆	香港文化博物馆、香港艺术博物馆
163.	奥地利百年绘画展1860－1960	2015.09.25－11.15	湖北省博物馆	中国—奥地利艺术协会
164.	绘画大师——德国曼海姆城市艺术与文化／莱斯——恩格尔霍恩博物馆馆藏17、18世纪美术珍品展	2015.09.26－2017.03.01	镇江博物馆和南京市博物总馆、扬州博物馆、常州博物馆、无锡博物院、苏州博物馆	德国莱斯——恩格尔霍恩博物馆
165.	清淡含蓄——故宫博物院汝窑瓷器展	2015.09.29－2016.09.29	故宫博物院	英国大英博物馆
166.	璀璨的欧洲绘画艺术展	2015.09.30－12.13	天津美术馆	意大利都灵萨包达博物馆
167.	闲事与雅器展	2015.10.10－12.10	北京大学赛克勒考古与艺术博物馆	香港泰华古轩

续表

序号	展览名称	展览时间	展览场地	境外合作机构
168.	欧洲玻璃艺术史珍品展——捷克共和国布拉格国家工艺美术博物馆收藏展	2015.10.24–2016.02.14	辽宁省博物馆	捷克共和国布拉格国家工艺美术博物馆
169.	英国乔治王朝时期生活展	2015.10.30–2016.05.05	南京博物院	英国埃塞克斯郡科尔切斯特和伊普斯维奇博物馆中心
170.	十洲高会——吴门画派之仇英展	2015.11.20–12.20	苏州博物馆	美国克利夫兰艺术博物馆、檀香山博物馆
171.	水路城市，首尔展	2015.11.27–2016.01.25	首都博物馆	韩国首尔历史博物馆
172.	海上瓷路——粤港澳文物大展	2015.12.01–2016.03.07	湖北省博物馆	香港艺术博物馆、澳门博物馆
173.	罗马尼亚珍宝展	2015.12.11–2016.05.08	中国国家博物馆	罗马尼亚国家历史博物馆
174.	盛世风华——两岸唐三彩交流展	2016.01.18–03.20	河南博物院	台湾财团法人鸿禧艺术文教基金会、台湾台北历史博物馆
175.	永恒之城——古罗马的辉煌展	2016.01.21–04.08	成都金沙遗址博物馆	意大利 CP 公司、意中桥（上海）会议展览有限公司、意大利罗马斗兽场、帕拉蒂诺博物馆、黄金宫殿、罗马国家博物馆之戴克里先浴场、罗马国家博物馆之马西莫浴场宫、佛罗伦萨考古博物馆、锡耶纳考古博物馆
176.	欧洲玻璃艺术史珍品展——捷克共和国布拉格国家工艺美术博物馆收藏展	2016.03.03–06.12	深圳博物馆	捷克共和国布拉格国家工艺美术博物馆
177.	从威尼斯王国到威尼斯画派展	2016.03.24–2017.01.23	中国国家博物馆	意大利文化遗产活动与旅游部博物馆司
178.	永恒之城——古罗马的辉煌展	2016.04.08–07.09	天津博物馆	意大利 CP 公司、意中桥（上海）会议展览有限公司、意大利罗马斗兽场、帕拉蒂诺博物馆、黄金宫殿、罗马国家博物馆之戴克里先浴场、罗马国家博物馆之马西莫浴场宫、佛罗伦萨考古博物馆、锡耶纳考古博物馆

续表

序号	展览名称	展览时间	展览场地	境外合作机构
179.	玲珑万象——来自美国的俄罗斯皇家法贝热装饰艺术展	2016.04.16－07.17	故宫博物院	美国弗吉尼亚美术馆
180.	日本醍醐寺展	2016.05.11－07.10	上海博物馆	日本真言宗醍醐寺及日本独立行政法人国立文化财机构
181.	心闲神往·书为心画——邓尔雅、黄般若艺术作品展	2016.05.17－07.17	东莞市博物馆	香港艺术馆、香港中文大学文物馆以及香江博物馆（翰墨轩有限公司）
182.	罗马尼亚珍宝展	2016.06.05－08.05	四川博物院	罗马尼亚国家历史博物馆
183.	文明之海——从古埃及到拜占庭·地中海的文明展	2016.06.08－08.24	秦始皇帝陵博物院	意大利卡萨德·卡拉雷兹博物馆
184.	欧洲玻璃艺术史珍品展——捷克共和国布拉格国家工艺美术博物馆收藏	2016.06.28－10.09	浙江省博物馆	捷克共和国布拉格国家工艺美术博物馆
185.	俄罗斯民族传统文化与丝绸之路展	2016.06.30－10.07	中国国家博物馆	俄罗斯民族博物馆
186.	海上瓷路——粤港澳文物大展	2016.07.08－10.08	深圳博物馆	香港艺术博物馆、澳门博物馆
187.	博尔迪尼和美好时代——意大利19-20世纪绘画精品展	2016.07.09－10.09	中华世纪坛艺术馆	意大利文化遗产旅游活动部博物馆总局、费拉拉艺术基金会
188.	罗马尼亚珍宝展	2016.07.10－10.10	河北博物院	罗马尼亚国家历史博物馆
189.	国家珍贵古籍特展	2016.07.15－07.24	中国国家图书馆	香港中文大学文物馆
190.	日本醍醐寺展	2016.07.21－09.20	陕西历史博物馆	日本真言宗醍醐寺及日本独立行政法人国立文化财机构
191.	永恒之城——古罗马的辉煌展	2016.07.25－10.08	山东博物馆	意大利CP公司、意中桥（上海）会议展览有限公司、意大利罗马斗兽场、帕拉蒂诺博物馆、黄金宫殿、罗马国家博物馆之戴克里先浴场、罗马国家博物馆之马西莫浴场宫、佛罗伦萨考古博物馆、锡耶纳考古博物馆

续表

序号	展览名称	展览时间	展览场地	境外合作机构
192.	当木乃伊遇上金缕玉衣展	2016.08.09－2017.01.09	南京博物院	加拿大皇家安大略博物馆
193.	战火中的人道——《日内瓦公约》精神与150年的人道行动展	2016.08.20－11.20	首都博物馆	红十字国际委员会、瑞士日内瓦艺术与历史博物馆、法国卡昂纪念馆
194.	文明之海——从古埃及到拜占庭·地中海的文明展	2016.08.31－11.13	辽宁省博物馆	意大利卡萨德·卡拉雷兹博物馆
195.	锦绣世界：国际丝绸艺术展	2016.09.05－12.05	中国丝绸博物馆	日本东京国立博物馆、韩国国立古宫博物馆、俄罗斯国家东方艺术博物馆
196.	对话列奥纳多·达·芬奇展	2016.09.10－2017.03.19	清华大学艺术博物馆	意大利米兰昂布罗修图书馆
197.	黄金神话珠宝艺术品展	2016.09.22－2017.01.08	上海外滩22号艺术中心	意大利国立伊特鲁里亚博物馆、日本 Albion Art COl. Ltd.、香港国际珠宝历史与传承研究院
198.	珍珠：来自江河海洋的珍宝展	2016.09.27－2017.01.08	中国国家博物馆	卡塔尔博物馆管理局
199.	梵天东土 并蒂莲华：公元400-700年印度与中国雕塑艺术大展	2016.09.28－2017.01.03	故宫博物院	印度新德里国家博物馆
200.	进击的巨人——19世纪法国雨果漫画展	2016.09.28－11.28	广州农讲所纪念馆	法国滨海塞纳省雨果故居博物馆、巴黎雨果故居博物馆以及鲁昂大学课题联系教授热拉尔·普香
201.	大英博物馆藏意大利文艺复兴时期素描精品展	2016.10.06－2017.01.06	苏州博物馆	大英博物馆
202.	俄罗斯民族传统文化与丝绸之路展	2016.10.26－2017.02.23	湖北省博物馆	俄罗斯圣彼得堡民族博物馆
203.	永恒之城——古罗马的辉煌展	2016.10.27－2017.02.04	云南省博物馆	意大利CP公司、意中桥（上海）会议展览有限公司、意大利罗马斗兽场、帕拉蒂诺博物馆、黄金宫殿、罗马国家博物馆之戴克里先浴场、罗马国家博物馆之马西莫浴场宫、佛罗伦萨考古博物馆、锡耶纳考古博物馆

续表

序号	展览名称	展览时间	展览场地	境外合作机构
204.	欧洲玻璃艺术史珍品展——捷克共和国布拉格国家工艺美术博物馆收藏展	2016.10.28–2017.02.03	湖北省博物馆	捷克共和国布拉格国家工艺美术博物馆
205.	澄怀观道——中国画的形象与美感特展	2016.10.28–2017.02.19	重庆中国三峡博物馆	台湾财团法人鸿禧艺术文教基金会（鸿禧美术馆）
206.	中外经典老爷车展	2016.11.01–2018.11.01	成都三和老爷车博物馆	美国黑鹰汽车博物馆
207.	东方画艺——15至19世纪中日韩绘画展	2016.11.04–12.18	中国国家博物馆	日本东京国立博物馆、韩国国立中央博物馆
208.	漂洋闻见——15世纪朝鲜儒士崔溥眼中的江南展	2016.11.16–2017.02.12	浙江省博物馆	韩国国立济州博物馆
209.	文明之海——从古埃及到拜占庭·地中海的文明展	2016.11.20–2017.02.12	河北博物院	意大利卡萨德·卡拉雷兹博物馆
210.	黄金神话珠宝艺术品展	2016.11.28–2017.01.08	上海电影博物馆	意大利国立伊特鲁里亚博物馆、日本 Albion Art COl. Ltd.、香港国际珠宝历史与传承研究院
211.	柏林、上海藏古代埃及与早期中国文明珍品展	2016.12.08–2017.03.12	上海博物馆	德国柏林国家博物馆
212.	马约里卡千年陶瓷精粹——意大利法恩扎国际陶瓷博物馆典藏展	2016.12.09–2017.03.12	河南博物院	意大利法恩扎国际陶瓷博物馆
213.	中马关系：从古代到未来展	2016.12.20–2017.02.28	宁波博物院	马来西亚博物馆局
214.	阿拉伯之路——沙特出土文物展	2016.12.20–2017.03.19	中国国家博物馆	沙特阿拉伯王国旅游和民族遗产总机构
215.	瑞庆祯祥——清代织锦珍品特展	2016.12.28–2017.02.26	河南博物院	台湾中华海峡两岸文化资产交流促进会
216.	日本近代和服展	2017.01.10–02.05	旅顺博物馆	日本北九州市立自然史·历史博物馆
217.	卢浮宫的创想——卢浮宫及其馆藏珍品见证法国历史八百年展	2017.01.12–03.31	中国国家博物馆	法国卢浮宫博物馆

序号	展览名称	展览时间	展览场地	境外合作机构
218.	黄金神话珠宝艺术品展	2017.01.18—02.18	金山区博物馆	意大利国立伊特鲁里亚博物馆、日本 Albion Art COl. Ltd.、香港国际珠宝历史与传承研究院
219.	俄罗斯国立历史博物馆藏俄罗斯珍宝展	2017.01.20—05.07	山西博物院	俄罗斯国立历史博物馆
220.	梵天东土 并蒂莲华：公元 400—700 年印度与中国雕塑艺术大展	2017.01.20—05.30	福建博物院	印度新德里国家博物馆
221.	当木乃伊遇上金缕玉衣展	2017.01.25—05.04	成都金沙遗址博物馆	加拿大皇家安大略博物馆
222.	欧洲玻璃艺术史珍品展——捷克共和国布拉格国家工艺美术博物馆收藏展	2017.02.18—05.28	安徽博物院	捷克共和国布拉格国家工艺美术博物馆
223.	文明之海——从古埃及到拜占庭·地中海的文明展	2017.02.21—05.22	湖北省博物馆	意大利卡萨德·卡拉雷兹博物馆
224.	大英博物馆 100 件展品中的世界史展	2017.03.01—05.31	中国国家博物馆	英国大英博物馆
225.	瑞庆祯祥——清代织锦珍品特展	2017.03.09—05.20	苏州丝绸博物馆	台湾中华海峡两岸文化资产交流促进会
226.	浴火重光——来自阿富汗国家博物馆的宝藏展	2017.03.15—06.15	故宫博物院	阿富汗伊斯兰共和国信息和文化部
227.	马约里卡千年陶瓷精粹——意大利法恩扎国际陶瓷博物馆典藏展	2017.03.25—06.16	浙江省博物馆	意大利法恩扎国际陶瓷博物馆
228.	张大千书画精品展	2017.04.01—04.29	洛阳博物馆	中华海峡两岸文化资产交流促进会
229.	尚之以琼华——始于十八世纪的珍宝艺术展	2017.04.04—07.02	故宫博物院	法国尚美国际公司
230.	创意改变生活——意大利设计艺术展	2017.04.13—07.13	中国国家博物馆	意大利文化遗产活动与旅游部博物馆司
231.	英国十大文豪展	2017.04.21—06.21	中国国家图书馆	英国国家图书馆
232.	浪漫苏格兰展	2017.04.28—07.28	南京博物院	英国诺曼德展览有限公司

序号	展览名称	展览时间	展览场地	境外合作机构
233.	张大千书画精品展	2017.05.04－06.01	开封市博物馆	中华海峡两岸文化资产交流促进会
234.	俄国罗曼诺夫王朝时期彼得大帝夏宫藏品展	2017.05.18－08.27	成都博物馆	俄罗斯彼得霍夫国家博物馆
235.	俄罗斯国立历史博物馆藏俄罗斯珍宝展	2017.05.25－09.10	南京博物院	俄罗斯国立历史博物馆
236.	茜茜公主与匈牙利：17-19世纪匈牙利贵族生活展	2017.06.01－09.03	上海博物馆	匈牙利国家博物馆
237.	张大千书画精品展	2017.06.06－07.04	安阳博物馆	中华海峡两岸文化资产交流促进会
238.	文明之海——从古埃及到拜占庭·地中海的文明展	2017.06.06－08.06	天津博物馆	意大利卡萨德·卡拉雷兹博物馆
239.	梵天东土 并蒂莲华：公元400-700年印度与中国雕塑艺术大展	2017.06.15－09.10	浙江省博物馆	印度新德里国家博物馆
240.	泰坦尼克文物精品展	2017.06.16－10.16	广东省博物馆	美国普利尔展览公司
241.	伦勃朗和他的时代：美国莱顿收藏馆藏品展	2017.06.16－09.03	中国国家博物馆	美国伊格拉特2006有限责任公司
242.	大英博物馆100件藏品中的世界历史展	2017.06.28－10.08	上海博物馆	英国大英博物馆
243.	马约里卡千年陶瓷精粹——意大利法恩扎国际陶瓷博物馆典藏展	2017.06.28－09.17	辽宁省博物馆	意大利法恩扎国际陶瓷博物馆
244.	文明之海——从古埃及到拜占庭·地中海的文明展	2017.08.19－11.12	重庆中国三峡博物馆	意大利卡萨德·卡拉雷兹博物馆
245.	俄国罗曼诺夫王朝时期彼得大帝夏宫藏品展	2017.09.08－12.07	贵州省博物馆	俄罗斯彼得霍夫国家博物馆
246.	百年时尚——香港长衫故事展	2017.09.08－12.10	宁波博物院	香港特别行政区康乐及文化事务署、香港历史博物馆
247.	雨果与中国文化展	2017.09.20－11.19	毛泽东同志主办农民运动讲习所旧址纪念馆	法国巴黎雨果故居纪念馆

序号	展览名称	展览时间	展览场地	境外合作机构
248.	茜茜公主与匈牙利：17-19世纪匈牙利贵族生活展	2017.09.28-2018.01.03	故宫博物院	匈牙利国家博物馆
249.	马约里卡千年陶瓷精粹——意大利法恩扎国际陶瓷博物馆典藏展	2017.09.28-12.17	山西博物院	意大利法恩扎国际陶瓷博物馆
250.	梵天东土 并蒂莲华：公元400-700年印度与中国雕塑艺术大展	2017.09.29-2018.01.07	四川博物院	印度新德里国家博物馆
251.	俄罗斯国立历史博物馆藏俄罗斯珍宝展	2017.09.29-2018.01.08	广东省博物馆	俄罗斯国立历史博物馆
252.	香江雅集——香港回归祖国二十周年特展	2017.09.29-12.03	首都博物馆	世界华人收藏家协会、香港特别行政区政府康乐及文化事务署
253.	香港回归20周年华人珍藏展	2017.09.29-12.04	首都博物馆	世界华人收藏家协会主办，香港特别行政区政府康乐及文化事务署
254.	百年回眸：孙中山和他的新加坡友人展	2017.10.28-2018.03.28	辛亥革命武昌起义纪念馆	新加坡孙中山南洋纪念馆
255.	纪念十月革命100周年——俄罗斯国家历史博物馆藏十月革命文物展	2017.11.07-2018.02.07	中国国家博物馆	俄罗斯国家历史博物馆
256.	穆夏——欧洲新艺术运动瑰宝展	2017.11.25-2018.03.25	广东省博物馆	捷克布拉格市艺术博物馆、布拉格国家工艺美术博物馆
257.	扇子上的东方与西方：18-19世纪的中西成扇展	2017.12.01-2018.04.01	广东民间工艺博物馆	英国维多利亚与阿尔伯特博物馆、格林尼治扇子博物馆、剑桥大学菲茨威廉博物馆
258.	金字塔·不朽之宫展	2017.12.08-2018.03.22	河南博物院	意大利都灵埃及博物馆
259.	安格尔的巨匠之路——来自大师故乡蒙托邦博物馆的收藏展	2017.12.16-2018.01.16	中华世纪坛艺术馆	蒙托邦博物馆
260.	俄国罗曼诺夫王朝时期彼得大帝夏宫藏品展	2017.12.20-2018.02.28	河北博物院	俄罗斯彼得霍夫国家博物馆
261.	紫瓯遗韵——香港中文大学文物馆藏紫砂壶特展	2017.12.22-2018.04.08	湖北省博物馆	香港中文大学文物馆

序号	展览名称	展览时间	展览场地	境外合作机构
262.	马约里卡千年陶瓷精粹——意大利法恩扎国际陶瓷博物馆典藏展	2017.12.30－2018.03.25	深圳博物馆	意大利法恩扎国际陶瓷博物馆
263.	茜茜公主与匈牙利：17－19世纪匈牙利贵族生活展	2018.01.26－04.22	云南省博物馆	匈牙利国家博物馆
264.	在最遥远的地方寻找故乡——13－16世纪中国与意大利的跨文化交流展	2018.01.27－04.30	湖南博物院	美国大都会艺术博物馆、意大利乌菲齐美术馆、意大利罗马等26家国外博物馆
265.	学院与沙龙——巴黎国立高等美术学院、法国国家造型艺术中心珍藏展	2018.01.30－05.06	中国国家博物馆	法国巴黎国立高等美术学院、法国国家造型艺术中心等
266.	庞贝：瞬间与永恒——庞贝出土文物特展	2018.02.08－05.03	成都金沙遗址博物馆	意大利那不勒斯考古博物馆
267.	不朽之旅——古埃及人的生命观展	2018.02.10－05.05	贵州省博物馆	意大利毛斯卡纳遗产监管局、佛罗伦萨国立考古博物馆，意大利驻华总领事馆
268.	发明的精神·美国哈格利博物馆与图书馆藏19世纪美国专利模型展	2018.03.20－05.28	清华大学艺术博物馆	美国哈格利博物馆
269.	文艺复兴时期意大利的艺术、文化和生活展	2018.03.26－06.22	首都博物馆	意大利文化遗产活动与旅游部，乌菲齐美术馆、巴杰罗国家博物馆、翁布里亚国家美术馆等意大利17家博物馆和机构
270.	金字塔·不朽之宫展	2018.04.14－06.24	山西博物院	意大利都灵埃及博物馆
271.	铭心撷珍——卡塔尔阿勒萨尼收藏展	2018.04.17－06.18	故宫博物院	卡塔尔阿勒萨尼收藏基金会
272.	百年时尚——香港长衫故事展	2018.04.17－07.17	广东省博物馆	香港特别行政区康乐及文化事务署、香港历史博物馆
273.	亚洲内海——13至14世纪亚洲东部的陶瓷贸易展	2018.04.27－08.26	广东省博物馆	韩国国立海洋文化财研究所
274.	泰坦尼克文物精品展	2018.04.28－10.15	武汉汉古艺术馆	美国普利尔展览公司

续表

序号	展览名称	展览时间	展览场地	境外合作机构
275.	"潘多拉的盒子"——两依藏 20 世纪欧洲化妆盒手袋艺术展	2018.04.29-08.05	杭州工艺美术博物馆	香港两依藏博物馆
276.	真理的力量——纪念马克思诞辰 200 周年主题展	2018.05.05-08.05	中国国家博物馆	德国莱茵兰－普法尔茨州和特里尔市政府
277.	穆夏——欧洲新艺术运动瑰宝展	2018.05.18-08.28	南京博物院	捷克布拉格市艺术博物馆、布拉格国家工艺美术博物馆
278.	不朽之旅——古埃及人的生命轮回展	2018.05.18-09.04	安徽博物院	意大利佛罗伦萨国立考古博物馆
279.	"博物馆的历史"专题展	2018.05.27-08.26	南京市博物总馆	意大利乌菲兹美术馆、法国国立中世纪博物馆、法国巴黎市立历史博物馆、德国巴伐利亚古代雕塑博物馆等
280.	茜茜公主与匈牙利：17-19 世纪匈牙利贵族生活展	2018.05.28-08.28	陕西历史博物馆（陕西省文物交流中心）	匈牙利国家博物馆
281.	庞贝：瞬间与永恒——庞贝出土文物特展	2018.06.01-08.24	秦始皇帝陵博物院	意大利那不勒斯考古博物馆
282.	无问西东——从丝绸之路到文艺复兴展	2018.06.09-08.19	中国国家博物馆	MondoMostre，意大利 21 家博物馆
283.	大师：澳大利亚树皮画艺术家展	2018.07.03-2019.10.15	中国国家博物馆	澳大利亚国家博物馆
284.	尼罗河的馈赠——古埃及文物展	2018.07.06-09.16	辽宁省博物馆	意大利都灵埃及博物馆
285.	平山郁夫的丝路世界——平山郁夫丝绸之路美术馆文物展	2018.08.01-10.31	敦煌研究院敦煌石窟文物保护研究陈列中心	日本平山郁夫丝绸之路美术馆
286.	毕加索——一个天才的行程展	2018.08.03-10.31	嘉兴市嘉善县越里左岸美术馆	西班牙拉科鲁尼亚毕加索之家博物馆

续表

序号	展览名称	展览时间	展览场地	境外合作机构
287.	都市·生活—18世纪的东京与北京展	2018.08.14—10.07	首都博物馆	日本东京江户博物馆
288.	自然的力量——洛杉矶艺术博物馆古代玛雅艺术展	2018.08.24—2019.11.25	深圳博物馆	美国洛杉矶郡艺术博物馆
289.	自然的力量——洛杉矶郡艺术博物馆藏古代玛雅艺术品展	2018.08.24—11.25	深圳博物馆	洛杉矶郡艺术博物馆
290.	渡海白云·黄君璧双甲纪念暨黄氏父女作品联展	2018.08.24—09.13	深圳南山博物馆	黄君璧文化艺术协会
291.	贵胄绵绵：摩纳哥格里马尔迪王朝展（十三世纪－二十一世纪）	2018.09.06—11.11	故宫博物院	摩纳哥亲王宫、摩纳哥亲王宫档案馆、摩纳哥新时代国家博物馆、摩纳哥海洋博物馆、摩纳哥大教堂、私人收藏（Private Collection Mrs.Notari）、私人收藏（Private Collection Madame Gramaglia）
292.	爱琴遗珍——希腊安提凯希拉岛水下考古文物展	2018.09.14—2019.02.16	故宫博物院	希腊国家考古博物馆、雅典贝纳基博物馆和希腊水下文物监委会
293.	不朽之旅——古埃及人的生命观展	2018.09.15—12.08	宁波博物院	意大利佛罗伦萨国立考古博物馆
294.	竹之名匠——旧金山亚洲艺术博物馆藏日本竹器展	2018.09.21—11.20	苏州博物馆	美国旧金山亚洲艺术博物馆
295.	庞贝：瞬间与永恒——庞贝出土文物特展	2018.09.21—12.14	天津博物馆	意大利那不勒斯考古博物馆
296.	流金溢彩——乌克兰博物馆文物及实用与装饰艺术大展	2018.09.25—11.19	故宫博物院	普拉塔历史文化遗产博物馆
297.	走向现代主义：美国艺术八十载（1865-1945）展	2018.09.28—2019.01.06	上海博物馆	芝加哥艺术博物馆、泰拉美国艺术基金会
298.	古代埃及展	2018.09.28—2019.05.05	湖北省博物馆，浙江省博物馆	意大利卡拉雷兹博物馆
299.	金字塔·不朽之宫展	2018.09.28—11.28	湖南博物院	意大利都灵埃及博物馆

续表

序号	展览名称	展览时间	展览场地	境外合作机构
300.	百年时尚：香港长衫故事展	2018.09.30–11.11	广东省博物馆	香港特别行政区政府康乐及文化事务署、香港历史博物馆
301.	法老的国度——古埃及文物展	2018.10.02–2019.01.11	湖北省博物馆	意大利罗维戈研究院、威尼斯国立考古博物馆、罗伦萨埃及博物馆、威尼斯国立历史博物馆、佛罗伦萨埃及博物馆
302.	此境风月好——丰子恺诞辰120周年回顾展	2018.10.10–12.09	浙江美术馆，桐乡市博物馆	丰子恺国际文化协会有限公司（中国香港）
303.	大师：澳大利亚树皮画艺术家展	2018.11.06–2019.01.06	上海自然博物馆（上海科技馆分馆）	澳大利亚国家博物馆
304.	拿破仑特展	2018.11.15–2019.02.28	上海证大喜马拉雅美术馆	法国凡尔赛宫
305.	业民情怀——平山郁夫藏丝路文物展	2018.11.27–2019.02.14	中国国家博物馆	日本平山郁夫丝绸之路美术馆
306.	丹青宝筏：董其昌书画艺术大展	2018.12.07–2019.03.10	上海博物馆	美国波士顿美术馆、美国克利夫兰美术馆、美国纳尔逊阿特金斯艺术博物馆、美国大都会艺术博物馆、美国史密森学会赛克勒艺术博物馆、美国普林斯顿大学艺术博物馆、日本大阪美术馆、日本东京国立博物馆，日本东京书道博物馆
307.	自然的力量——洛杉矶艺术博物馆古代玛雅艺术展	2018.12.18–2019.03.17	成都金沙遗址博物馆	美国洛杉矶郡艺术博物馆
308.	重生：巴洛克时期的西里西亚——波兰弗罗茨瓦夫国立博物馆馆藏精品展	2018.12.18–2019.03.24	首都博物馆	波兰弗罗茨瓦夫国立博物馆
309.	不朽之旅——古埃及人的生命观展	2018.12.20–2019.03.19	秦始皇帝陵博物院	意大利佛罗伦萨国立考古博物馆
310.	尼罗河畔的回响——古埃及文明特展	2018.12.20–2019.03.20	广东省博物馆	意大利都灵埃及博物馆
311.	庞贝：瞬间与永恒——庞贝出土文物特展	2019.01.08–04.02	武汉盘龙城遗址博物院	意大利那不勒斯考古博物馆

续表

序号	展览名称	展览时间	展览场地	境外合作机构
312.	彩绘地中海：一座古城的文明与幻想展	2019.01.17－04.16	河北博物院	意大利帕埃斯图姆考古遗址公园
313.	法老的国度——古埃及文明展	2019.01.22－05.05	浙江省博物馆	意大利罗维戈研究院、威尼斯国立考古博物馆、罗伦萨埃及博物馆、威尼斯国立历史博物馆、佛罗伦萨埃及博物馆
314.	立体音符城市景观——邬达克与近代上海建筑展	2019.02.03－05.01	上海市历史博物馆	匈牙利邬达克文化基金会
315.	慕道·臻艺——平山郁夫的丝路艺术世界展	2019.03.05－06.10	陕西历史博物馆（陕西省文物交流中心）	日本平山郁夫丝绸之路美术馆
316.	法兰西的雄鹰——拿破仑文物（中国）巡回展	2019.03.08－2020.09.25	云南省博物馆，贵州省博物馆，大同市博物馆，郑州博物馆，中国国家图书馆，深圳美术馆	法国拿破仑骑兵团基金会
317.	慕夏展	2019.03.29－07.26	上海明珠美术馆	慕夏基金会
318.	不朽传奇：古埃及人的生命观特展	2019.03.31－06.21	山东博物馆	意大利佛罗伦萨国立考古博物馆
319.	殊方共享——丝绸之路国家博物馆文物精品展	2019.04.11－07.14	中国国家博物馆	柬埔寨国家博物馆、俄罗斯国家历史博物馆、东京国立博物馆、韩国国立中央博物馆、波兰华沙国家博物馆、哈萨克斯坦国家博物馆、阿曼国家博物馆、斯洛文尼亚国家博物馆等
320.	心相·万象——大航海时代的浙江精神展	2019.04.16－06.16	浙江美术馆	何创时书法艺术文教基金会（中国台湾）
321.	穆夏——新艺术运动先锋展	2019.04.23－2020.03.29	重庆中国三峡博物馆、云南省博物馆、国家大剧院、天津美术馆	捷克共和国布拉格国家工艺美术馆
322.	自然的力量——洛杉矶艺术博物馆古代玛雅艺术展	2019.04.26－07.26	湖北省博物馆	美国洛杉矶郡艺术博物馆
323.	庞贝：瞬间与永恒——庞贝出土文物特展	2019.04.27－07.20	辽宁省博物馆	意大利那不勒斯考古博物馆

序号	展览名称	展览时间	展览场地	境外合作机构
324.	欧洲十字路口的印记——斯洛文尼亚珍宝展	2019.04.30—11.15	西安曲江艺术博物馆	斯洛文尼亚国家博物馆
325.	"珠宝锦匣"俄罗斯民族博物馆藏珠宝展	2019.05.01—08.01	天津博物馆	俄罗斯民族博物馆
326.	大美亚细亚——亚洲文明展	2019.05.13—08.11	中国国家博物馆	阿富汗国家博物馆、沙特旅游和国家遗产委员会、雅典卫城博物馆等
327.	浮槎于海：法国凯布朗利博物馆藏太平洋艺术珍品展	2019.05.16—08.18	上海博物馆	法国凯布朗利博物馆
328.	两端——海上丝路的中国与英国展	2019.05.18—10.08	甘肃省博物馆	伦敦大学学院应用考古学中心
329.	传心之美——梵蒂冈博物馆藏中国文物展	2019.05.28—7.28	故宫博物院	梵蒂冈博物馆
330.	灼烁重现：十五世纪景德镇瓷器大展	2019.05.28—09.01	上海博物馆	纽约大都会博物馆，芝加哥艺术学院，旧金山亚洲艺术博物馆，东京国立博物馆、静嘉堂文库美术馆、香港艺术馆，香港天民楼
331.	有界之外：卡地亚·故宫博物院工艺与修复特展	2019.06.01—07.31	故宫博物院	卡地亚典藏、瑞士钟表博物馆、瑞上山度基金会、美国大都会艺术博物馆、卡塔尔博物馆管理局、卡塔尔阿勒萨尼珍藏、摩纳哥亲王宫、日本阿尔比恩艺术机构、澳大利亚澳洲国家美术馆、英国霍华德城堡
332.	釉色国度——葡萄牙瓷板画500年展	2019.06.12—10.07	故宫博物院	葡萄牙文化遗产总局、葡萄牙瓷板画博物馆
333.	秋史金正喜与清朝文人的对话展	2019.06.13—08.26	中国美术馆	韩国艺术殿堂
334.	从地中海到中国——平山郁夫藏丝路文物展	2019.06.21—08.25	辽宁省博物馆	日本平山郁夫丝绸之路美术馆
335.	丝路岁月：大时代下的小故事展	2019.06.21—09.08	中国丝绸博物馆	俄罗斯艾尔米塔什博物馆

续表

序号	展览名称	展览时间	展览场地	境外合作机构
336.	大师：澳大利亚树皮画艺术家展	2019.06.26–08.26	四川博物院	澳大利亚国家博物馆
337.	穿越时空的文明对话——古埃及文物特展	2019.06.28–09.28	徐州博物馆（徐州市文物考古研究所）	皇家安大略博物馆
338.	慕道·臻艺——平山郁夫的丝路艺术世界展	2019.06.29–08.25	陕西历史博物馆（陕西省文物交流中心）	平山郁夫丝绸之路美术馆
339.	丝绸之路上的文化交流：吐蕃时期艺术精品展	2019.07.02–10.24	敦煌市莫高窟敦煌研究院陈列中心	美国芝加哥普利兹克艺术合作基金会、俄罗斯圣彼得堡埃尔米塔什博物馆、美国芝加哥艺术博物馆、瑞士多米尼克和马德莲花·凯勒、卡塔尔阿勒萨尼收藏基金会
340.	天下龙泉——龙泉青瓷与全球化展	2019.07.15–2020.02.16	故宫博物院、浙江省博物馆	大英博物馆、维多利亚和艾伯特博物馆、杜伦大学东方博物馆、东京国立博物馆、冲绳县立埋葬文化财中心、日本九州陶瓷文化馆、韩国国立中央博物馆、伊朗国家博物馆、阿联酋拉斯海马酋长国国家博物馆等
341.	白色金子·东西瓷都——从景德镇到梅森瓷器大展	2019.07.25–2021.03.31	上海市历史博物馆	德国黑提恩斯——德国陶瓷博物馆，德国梅森瓷器博物馆，日本大阪东洋陶瓷美术馆
342.	天才相对论——爱因斯坦的异想世界特展	2019.08.01–10.28	上海世博会博物馆	以色列希伯来大学爱因斯坦文献库
343.	穆穆之仪：来自莫斯科克里姆林宫的俄罗斯宫廷典礼展	2019.08.08–11.08	故宫博物院	俄罗斯莫斯科克里姆林宫博物馆
344.	从地中海到中国——平山郁夫藏丝路文物展	2019.09.10–12.10	洛阳博物馆	日本平山郁夫丝绸之路美术馆
345.	香港中文大学文物馆藏紫砂文物精品展	2019.12.13–2020.03.15	深圳博物馆	香港中文大学文物馆
346.	从地中海到中国——平山郁夫藏丝路文物展	2019.12.26–2020.05.24	深圳博物馆	日本平山郁夫丝绸之路美术馆

附件 2
中国文物交流中心举办文物展览统计表
（1971–2021 年）

▼ 附件 2-1　中国文物交流中心举办文物出境展览统计表（1971–2021 年）

序号	展览名称	展览时间	展出国家或地区	展览场地
1.	中国河南省画像石碑刻拓片展览	1973.04.20–1974.01.20	日本	东京等地
2.	中华人民共和国出土文物展览	1973.05.08–09.02	法国	巴黎市美术馆（小宫殿）
3.	中华人民共和国出土文物展览	1973.06.9–09.30	日本	东京国立博物馆、京都国立博物馆
4.	中华人民共和国出土文物展览	1973.09.28–1974.01.23	英国	伦敦皇家艺术学院
5.	中华人民共和国出土文物展览	1973.12.28–1974.02.28	罗马尼亚	布加勒斯特国家艺术博物馆
6.	中华人民共和国出土文物展览	1974.02.21–04.20	奥地利	维也纳奥地利工艺美术博物馆
7.	中华人民共和国出土文物展览	1974.04.03–06.02	南斯拉夫	贝尔格莱德人民博物馆
8.	中华人民共和国出土文物展览	1974.05.12–07.16	瑞典	斯德哥尔摩国家远东古物博物馆
9.	中华人民共和国出土文物展览	1974.07.05–10.03	墨西哥	墨西哥国立人类学博物馆
10.	中华人民共和国出土文物展览	1974.08.08–11.16	加拿大	多伦多皇家安大略博物馆
11.	中华人民共和国明清工艺美术展览	1974.09.17–11.24	日本	东京日本桥三越百货店、札幌三越百货店、仙台三越百货店、名古屋中村百货店
12.	中华人民共和国汉唐壁画（摹本）展览	1974.11.03–1975.02.04	日本	北九州市立美术馆、东京日本桥高岛屋、大阪难波高岛屋
13.	中华人民共和国出土文物展览	1974.12.04–1975.01.26	荷兰	阿姆斯特丹国家博物馆

续表

序号	展览名称	展览时间	展出国家或地区	展览场地
14.	中华人民共和国出土文物展览	1974.12.13－1975.08.28	美国	华盛顿国家美术馆、纳尔逊艺术博物馆（堪萨斯）、旧金山亚洲艺术博物馆
15.	中华人民共和国出土文物展览	1975.02.19－04.06	比利时	布鲁塞尔艺术宫
16.	西安文物图片展览	1975.05－06	日本	京都、奈良
17.	中华人民共和国古代青铜器展览	1976.03.30－08.08	日本	东京国立博物馆、京都国立博物馆
18.	中华人民共和国出土文物展览	1976.10.01－1977.01.01	菲律宾	马尼拉市立法大厦
19.	中华人民共和国鲁迅展览	1976.10.19－1977.02.23	日本	仙台市博物馆、东京西武美术馆、名古屋丸荣百货店、神户SOGO百货店、广岛SOGO百货店
20.	中华人民共和国汉唐壁画（摹本）展览	1976.10－1978.07	美国	波士顿美术博物馆、加州帕萨迪纳城太平洋文化亚洲博物馆、得克萨斯奥斯汀城大学美术博物馆、孟菲斯城布鲁克斯纪念美术馆、图森城亚利桑那大学美术博物馆
21.	中华人民共和国出土文物展览	1977.01.19－06.29	澳大利亚	墨尔本维多利亚博物馆、悉尼新南威尔士美术馆、阿德莱德南澳美术馆
22.	中华人民共和国出土文物展览	1977.10.02－1978.02.26	日本	名古屋市博物馆、北九州市立美术馆、东京西武美术馆
23.	中华人民共和国出土文物展览	1978.04.18－06.11	中国香港	中国出口商品陈列馆（九龙尖沙咀星光行）
24.	中华人民共和国鲁迅展览	1978.10.01－10.31	瑞典	斯德哥尔摩国家艺术博物馆
25.	中华人民共和国丝路文物展览	1979.03.19－07.08	日本	东京国立博物馆、大阪市立美术馆
26.	中华人民共和国鲁迅展览	1979.04.26－	挪威	奥斯陆蒙克博物馆
27.	中国西安古代金石拓本、壁画展览	1980.01－07	日本	京都、大阪、名古屋、福冈、奈良
28.	中华人民共和国鲁迅展览	1980.01－1981.01	联邦德国	柏林国家图书馆
29.	伟大的中国青铜器时代展览	1980.04.12－1981.09.30	美国	纽约大都会艺术博物馆、芝加哥自然历史博物馆、得州沃斯堡金贝尔艺术博物馆、洛杉矶县立艺术博物馆、波士顿艺术博物馆

续表

序号	展览名称	展览时间	展出国家或地区	展览场地
30.	中国古代艺术珍宝展览	1980.05.24－09.07	丹麦	路易斯安那现代艺术博物馆
31	中国古代艺术珍宝展览	1980.10.02－1981.01.06	瑞士	苏黎世艺术博物馆
32.	中国古代艺术珍宝展览	1981.02.06－1982.01.03	联邦德国	柏林东亚艺术博物馆、希尔德斯海姆罗米伯力西斯博物馆、科隆东亚艺术博物馆
33.	中国战国时期中山国王墓出土文物展览	1981.03.17－08.30	日本	东京国立博物馆、兵库县立近代美术馆、名古屋市博物馆
34.	中国明清绘画展览	1981.03.28－1982.01	澳大利亚	悉尼新南威尔士美术馆、布里斯班昆士兰美术馆、阿德莱德南澳美术馆、珀斯西澳美术馆、墨尔本维多利亚博物馆
35.	中国古代艺术珍宝展览	1982.01.22－04.18	比利时	布鲁塞尔皇家历史艺术博物馆
36.	中国敦煌壁画展览	1982.04.08－10.27	日本	东京、大阪、京都、北九州、秋田、仙台、名古屋、札幌
37.	中国秦代兵马俑展览	1982.12.22－1983.09.18	澳大利亚	墨尔本维多利亚博物馆、悉尼新南威尔士美术馆、布里斯班昆士兰美术馆、阿德莱德南澳美术馆、珀斯西澳美术馆、堪培拉国家美术馆
38.	中国敦煌壁画展览	1983.02.18－08.17	法国	巴黎国家自然历史博物馆
39.	中国古都洛阳珍宝展览	1983.03.19－05.08	日本	冈山市立东方美术馆
40.	中国秦兵马俑展览	1983.10.01－1984.05.13	日本	大阪城公园、福冈县文化会馆、东京古代东方博物馆、静冈产业馆
41.	中国内蒙古北方骑马民族文物展览	1983.10.27－1984.05.06	日本	东京日本桥高岛屋、大阪难波高岛屋、京都四条高岛屋、名古屋松阪屋、北九州市立美术馆
42.	中国云南省博物馆青铜器展览	1984.08.01－10.17	日本	东京古代东方博物馆、名古屋名铁百货店
43.	中国历代陶俑展览（中国陶俑之美）	1984.09.22－1985.05.06	日本	名古屋市博物馆、福冈市美术馆、京都国立博物馆、东京国立博物馆
44.	中国秦代兵马俑展览	1984.12.04－1985.02.17	瑞典	斯德哥尔摩国家艺术博物馆

序号	展览名称	展览时间	展出国家或地区	展览场地
45.	中国秦代兵马俑展览	1985.03.03—05.02	挪威	奥斯陆海涅·昂斯塔德艺术中心
46.	中国秦代兵马俑展览	1985.05.23—08.04	奥地利	维也纳民族志博物馆
47.	中国秦代兵马俑展览	1985.09.10—11.01	英国	爱丁堡艺术中心博物馆
48.	中国宋元明清瓷器展览	1985.09.26—10.14	罗马尼亚	布加勒斯特国家艺术博物馆
49.	中国秦代兵马俑展览	1985.11.26—1986.01.05	爱尔兰	都柏林皇家医院旧址特设展场
50.	中国文明史——华夏瑰宝展览	1986.05.18—10.19	加拿大	蒙特利尔文明宫
51.	黄河文明展览	1986.05.20—11.03	日本	东京国立博物馆、石川县立美术馆、名古屋市博物馆、北海道立近代美术馆
52.	中国历代陶俑展览——对永恒的探索	1987.03.22—1988.04.17	美国	费城艺术博物馆、休斯敦美术博物馆、洛杉矶县立艺术博物馆、克利夫兰艺术博物馆
53.	中国西藏艺术珍宝——唐卡文物展览	1987.04.30—10.30	法国	巴黎国家自然历史博物馆
54.	中国西夏文物展览	1988.01.05—09.04	日本	下关市立美术馆、广岛SOGO百货店、大阪阪急百货店、高知县立乡土文化会馆、静冈县立美术馆、名古屋三越百货店、札幌三越百货店、东京高岛屋、福岛县文化中心
55.	中国西藏文物秘宝展览	1988.07.23—1989.02.13	日本	西武百货东京池袋店、大阪尼崎つかしんホール、西武百货滨松店、西武百货筑波店、熊本鹤屋百货店
56.	天子——中国古代帝王艺术展览	1988.07.28—1989.11.05	美国	西雅图艺术中心、哥伦布特设展场
57.	中国清代帝后生活——沈阳故宫历史文物展览	1989.04.07—1990.04.06	新加坡	新加坡文物馆
58.	汉代文明展览	1990.05.16—1991.11.16	新加坡	新加坡文物馆
59.	为了和平反对战争展览	1990.7.21—7.29	日本	大阪通天阁

序号	展览名称	展览时间	展出国家或地区	展览场地
60.	丝绸之路与唐代文明展览	1991.12.7－1993.06	新加坡	新加坡文物馆
61.	董其昌世纪展览	1992.04－12	美国	纳尔逊艺术博物馆（堪萨斯）、洛杉矶县立艺术博物馆、纽约大都会艺术博物馆
62.	中国古代玻璃器、金银器——正仓院宝藏的源流展览	1992.04.25－11.08	日本	东京三得利美术馆、神户市立博物馆、冈山县立美术馆、福冈市博物馆、大阪市立博物馆
63.	中国内蒙古戈壁恐龙展览	1992.07.22－08.31	日本	东京阳光大厦
64.	中国恐龙和北京人特展览	1992.08.01－08.30	日本	大阪
65.	永恒的中国展览	1992.08.28－1993.09.19	澳大利亚	悉尼新南威尔士美术馆、墨尔本维多利亚博物馆、布里斯班昆士兰美术馆、阿德莱得南澳美术馆、珀斯西澳美术馆
66.	兵马俑与金缕玉衣展览（大陆古物珍宝展）	1992.12.05－1993.06	中国台湾	台北市玉山庄展览馆
67.	中国大恐龙展览	1993.07.24－08.21	日本	横滨王子饭店
68.	荆楚雄风——中国楚文化展览	1993.08.11－1994.08	新加坡	新加坡文物馆
69.	中国侏罗纪恐龙特展览	1993.08－12	中国台湾	台中自然科学博物馆
70.	中国西藏珍宝展览	1993.09－11	阿根廷	阿根廷国家图书馆
71.	中国长城砖展览	1993.11－2010	日本	舞鹤市红砖博物馆
72.	妈祖民俗文物特展览	1993.12－1994.02	中国台湾	台南正统鹿耳门圣母庙、高雄妈祖庙
73.	丝绸与丝绸之路展览	1994.01－09	意大利	罗马展览馆
74.	秦始皇帝文物展览（秦始皇及其时代展）	1994.09.17－1995.08.20	日本	东京世田谷美术馆、名古屋市博物馆、福冈市博物馆、爱媛县立美术馆、北海道开拓纪念馆
75.	宋元明历史文物精粹展览	1994.09－1995.06	新加坡	新加坡文物馆

续表

序号	展览名称	展览时间	展出国家或地区	展览场地
76.	中国帝王陵墓展览	1995.04.18—1997.09.15	美国	孟菲斯库克会议中心、普罗沃杨百翰大学博物馆、波特兰艺术博物馆、丹佛自然历史博物馆、奥兰多艺术博物馆
77.	中国古代的人与神展览	1995.06.02—1996.03	德国	埃森小山别墅、慕尼黑海伯艺术馆
78.	中华文明珍宝展览（中国艺术五千年）	1995.09—12	挪威	奥斯陆海涅·昂斯塔德艺术中心
79.	中国古代的人与神展览	1996.04—08	瑞士	苏黎世艺术馆
80.	中国古代的人与神展览	1996.09—1997.01	英国	大英博物馆
81.	中国古代的人与神展览	1997.02.21—05.25	丹麦	路易斯安那现代艺术博物馆
82.	中山文物真迹大展览	1997.11.12—1998.05	中国台湾	台北孙中山纪念馆
83.	国宝——中国历史文物精华展览	1997.12.16—1998.03.01	中国香港	香港艺术馆
84.	中华五千年文明艺术展览	1998.02.06—06.03	美国	纽约古根海姆博物馆
85.	中华五千年文明艺术展览	1998.07.18—10.31	西班牙	毕尔巴鄂古根海姆博物馆
86.	四川省遂宁窖藏文物展览（封藏的宋代陶瓷展）	1998.09.09—1999.05.16	日本	东京小田急美术馆、山口县立萩美术馆·浦上纪念馆、京都文化博物馆、爱知县陶瓷资料馆
87.	中国古代帝王陵墓展览（中国历代王朝2200年展）	1999.03.12—06.13	日本	大阪万博纪念公园
88.	中国宫廷贵族妇女文化与珍宝展览（紫禁城的女性们——中国宫廷文化展）	1999.04.01—11.23	日本	福冈三越美术馆、京都大丸博物馆、笠间日动美术馆、横滨SOGO美术馆、IWAKI市立美术馆、熊本县立美术馆
89.	中国末代王朝展览	1999.06.40—08.22	芬兰	土尔库市阿尔托宁艺术博物馆
90.	中国考古的黄金时代展览	1999.09.19—2000.09.11	美国	华盛顿国家美术馆、休斯敦美术馆、旧金山亚洲艺术博物馆

续表

序号	展览名称	展览时间	展出国家或地区	展览场地
91.	战国雄风——河北省中山国王墓文物展览	1999.10.01－2000.01.09	中国香港	香港艺术馆
92.	世界四大文明·中国文明展	2000.08.05－2001.06.17	日本	横滨美术馆、仙台市博物馆、石川县立美术馆、香川县历史博物馆、广岛县立美术馆
93.	竹与园林石——中国明代艺术展	2000.09.01－11.15	芬兰	埃斯堡市奥修美术馆
94.	中国国宝展	2000.10.24－12.17	日本	东京国立博物馆
95.	中国考古发现展	2000.11.01－2001.01.28	法国	巴黎市（小宫殿）美术馆
96.	道教与中国艺术展	2000.11.04－2001.05.13	美国	芝加哥艺术博物馆、旧金山亚洲艺术博物馆
97.	山东青州龙兴寺出土佛教造像展	2001.01.19－04.15	中国香港	香港艺术馆
98.	中国百件珍宝展	2001.08.14－2002.01.15	以色列	耶路撒冷以色列博物馆
99.	中国山东青州佛教造像展	2001.09.20－11.18	德国	柏林国立博物院老博物馆
100.	中国山东青州佛教造像展	2002.01.13－04.01	瑞士	苏黎世莱特伯格博物馆
101.	中华恐龙大展	2002.01.26－08.31	中国台湾	台北市儿童交通博物馆、台中县立港区艺术中心、高雄科学工艺博物馆
102.	中国山东青州佛教造像展	2002.04.23－07.14	英国	伦敦皇家艺术学院
103.	英雄时代展	2004.03.19－2005.08.22	韩国	首尔乐天世界民族博物馆、安山市立文化艺术中心、釜山国际会展中心
104.	中国历代王朝展	2004.04.24－11.23	日本	静冈县立美术馆、ゲリーンドーム前桥、东京上野松坂屋、石川县立美术馆、FKD购物中心宇都宫インターバーク店、长野市立博物馆
105.	中国国宝展Ⅱ	2004.09.28－2005.03.27	日本	东京国立博物馆、大阪国立国际美术馆
106.	走向盛唐展	2004.10.12－2005.01.23	美国	纽约大都会艺术博物馆

续表

序号	展览名称	展览时间	展出国家或地区	展览场地
107.	古代都市诞生展	2004.10.27－2005.02.20	日本	大阪历史博物馆、北九州市自然历史博物馆
108.	大唐王朝女性之美展	2004.11.13－2005.07.31	日本	名古屋松坂屋美术馆、福冈亚洲美术馆、冈山县立美术馆、大阪市立美术馆、宫崎县综合博物馆
109.	走向盛唐——文化的融合与交流展	2005.03.14－06.10	中国香港	香港文化博物馆、爱知县世博会中国馆
110.	2005 爱知世博会主题馆中国文物展	2005.03.25－09.25	日本	爱知世博会长久手会场
111.	中国历代王朝展	2005.03.26－2006.02.19	日本	熊本县立美术馆、大分县立艺术会馆、鹿儿岛县历史资料中心—黎明馆、新潟市大和百货店美术馆、京都市伊势丹百货店美术馆、福冈亚洲美术馆
112.	第 3 届京畿道世界陶瓷双年展——青瓷的色与形	2005.04.23－06.19	韩国	光州朝鲜官窑博物馆
113.	井真成墓志特展	2005.05.15－7.20	日本	爱知世博会中国馆、爱知世博会主题馆
114.	雷峰塔出土文物特展（雷峰塔——密宝与白蛇传奇展）	2005.06.10－12	中国台湾	台北历史博物馆、台中美术馆
115.	中国·美的十字路展	2005.07.01－2006.06.18	日本	东京森美术馆、滋贺 MIHO 美术馆、福冈九州国立博物馆、仙台东北历史博物馆
116.	遣唐使与唐代美术展	2005.07.20－10.10	日本	东京国立博物馆、奈良国立博物馆
117.	九州国立博物馆开馆纪念特别展：美之国日本	2005.10.16－11.27	日本	福冈九州国立博物馆
118.	东亚古代苑池展	2005.10.22－12.11	日本	奈良文化财研究所飞鸟资料馆
119.	丝路遗宝展	2005.10.22－2006.5.14	意大利	特拉维索市卡萨德·卡拉雷兹博物馆
120.	井真成墓志返乡展	2005.12.01－12.11	日本	大阪府藤井寺市立生涯学习中心
121.	孙中山纪念展	2006.12.11－2008.12.04	中国香港	香港孙中山纪念馆

序号	展览名称	展览时间	展出国家或地区	展览场地
122.	道德经版本（文物）展	2007.04.26－06.05	中国香港	香港文物探知馆
123.	中国国宝巡回展	2007.05.22－2008.02	韩国	首尔历史博物馆、大邱市启明大学行素博物馆
124.	中国考古新发现展	2007.07.24－09.24	中国香港	香港历史博物馆
125.	中国古代艺术集粹展	2007.10.16－2008.03.15	俄罗斯	艾尔米塔什博物馆（圣彼得堡）、诺夫格勒德国立联合博物馆（大诺夫格勒德市）
126.	辽宋夏金元文物展	2007.10.20－2008.05.04	意大利	特拉维索市卡萨德·卡拉雷兹博物馆
127.	香港中文大学考古博物馆新馆建成开幕礼展（玉玦与白陶起源展）	2007.11.23－2008.04.30	中国香港	香港中文大学文物馆
128.	中国文物精华展	2007.11.28－2008.02.28	菲律宾	菲律宾国家博物馆、马尼拉大都会博物馆
129.	道教文物艺术展	2008.02.22－05.11	中国香港	香港中文大学文物馆
130.	中国：从汉风到唐韵展	2008.03.06－06.06	意大利	佛罗伦萨斯特罗奇宫
131.	日中书法传承展	2008.03.13－03.23	日本	东京美术俱乐部
132.	华夏瑰宝展	2008.03.27－06.30	南非	比勒陀利亚国立文化史博物馆
133.	中国古代文物展	2008.04.15－2009.03.31	中国澳门	澳门博物馆
134.	天马的传说展	2008.04.5－06.01	日本	奈良国立博物馆
135.	大三国志展	2008.05.02－2009.03.15	日本	东京富士美术馆、北海道立旭川美术馆、关西国际文化中心、福冈亚洲美术馆、香川县立博物馆、名古屋松坂屋美术馆、群马前桥文化馆
136.	兵马俑与丝绸之路展（天国）	2008.07.10－11.16	意大利	都灵考古博物馆
137.	中国马文化展	2008.07.16－10.13	中国香港	香港历史博物馆

序号	展览名称	展览时间	展出国家或地区	展览场地
138.	王翚艺术展	2008.09.09－2009.01.04	美国	纽约大都会艺术博物馆
139.	像应神全——明清人物肖像画特展	2008.09.27－11.30	中国澳门	澳门艺术博物馆
140.	中国茶文化展	2008.10.08－2009.01.11	芬兰	埃斯堡艺术博物馆
141.	独特的视角——罗聘的艺术世界展	2009.04.09－07.12	瑞士	苏黎世李特伯格博物馆
142.	西藏艺术与考古展	2009.04.10－2010.05.20	日本	福冈九州国立博物馆、北海道立近代美术馆、东京上野之森美术馆、大阪历史博物馆、仙台博物馆
143.	华夏瑰宝展	2009.05.08－08.08	突尼斯	国立迦太基博物馆
144.	独特的视角——罗聘的艺术世界展	2009.10.05－2010.01.10	美国	纽约大都会艺术博物馆
145.	中国古代帝王珍宝展	2009.10.08－2010.01.24	比利时	布鲁塞尔美术宫
146.	啸虎和跃鲤：中国动物画的象征意义展	2009.10.09－2010.01.03	美国	辛辛那提艺术博物馆
147.	丝绸之路展	2009.10.23－2010.02.70	比利时	布鲁塞尔皇家历史艺术博物馆
148.	中国明代文物特展	2009.10.24－2010.050.9	意大利	特拉维索市卡萨德·卡拉雷兹博物馆
149.	中华之耀——山东省古玉器展	2009.12.19－2010.02.21	日本	山口县立萩美术馆·浦上纪念馆
150.	秦汉——罗马文明展	2010.04.15－2011.02.06	意大利	米兰王宫、罗马元老院和威尼斯宫
151.	大三国特展	2010.06.04－2011.09.05	中国台湾	台北历史博物馆
152.	通往亚洲之路展	2010.06.24－10.10	比利时	布鲁塞尔美术宫
153.	圣地西藏——最接近天空的宝藏展	2010.07.01－2011.01.09	中国台湾	台北故宫博物院、高雄科学工艺博物馆

续表

序号	展览名称	展览时间	展出国家或地区	展览场地
154.	港深古代文化根源展	2010.07.10－2011.06.30	中国香港	香港中文大学文物馆
155.	丝路之马展	2010.07.13－09.50	日本	九州国立博物馆
156.	忽必烈的时代——中国元代艺术展	2010.09.28－2011.01.02	美国	纽约大都会艺术博物馆
157.	文艺绍兴——南宋艺术与文化特展	2010.10.07－12.26	中国台湾	台北故宫博物院
158.	丝绸之路大文明展	2010.12.17－2011.04.03	韩国	韩国国立中央博物馆
159.	华夏瑰宝展	2011.02.18－11.07	印度	新德里国家博物馆、孟买威尔士王子博物馆、海德拉巴萨拉江博物馆、加尔各答国立图书馆
160.	山水合璧——黄公望与富春山居图特展	2011.06.1－11.07	中国台湾	台北故宫博物院
161.	环珠江口史前石拍展（衣服的起源——树皮衣展览）	2011.08.04－2012.01.04	中国香港	香港中文大学文物馆
162.	孙文·梅屋庄吉与长崎展	2011.10.01－2012.03.25	日本	日本长崎县历史文化博物馆
163.	康熙大帝与太阳王路易十四特展	2011.10.03－2012.01.03	中国台湾	台北故宫博物院
164.	丝绸之路展	2011.10.20－2012.02.26	意大利	戴克里先浴场国家博物馆
165.	从努尔哈赤到溥仪——公元1559－1967年展	2011.10.29－2012.05.13	意大利	特拉维索市卡萨德·卡拉雷兹博物馆
166.	龙行香港展	2012.02.10－2013.01.27	中国香港	香港中文大学文物馆
167.	中国汉代地下珍宝展	2012.05.05－11.11	英国	英国剑桥大学菲茨威廉博物馆
168.	来自黄土高原的考古发现展	2012.06.16－10.21	美国	佛朗辛·克拉克艺术中心
169.	千年重光——山东青州龙兴寺佛教造像展	2012.07.14－09.30	中国台湾	佛光山佛陀纪念馆

续表

序号	展览名称	展览时间	展出国家或地区	展览场地
170.	中华大文明展	2012.10.05－2013.09.16	日本	东京国立博物馆、神户市立博物馆、名古屋市博物馆、九州国立博物馆
171.	两宫藏藏传佛教及藏族文物珍品展	2012.10.19－2013.06.02	意大利	特拉维索市卡萨德·卡拉雷兹博物馆
172.	商王武丁与后妇好——殷商盛世文化艺术特展	2012.10.20－2013.02.19	中国台湾	台北故宫博物院
173.	华夏瑰宝展	2012.11.20－2013.02.20	土耳其	伊斯坦布尔拓普卡帕老皇宫博物馆
174.	中国西域·丝路传奇展	2013.02.08－2014.01.13	日本	长崎孔子庙中国历代博物馆
175.	华夏瑰宝展	2013.04.29－08.14	罗马尼亚	罗马尼亚国家历史博物馆
176.	早期中国（公元前3500年－公元前221年）——中华文明系列展Ⅰ	2013.06.20－2014.03.20	意大利	罗马威尼斯宫国立博物馆
177.	光照大千——丝绸之路的佛教艺术展	2013.09.14－12.08	中国台湾	佛光山佛陀纪念馆
178.	地下的中国——凤鸾龙翔考古展	2013.10.25－2014.03.02	中国香港	香港中文大学文物馆
179.	中国古代绘画名品700-1900展	2013.10.26－2014.01.19	英国	英国维多利亚与艾尔伯特博物馆
180.	斗品团香——中摩茶文化交流展	2013.11.25－2014.07.15	摩洛哥	索维拉市穆罕默德·本·阿卜杜拉先生博物馆
181.	光照大千——丝绸之路的佛教艺术展	2013.12.20－2014.03.24	中国台湾	台东史前文化博物馆
182.	十里红妆——中国浙东地区婚俗文物展	2014.06.07－2015.05.25	日本	长崎孔子庙中国历代博物馆
183.	华夏瑰宝展	2014.08.07－11.09	捷克	布拉格城堡
184.	明：皇朝盛世五十年（1400-1450年）展	2014.09.18－2015.01.05	英国	大英博物馆
185.	七宝瑞光——中国南方佛教艺术展	2014.09.23－2015.05.24	中国台湾	佛光山佛陀纪念馆、台东史前文化博物馆、台北历史博物馆

序号	展览名称	展览时间	展出国家或地区	展览场地
186.	汉风——中国汉代文物展	2014.10.21－2015.03.01	法国	国立吉美亚洲艺术博物馆
187.	牵星过洋——中非海上丝绸之路历史文化展	2014.12.15－2015.01.15	坦桑尼亚	达累斯萨拉姆国家博物馆
188.	颐和园珍宝展	2014.12.15－2015.03.03	马来西亚	马来西亚国家博物馆
189.	华夏瑰宝展	2015.02.06－04.19	匈牙利	匈牙利工艺美术馆
190.	天地之中——中华文明之源图片展	2015.05.23－	秘鲁	秘鲁国家考古人类学历史博物馆
191.	佛光普熙——河北幽居寺塔石佛暨佛塔宝藏艺术展	2015.05.23－08.20	中国台湾	佛光山佛陀纪念馆
192.	兰房旧梦——中国明清贵族妇女生活展	2015.06.08－07.26	日本	东京涩谷区立松涛美术馆
193.	汉武盛世展	2015.06.23－10.05	中国香港	香港历史博物馆
194.	古代佛教艺术展	2015.09.24－11.15	韩国	韩国国立中央博物馆
195.	中塞文化对话展	2015.09.28－12.14	塞浦路斯	利马索尔区考古博物馆
196.	中国古代都城文物展——汉魏晋南北朝	2015.09.8－12.06	韩国	汉城百济博物馆
197.	以法相会——明清水陆画展	2015.11.14－2016.02.28	中国台湾	佛光山佛陀纪念馆
198.	吴冠中：大美无垠展	2015.11.25－2016.09.25	新加坡	新加坡国家美术馆
199.	华夏瑰宝展	2016.09.06－2017.01.07	卡塔尔	多哈伊斯兰艺术博物馆
200.	天涯若比邻——华夏瑰宝秘鲁行展	2016.10.07－12.08	秘鲁	秘鲁国家考古人类学历史博物馆
201.	唯一的汉字，唯一的美——汉字的历史与美学展	2016.10.19－2017.09.10	日本	东京富士美术馆、京都市美术馆、新潟县立近代美术馆、东北历史博物馆、高崎市美术馆

续表

序号	展览名称	展览时间	展出国家或地区	展览场地
202.	丝路瑰宝展	2016.10.21－2017.01.08	拉脱维亚	拉脱维亚国家艺术博物馆之里加美术馆
203.	跨越海洋——中国海上丝绸之路文化遗产精品联展	2016.10.26－12.27	中国香港	香港历史博物馆
204.	紫禁佛光——明清宫廷佛教艺术展	2016.11.27－2017.2.26	中国台湾	佛光山佛陀纪念馆
205.	丝路瑰宝展	2017.01.20－04.18	立陶宛	艺术博物馆所属应用艺术设计博物馆
206.	18世纪的江户与北京展	2017.02.18－04.09	日本	江户东京博物馆
207.	秦汉文明展	2017.03－2017.07	美国	纽约大都会艺术博物馆
208.	二十一度母唐卡礼赞——2017西藏艺术海外交流展	2017.10.3－10.30	法国	宫殿艺术博物馆
209.	长风破浪——中斯海上丝路历史文化展	2017.12.20－2018.01.20	斯里兰卡	科伦坡国家博物馆
210.	文白之变——民国大师与中国新文学展	2018.08.31－12.22	日本	长崎孔子庙中国历代博物馆
211.	华夏瑰宝展	2018.09.12－11.23	沙特阿拉伯	利雅得国家博物馆
212.	古代亚洲镇墓兽展	2018.12－2019.02	韩国	韩国国立公州博物馆
213.	多彩草原——呼伦贝尔民俗文物展	2019.04.19－2019.09	日本	长崎孔子庙中国历代博物馆
214.	风雅江南——常熟博物馆藏文房珍玩展	2019.07.29－10.30	日本	长崎孔子庙中国历代博物馆
215.	三国志展	2019.07－2020.01	日本	东京国立博物馆、九州国立博物馆
216.	尘封璀璨——阿富汗古文物展	2019.11.06－2020.02.10	中国香港	香港历史博物馆
217.	长路相贯——茶马古道上的人文历史展	2021.12.31－2022.04.03	中国台湾	佛光山佛陀纪念馆

▼ 附件 2-2　中国文物交流中心举办文物入境展览统计（1971-2021 年）

序号	展览名称	展览时间	展览场地
1.	西天诸神——古代印度瑰宝展	2006.12.26-2007.10.07	首都博物馆、河南博物院、重庆中国三峡博物馆、西汉南越王博物馆
2.	安纳托利亚文明：从新石器时代到奥斯曼帝国展	2013.11.18-2014.02.20	上海博物馆
3.	罗马尼亚珍宝展	2016.01.28-05.08	中国国家博物馆
4.	中马关系：从古代到未来展	2016.12.20-2017.02.28	宁波博物院
5.	阿拉伯之路——沙特出土文物展	2016.12.20-2017.03.19	中国国家博物馆
6.	俄国罗曼诺夫王朝时期彼得大帝夏宫藏品展	2017.06.11-2018.10.09	成都博物馆、贵州省博物馆、河北博物院、中华世纪坛艺术馆、颐和园
7.	阿富汗国家珍宝展	2018.02.01-2019.10.09	成都博物馆、南山博物馆、湖南博物院、清华大学艺术博物馆、南京博物院
8.	平山郁夫藏丝路文物展	2018.11.27-2021.05.28	中国国家博物馆、辽宁省博物馆、洛阳博物馆、深圳博物馆、宁波博物馆
9	大美亚细亚——亚洲文明展	2019.05.13-08.12	中国国家博物馆
10.	大美亚细亚——亚洲文明展	2019.08.27-2020.01.05	中国（海南）南海博物馆
11.	奥地利古堡银器展	2019.08-2021.08	贵州省博物馆、沈阳张氏帅府博物馆
12.	法兰西的雄鹰——拿破仑文物（中国）巡回展览	2019.3.12-06.09	云南省博物馆
13.	大美亚细亚——亚洲文明展	2020.04.24-10.18	孔子博物馆
14.	同在东方——亚洲古代文明展	2020.12.04-2021.02.28	河北博物院
15.	物映东西——19 世纪中国外销艺术品中的东方与西方	2020.12.31-2021.04.05	辽宁省博物馆
16.	遇见浮世·博览江户——江户时代浮世绘原版珍藏展	2021.03.12-05.06	今日美术馆
17.	拉斐尔与古典准则——意大利圣路加国家美术学院珍品大展	2021.04.29-06.27	南山博物馆
18.	我们亚洲——亚细亚古代文明展	2021.07.08-10.08	湖南博物院

续表

序号	展览名称	展览时间	展览场地
19.	一支铅笔诞生的世界——动漫原画特展	2021.07.25-10.25	苏州尹山湖美术馆
20.	"叙"写传奇——叙利亚古代文物精品展	2021.08.14-11.07	南山博物馆
21.	微观之作——英国维多利亚与艾尔伯特博物馆馆藏精品展	2021.09.30-2022.01.04	郑州博物馆（新馆）
22.	多彩的图像——浮世绘艺术展	2021.10.22-2022.01.02	辽宁省博物馆
23.	文明的万花筒——叙利亚古代文物精品展	2021.12.30-2022.05.08	成都金沙遗址博物馆

▼ 附件2-3　中国文物交流中心举办中国境内文物展览统计（1971—2021年）

序号	展览名称	展览时间	展览场地
1.	中国文物精华展	1990.06—1991.11	故宫博物院
2.	国宝 法兰西之旅——赴法国"文化年"文物展览归国汇报展	2005.02.01—03.31	中国国家博物馆
3.	世纪国宝展（赴日本"中国国宝展Ⅱ"归国汇报展）	2005.04.26—06.15	中华世纪坛艺术馆
4.	"走向盛唐展"归国汇报展	2006.07.28—10.22	湖南博物院
5.	道德经版本（文物）展	2007.04.26—06.05	中国国家图书馆
6.	后土吉金 国宝荟萃——陕西宝鸡农民保护文化遗产成果展	2007.06.05—06.15	首都博物馆
7	赴香港"中国考古新发现展"汇报展	2007.11.02—2008.02.24	西汉南越王博物馆
8.	奇迹天工——中国古代发明创造文物展	2008.07.28—09.20	中国科技馆新馆
9.	赴日本"大三国志展"归国汇报展	2009.04.12—2010.11.28	上海图书馆、湖北省博物馆、良渚博物院、湖州博物馆、国家大剧院、河南博物院、四川博物院
10.	秦汉——罗马文明展	2009.07.30—2010.10.07	中华世纪坛艺术馆、洛阳博物馆
11.	利玛窦——明末中西科学技术文化交融的使者展	2010.02.06—07.25	首都博物馆、上海博物馆、南京博物院
12.	众志成城雷霆出击——全国重点地区打击文物犯罪专项行动成果展	2010.11.16—12.04	中国人民革命军事博物馆
13.	圣地西藏——最接近天空的宝藏国内巡展	2011.04.12—09.05	湖北省博物馆、河南博物院
14.	忽必烈的时代——中国元代艺术国内巡展	2011.07.12—09.13	内蒙古博物院
15.	知古鉴今——《资治通鉴》展	2015.04.16—06.16	劳动人民文化宫
16.	佛首回归展	2016.03.01—03.15	中国国家博物馆
17.	两朝帝师翁同龢及翁氏家族文物特展	2016.05.15—07.25	北京天坛

续表

序号	展览名称	展览时间	展览场地
18.	秦汉文明展	2017.09.17－11.17	中国国家博物馆
19.	秦汉文明展	2018.02.13－05.13	海南省博物馆
20.	金色名片——改革开放40年中国出入境文物展览回顾图片展	2018.05.18－2019.11	上海历史博物馆、广西民族博物馆、常熟博物馆、宁夏固原博物馆、吉林省博物馆、郑州博物馆等
21.	见相非相——犍陀罗佛像艺术特展	2019.07.06－08.28	嘉德艺术中心
22.	回归之路——新中国成立七十周年流失文物回归成果展	2019.09.17－11.17	中国国家博物馆
23.	跨越时空的文明对话——新中国出入境文物展览70年回顾（图片展）	2019.09－2020.04	孔子博物馆、颐和园
24.	鼎盛中华——中国鼎文化特展	2019.10.19－2020.01.31（持续开放至5月撤展）	二里头夏都遗址博物馆
25.	相约北京——首届国际唐卡艺术展暨世界唐卡艺术大会	2019.12.18－12.24	中华世纪坛
26.	三国志文化主题特展	2020.01.23－2021.10.07	中华世纪坛艺术馆、南山博物馆、吴中博物馆、武侯祠博物馆
27.	清高宗乾隆皇帝展	2020.01－03	郑州博物馆（新馆）
28.	"启示——人类抗疫文明史"图片展	2020.05.18－07.19	辽宁省博物馆
29.	书写与传承——全国文博系统70年书画作品展	2020.08.04－12.06	西宁市博物馆、山西博物馆、徐州博物馆、浙江省博物馆、河南博物院、吉林省博物院等
30.	伟大贡献——中国与世界反法西斯战争	2020.09.01－12.31	莆田市博物馆
31.	锦衣王朝——穿越大明风华历史文化艺术展	2020.12.25－2021.03.25	深圳中心书城
32.	绿蚁红泥年画时——美好生活展	2021.02.12－03.14	常熟美术馆
33.	永远飘扬的旗帜——西迁精神全国巡展	2021.05.18－11.18	铜川博物馆
34.	"光辉岁月 追寻红色记忆"——澳门收藏家革命油画艺术展	2021.06.16－07.01	延安鲁艺文化园区

序号	展览名称	展览时间	展览场地
35.	"不忘来时路 永远跟党走——讲述革命文物背后的故事"图片展	2021.06.25－08.15	国家大剧院
36.	丰碑——凝结在共和国历史中的记忆	2021.06.26－2022.01.15	昆明市博物馆、南京市博物馆、成都安仁古镇华公馆
37.	继往开来——庆祝中国共产党建党百年红色收藏展	2021.07.02－07.18	炎黄艺术馆
38.	光辉历程——庆祝中国共产党成立100周年重大历史题材雕塑作品展	2021.07.08－07.19	中华世纪坛
39.	遇见敦煌——光影艺术展	2021.07.22－10.18	北京五棵松华熙Live广场
40.	琴瑟起·和风乐舞共清平展	2021.09.26－2022.01.09	沈阳张氏帅府博物馆
41	不忘来时路——庆祝中国共产党成立100周年革命文物展	2021.11.09－11.30	中国人民革命军事博物馆
42.	富贵长春——中国传统财富文化展	2021.12.28－2022.03.20	成都博物馆
43.	冰雪·双城·盛会——从1202到2022展	2021.12.31－2022.03.31	张家口市崇礼区太子城遗址陈列馆

附件 3
故宫博物院举办的文物对外交流展览统计表 [1]
（1949-2019 年）

▼ 附件 3-1　故宫博物院举办文物出境展览统计表（1949-2019 年）

序号	展览名称	展览时间	展出国家或地区	展览场馆
1.	中国月展览（展品 155 件）	1950	捷克斯洛伐克	前捷克斯洛伐克布拉格国际博览会
2.	中国艺术品展览会	1950	苏联	莫斯科特列季亚科夫艺术馆、列宁格勒埃尔米塔日博物馆、柏林国立博物馆、波兰华沙
3.	中国艺术国际展览会	1970	英国	伦敦皇家艺术研究院
4.	明清工艺美术展览	1974	日本	日本中国文化交流协会、日本中国友好协会
5.	故宫珍宝展览	1980	新加坡	/
6.	中国陶瓷古窑址展览	1980	英国	/
7.	故宫博物院明清宫廷生活展览	1980	美国	/
8.	中国考古陶瓷标本展览	1981	中国香港	/
9.	中国美术至宝展	1981	日本	/
10.	中国考古陶瓷标本展览	1982.04.20－05.30	日本	出光美术馆
11.	钟表展览	1982	中国香港	香港会议展览中心
12.	故宫珍宝展览	1982	日本	/
13.	清代帝后万寿庆典文物展览	1983	中国香港	中艺（香港）有限公司
14.	清代宫廷文物展览	1983	新加坡	/

1　注：主要根据故宫博物馆大事记内容整理而来，此表为不完全统计。

续表

序号	展览名称	展览时间	展出国家或地区	展览场馆
15.	清代宫廷服装展览	1983	联邦德国	/
16.	紫禁城文物展览	1984	美国	佛罗里达州迪士尼世界
17.	紫禁城中和韶乐乐器展览	1984	美国	新奥尔良
18.	清代扬州画派作品展览	1984	中国香港	香港中文大学文物馆
19.	故宫博物院宫廷艺术展览	1985	日本	西武美术馆
20.	故宫珍宝展览	1985	联邦德国、奥地利	西柏林地平线艺术节等
21.	清代帝后寝居展览	1986	中国香港	香港中国文物展览馆
22.	故宫博物院钟表工艺展览	1986	美国	佛罗里达州迪士尼世界
23.	清代广东贡品展览	1987	中国香港	香港中文大学文物馆
24.	故宫博物院藏明代绘画展览	1988	中国香港	香港中文大学文物馆
25.	清代皇家珍藏文物展览	1988	日本	/
26.	清代帝后服饰展览	1988	澳大利亚	澳大利亚国立维多利亚美术馆
27.	故宫博物院藏明清绘画展览	1989	美国	美火奴鲁鲁艺术院博物馆、亚特兰大高等艺术馆、克利夫兰艺术博物馆、明尼阿波利斯美术学院、纽约大都会博物馆、休斯敦美术馆
28.	清代宫廷文化展览	1989	日本	东京日中友好会馆
29.	清代宫廷文物展览	1990	荷兰	/
30.	中国明清绘画展览	1990	墨西哥	墨西哥城文化艺术中心
31.	故宫博物院藏钟表展览	1990	日本	东京、广岛、仙台、福冈、船桥、札幌、名古屋、大阪等城市
32.	龙的艺术展览	1991	美国	佛罗里达州迪士尼世界
33.	明清绘画展览	1992	韩国	/

序号	展览名称	展览时间	展出国家或地区	展览场馆
34.	紫禁城珍宝展	1992	葡萄牙	/
35.	紫禁城至宝——故宫博物院展	1992	日本	东京都美术馆、金泽市立美术馆
36.	董其昌世纪展	1992	美国	纳尔逊博物馆
37.	清代宫廷文物展	1992	法国	巴黎中国城
38.	皇帝的一天	1994	日本、中国香港	/
39.	紫禁城宫殿珍藏名宝展	1995	日本	富士美术馆
40.	清宫秘藏钟表精华展	1995	日本	大阪等7个城市
41.	后妃文化生活展	1995	日本	/
42.	清代皇后的一天展	1996	中国香港	/
43.	慈禧生活展	1996	中国香港	市政局博物馆举办香港市政局沙田大会堂展厅开幕
44.	朗世宁故宫藏品展	1996	中国香港	商务印书馆
45.	文明与陶瓷展	1996	日本	/
46.	康乾盛世书画展	1999	中国澳门	澳门艺术博物馆
47.	清代皇家政务与内廷生活展	1999	美国	/
48.	清宫藏钟表展	1999	日本	/
49.	西太后展	1999	日本	/
50.	故宫珍宝展	1999	日本	/
51.	明清家具展	1999	中国台湾	台湾历史博物馆
52.	书法的变革	2000	中国台湾	
53.	黄金秘宝展	2000	日本	日本冈山开幕，并先后在岐阜、佐贺、爱媛、滨松、岛根等地巡回展出
54.	清宫筵宴展	2000	中国香港	/
55.	金相玉质——清代宫廷包装艺术展	2000	中国澳门	澳门艺术博物馆

续表

序号	展览名称	展览时间	展出国家或地区	展览场馆
56.	世界陶瓷文明展	2001	韩国	汉城湖岩美术馆、中央博物馆、湖林美术馆、海刚陶瓷美术馆
57.	元明清名陶百选展	2001	日本	/
58.	东北亚陶瓷交流展	2001	韩国	京徽道利川世界陶瓷文明中心、广州朝鲜官窑博物馆
59.	故宫宫廷文物展	2001.10.04－10.21	日本	小田急美术馆
60.	北京故宫博物院秘藏名宝展	2002	日本	/
61.	紫禁城文物展	2002	美国	纽约等地
62.	黄金的辉煌展	2002	日本	/
63.	故宫宫廷文物展	2002	日本	孔子庙中国历代博物馆
64.	乾隆皇帝与清代宫廷艺术展	2002	英国	苏格兰皇家博物馆
65.	怀抱古今——乾隆皇帝的文化生活艺术展	2002.12.16－2003.03.17	中国澳门	澳门艺术博物馆
66.	海过波澜——清代宫廷西洋传教士画师绘画流派精品展	2002.12.16－2003.03.17	中国澳门	澳门艺术博物馆
67.	故宫博物院秘藏名宝展	2003.01.09－02.09	日本	岩手县民会馆
68.	来自东方的至尊——紫禁城帝后生活文物展	2003.02.20－05.18	巴西	圣保罗奥卡展览馆
69.	康雍乾盛代精华展	2003.02.23－08.17	中国台湾	高雄市立美术馆（2003.02.23-04.20）、台中港区艺术中心（2003.04.26 06.22）、台北孙中山纪念馆（2003.06.28-08.17）
70.	故宫博物院藏文物展	2003.04.03－10.28	日本	九井金井百货公司美术馆（2003.04.03-04.21）、新泻大和百货公司美术馆（2003.05.01-05.18）、金泽石川县立博物馆（2003.06.14-07.13）、鹿儿岛县立黎明馆（2003.07.24-08.31）、宇都宫福田屋百货公司美术馆（2003.10.15-10.28）

续表

序号	展览名称	展览时间	展出国家或地区	展览场馆
71.	妙谛心传——故宫珍藏藏传佛教文物展	2003.12.13–2004.03.14	中国澳门	澳门艺术博物馆
72.	康熙时期艺术展	2004.01.24–05.31	法国	凡尔赛宫博物馆
73.	乾隆大帝展	2004.03.12–09.19	美国	芝加哥富地博物馆
74.	神圣的山峰展	2004.03.30–06.28	法国	巴黎大宫殿博物馆
75.	石涛、八大山人书画展	2004.09–12	中国澳门	澳门艺术博物馆
76.	日升月恒——故宫珍藏钟表展	2004.12–2005.03	中国澳门	澳门艺术博物馆
77.	盛世华章·中国：1662—1795展	2005.11–2006.04	英国	英国伦敦皇家艺术学院柏灵顿宫
78.	北京故宫博物院展——清朝末期宫廷艺术与文化	2006.01.21–12.19	日本	长崎县立文化历史博物馆、JR京都伊势丹美术馆、前桥文化会馆、大分县立艺术会馆、东京都日本桥高岛屋美术馆、宇都宫市FKD美术馆、广岛县立美术馆
79.	故宫宫廷文物展——清代皇室的信仰	2006.06–2007.05	日本	长崎孔子庙中国历代博物馆
80.	中国之梦展	2006.10.04–12.10	丹麦	丹麦克里斯钦堡宫
81.	永乐文渊——清代宫廷典籍文化艺术特展	2006.12.15–2007.03.18	中国澳门	澳门艺术博物馆
82.	故宫博物院藏珍宝展	2007.03.26–06.03	俄罗斯	克里姆林宫博物馆
83.	国之重宝——故宫博物院藏晋唐宋元书画展	2007.06.28–08.11	中国香港	香港艺术馆
84.	晶莹的世界——故宫藏中国古代玉器展	2007.08.30–11.11	澳大利亚	新南威尔士艺术博物馆

续表

序号	展览名称	展览时间	展出国家或地区	展览场馆
85.	神秘的紫禁城	2007.11.20—2008.03.20	意大利	罗马科尔索博物馆
86.	天下家国——以物见史故宫专题文物特展	2007.12.14—2008.03.16	中国澳门	澳门艺术博物馆
87.	翰墨千秋——北京故宫藏历代书法大展	2008.07.14—09.14	日本	东京都江户东京博物馆
88.	金龙白鹰——清廷与萨克森－波兰宫廷的艺术与权力展	2008.10.11—2009.01.11	德国	德累斯顿艺术收藏馆
89.	钧乐天听——故宫珍藏戏曲文物特展	2008.12.12—2009.03.15	中国澳门	澳门艺术博物馆
90.	故宫藏琉球时期文物展	2008.11.01—2009.12.21	日本	冲绳县立博物馆
91.	康熙盛世——故宫珍宝展	2009.03.12—06.14	新加坡	新加坡亚洲文明博物馆
92.	雍正——清世宗文物大展	2009.10.07—2010.01.10	中国台湾	台北故宫博物院
93.	九九归一——庆祝澳门回归祖国十周年故宫珍宝展	2009.12.15—2010.03.15	中国澳门	澳门艺术博物馆
94.	乾隆花园古典家具与内装修设计展	2010.09—2011.08	美国	马萨诸塞州的皮博迪埃塞克斯博物馆、美国纽约大都会博物馆、威斯康星州的密尔沃基美术馆等
95.	紫禁城皇家服饰展	2010.12.06—2011.02.27	英国	英国维多利亚和阿尔伯特博物馆
96.	地上的天宫	2011.05.03—2012.03.22	日本	东京富士美术馆、北海道立近代美术馆、关西国际文化中心、福冈市美术馆、松板屋美术馆、爱媛县美术馆
97.	宇野雪村之美	2011.07.06—07.31	日本	日本国立新美术馆
98.	重扉轻启——明清宫廷生活文物展	2011.09—2012.01	法国	卢浮宫博物馆

续表

序号	展览名称	展览时间	展出国家或地区	展览场馆
99.	紫禁城山水画精品展	2011.11.03–2012.01.08	美国	美国檀香山艺术学院
100.	故宫珍藏两宋瓷器精品展	2011.12.07–2012.03.11	中国澳门	澳门艺术博物馆
101.	国宝观澜——故宫博物院文物精华	2012.01.02–02.19	日本	东京国立博物馆
102.	古代玉器珍品展	2012.03.31–05.31	墨西哥	墨西哥国家人类学博物馆
103.	颐养谢尘喧——乾隆皇帝的秘密花园展	2012.06.22–10.14	中国香港	香港艺术馆
104.	金昭玉粹：清代宫廷生活	2012.10.20–2013.01.20	德国	德国科隆东亚艺术博物馆
105.	君子比德——故宫珍藏清代玉器精品展	2012.12.13–2013.03.10	中国澳门	澳门艺术博物馆
106.	国采朝章——清代宫廷服饰	2013.07.31–10.07	中国香港	香港历史博物馆
107.	"山水清晖"故宫、上博珍藏王鉴、王翚及虞山派绘画精品展	2013.09.05–11.17	中国澳门	澳门艺术博物馆
108.	十全乾隆——清高宗的艺术品味	2013.10.08–2014.01.07	中国台湾	台北故宫博物院
109.	中国古代绘画名品（700-1900）	2013.10.26–2014.01.19	英国	英国维多利亚和阿尔伯特博物馆
110.	清心妙契——故宫博物院及英国国立维多利亚与艾伯特博物馆藏中西茶文物特展	2013.12.14–2014.03.09	中国澳门	澳门艺术博物馆
111.	紫垣撷珍——故宫博物院藏明清宫廷生活文物展	2014.03.08–2015.01.11	加拿大	皇家安大略博物馆（2014.03.08–09.01）、温哥华美术馆（2014.10.18–2015.01.11）
112.	卓椅非凡：穿梭时空看世界	2014.06.07–2014.09.15	中国香港	香港文化博物馆

续表

序号	展览名称	展览时间	展出国家或地区	展览场馆
113.	"梅景秘色"吴湖帆书画鉴赏精品展	2014.09.27−11.16	中国澳门	澳门艺术博物馆
114.	紫禁城—北京故宫博物院皇家珍品展	2014.10.18−2015.01.11	美国	美国弗吉尼亚美术馆
115.	朱艳增华——故宫珍藏清乾隆漆器精品展	2014.12.12−2015.03.08	中国澳门	澳门艺术博物馆
116.	中国的黄金时代：乾隆皇帝（1736−1795）	2015.03.27−06.21	澳大利亚	澳大利亚维多利亚州国家美术馆
117.	西洋奇器——清宫科技展	2015.06.26−09.23	中国香港	香港科学馆
118.	中国：镜花水月	2015.05.04−07.24	美国	美国大都会艺术博物馆
119.	神笔丹青——郎世宁来华	2015.10.08−2016.01.04	中国台湾	台北故宫博物院
120.	仙工奇制——故宫珍藏痕都斯坦玉器精品展	2015.11.27−2016.02.27	中国香港	香港中文大学中国文化研究所
121.	太乙嵯峨——紫禁城建筑艺术特展	2015.12.12−2016.03.13	中国澳门	澳门艺术博物馆
122.	盛世繁华——紫禁城清代宫廷生活艺术	2016.09.02−11.27	智利	智利总统府文化中心
123.	希腊国家考古博物馆成立150周年纪念展	2016.10.03−2017.01.06	希腊	希腊国家考古博物馆
124.	宫囍——清帝大婚庆典	2016.11.29−2017.02.27	中国香港	香港文化博物馆
125.	平安春信——故宫珍藏花器精品展	2016.12.17−2017.03.12	中国澳门	澳门艺术博物馆
126.	永膺福庆——清代宫廷的辉煌	2017.04.20−10.20	芬兰	芬兰坦佩雷市博物馆中心
127.	八代帝居——故宫养心殿文物展	2017.06.28−10.13	中国香港	香港文化博物馆

序号	展览名称	展览时间	展出国家或地区	展览场馆
128.	万寿载德—清宫帝后诞辰庆典	2017.07.02－10.09	中国香港	香港历史博物馆
129.	继文绳武——清代帝王的家国天下	2017.07.14－09.10	摩纳哥	摩纳哥格里马尔迪宫
130.	传神雅聚——中国明清肖像画展	2017.10.12－2018.01.07	德国	柏林国家博物馆
131.	大阅风仪——故宫珍藏皇家武备精品展	2017.12.15－2018.03.11	中国澳门	澳门艺术博物馆
132.	吉金鉴古：中国古代皇室和文人的青铜器收藏	2018.02.25－05.13	美国	芝加哥艺术博物馆
133.	凤舞紫禁：清代皇后的艺术与生活	2018.08.18－2019.06.23	美国	美国迪美博物馆（2018.08.18－2019.02.10）、美国史密森博物学院佛利尔—赛克勒艺术博物馆（2019.03.30－06.23）
134.	重文德之光华：重华宫原状文物展	2018.09.14－2019.02.14	希腊	希腊雅典卫城博物馆
135.	东风西韵——紫禁城与海上丝绸之路	2018.12.03－2019.03.31	葡萄牙	葡萄牙里斯本阿茹达国家宫
136.	匠心独运——钟表珍宝展	2018.12.07－2019.04.10	中国香港	香港科学馆
137.	海上生辉——故宫博物院藏海派绘画精品展	2018.12.18－2019.03.10	中国澳门	澳门艺术博物馆
138.	18世纪的东方盛世及清高宗乾隆皇帝展	2019.03.15－05.30	俄罗斯	克里姆林宫博物馆
139.	穆穆之仪：来自莫斯科克里姆林宫的俄罗斯宫廷典礼展	2019.08.29－11.08	俄罗斯	莫斯科克里姆林宫博物馆
140.	内里乾坤——故宫文物修复展	2019.12.14－2020.3.18	中国香港	香港科学馆

▼ 附件 3-2　故宫博物院举办文物入境展览统计表（1949-2019 年）

序号	展览名称	展览时间	引进展览国家或地区	展览合作机构
1.	罗马尼亚民间艺术展览	1958.05	罗马尼亚	/
2.	中国古代玻璃珍藏暨现代玻璃创作展览（永寿宫）	1993	中国台湾	台湾琉璃工房
3.	比利时尤伦斯夫妇藏中国书画展	2002.05.18-06.03	比利时	比利时国际艺术世界公司
4.	亚马孙——原生传统展	2004.05.25-08.24	巴西	巴西联络促进会
5.	太阳王路易十四——法国凡尔赛宫珍品特展	2005.05.01-07.31	法国	凡尔赛宫博物馆
6.	世纪典藏 情归华夏——瑞典藏中国陶瓷展	2005.09.26-12.26	瑞典	瑞典世界文化国家博物馆
7.	西班牙骑士文化与艺术——马德里皇家博物馆珍品展	2006.9.28-2007.01.06	西班牙	马德里皇家博物馆
8.	克里姆林宫珍品展	2006.09.28-2007.01.08	俄罗斯	俄罗斯克里姆林宫博物馆
9.	英国与世界——1714-1830	2007.03.10-06.10	英国	大英博物馆
10.	中国·比利时绘画 500 年	2007.06.26-09.05	比利时	比利时布鲁塞尔美术宫
11.	西班牙骑士文化与艺术——马德里皇家武器博物馆珍品展	2007.09.29-2008.01.06	西班牙	马德里皇家武器博物馆
12.	卢浮宫·拿破仑一世展	2008.04.05-07.03	法国	卢浮宫博物馆
13.	陶铸古今——饶宗颐学术·艺术展	2008.10.29-11.12	中国香港	香港大学
14.	白鹰之光——萨克森-波兰宫廷文物精品展	2009.04.08-07.08	德国	德国德累斯顿国家艺术收藏馆
15.	交融——两依藏珍选粹展	2011.04.29-06.27	中国香港	香港两依藏博物馆
16.	山川菁英——中国与墨西哥古代玉石文明展	2012.08.15-11.11	墨西哥	墨西哥人类学与历史局
17.	印度宫廷的辉煌——英国国立维多利亚与艾伯特博物馆珍藏展	2013.4.25-07.31	英国	英国国立维多利亚与艾伯特博物馆

序号	展览名称	展览时间	引进展览国家或地区	展览合作机构
18.	清淡含蓄——故宫博物院汝窑瓷器展	2015.9.29-2016.9.29	英国	英国大英博物馆
19.	玲珑万象——来自美国的俄罗斯皇家法贝热装饰艺术展	2016.04.16-07.17	美国	美国弗吉尼亚美术馆
20.	梵天东土并蒂莲华:公元400-700年印度与中国雕塑艺术展	2016.9.28-2017.01.03	印度	印度国家博物馆
21.	浴火重光——来自阿富汗国家博物馆的宝藏展	2017.03.17-06.17	阿富汗	阿富汗国家博物馆
22.	尚之以琼华——始于十八世纪的珍宝艺术展	2017.04.11-07.17	法国	尚美巴黎（CHAUMET）、法国卢浮宫博物馆、枫丹白露宫、英国国立维多利亚与阿尔伯特博物馆等
23.	茜茜公主与匈牙利——17—19世纪匈牙利贵族生活展	2017.09.28-2018.01.03	匈牙利	匈牙利国家博物馆
24.	铭心撷珍——卡塔尔阿勒萨尼收藏展	2018.4.17-6.18	卡塔尔、瑞士、科威特、俄罗斯	卡塔尔阿勒萨尼收藏基金会
25.	贵胄绵绵:摩纳哥格里马尔迪王朝展	2018.9.07-11.11	摩纳哥	摩纳哥格里马尔迪宫
26.	爱琴遗珍——希腊安提凯希拉岛水下考古文物展	2018.09.14-2019.02.14	希腊	爱琴海安提凯希拉岛沉船"奥卡思号"水下考古文物
27.	流金溢彩——乌克兰博物馆文物及实用装饰艺术大展	2018.09.26-11.19	乌克兰	普拉塔博物馆
28.	传心之美——梵蒂冈博物馆藏中国文物展	2019.05.28-07.14	梵蒂冈	梵蒂冈博物馆
29.	有界之外:卡地亚·故宫博物院工艺与修复特展	2019.06.01-07.31	法国	卡地亚典藏、瑞士钟表博物馆、瑞士山度基金会、美国大都会艺术博物馆等
30.	釉彩国度——葡萄牙瓷板画500年展	2019.06.12-10.07	葡萄牙	葡萄牙国立瓷板画博物馆
31.	天下龙泉——龙泉青瓷与全球化展	2019.7.15-2020.2.16	英国、日本、韩国、伊朗、阿联酋、中国香港	大英博物馆、维多利亚和艾伯特博物馆、杜伦大学东方博物馆、东京国立博物馆、冲绳县立埋葬文化财中心、日本九州陶瓷文化馆、韩国国立中央博物馆、伊朗国家博物馆、阿联酋拉斯海马酋长国国家博物馆等

续表

序号	展览名称	展览时间	引进展览国家或地区	展览合作机构
32.	穆穆之仪：来自莫斯科克里姆林宫的俄罗斯宫廷典礼展	2019.08.29–11.08	俄罗斯	莫斯科克里姆林宫博物馆

附件 4
陕西省主办出境文物展览统计表（1985-2019 年）

序号	展览名称	展览时间	展出国家或地区	展览场地
1.	中国秦代兵马俑展览	1985.08-09	美国	明尼阿波利斯艺术博物馆
2.	中国秦代兵马俑展览	1985.11-12	美国	帕森迪那使节学院
3.	秦始皇兵马俑展览	1986.02-06	中国香港	香港中国文物展览馆
4.	中国陕西省秦兵马俑展览	1986.06-11	日本	日本岩见泽市 21 世纪博览会等
5.	中国秦代兵马俑展览	1986.08-1987.02	新西兰	奥克兰市美术馆、克莱斯特彻奇 Robert mcdougall 美术馆、惠灵顿国家博物馆
6.	秦陵兵马俑和仿制铜车马展	1987.08.19-09.19	加拿大	多伦多市国家艺术中心
7.	陕西省出土文物展（金龙与金马）	1987.08-11	日本	大阪市立美术馆
8.	中国陕西省文物展	1987.10-12	日本	群马县立历史博物馆
9.	中国秦代兵马俑展览	1987.10-12	德国（东德）	民主德国柏林佩加蒙博物馆
10.	唐十八陵文物展	1987.11	日本	京都世界历史名城博览会
11.	中国秦代兵马俑展览	1987.12-1988.02	英国	英国皇家园艺学会旧馆
12.	中国秦代兵马俑展览	1988.03-04	匈牙利	匈牙利国家博物馆
13.	丝绸之路文物展	1988.04-09	日本	奈良国立博物馆（奈良丝绸之路博览会）
14.	中国秦代兵马俑展览	1988.05-06	希腊	希腊雅典国家美术博物馆
15.	陕西省宝鸡市周原出土文物展	1988.07-08	日本	岐阜市历史博物馆
16.	中国唐长安文物展	1989.03-07	日本	兵库县立历史博物馆
17.	中国陕西唐代文物展	1989.03-09	日本	日本福冈 1989 亚洲太平洋博览会

续表

序号	展览名称	展览时间	展出国家或地区	展览场地
18.	秦陵铜车马（复制品）展	1989.04.07－1990.04.06	新加坡	/
19.	东亚文明源流展——中国陕西省出土文物展	1989.09.24－11.12	日本	富山市美术馆
20.	中日友好古钱币展览	1989.10－12	日本	加藤近代美术馆
21.	马年马展	1990.01－03	中国澳门	澳门卢廉若公园内民俗博物馆
22.	中国秦代兵马俑展览	1990.05－06	日本	北九州市立美术馆
23.	长城那方——中国秦代历史文物展览（附西安碑林拓片展）	1990.09－11	德国（西德）	西德多特蒙德东墙博物馆
24.	西安碑林藏石拓本展览	1991.01.02－07	中国澳门	澳门中华总商会三楼礼堂
25.	中国秦兵马俑展览	1992.06－09	法国	L'ARSENAL 中心展馆
26.	丝绸之路——长安秘宝展	1992.07－11	日本	东京 SEZON 美术馆、大津市历史博物馆、北九州市立美术馆
27.	中国唐临摹壁画及文物展览	1992.09－11	日本	福冈市博物馆
28.	中国秦兵马俑展览	1992.11－1993.01	美国	密西根大学艺术博物馆
29.	中国唐代文物精品展	1993.02－03	法国	老佛爷百货公司
30.	中国秦兵马俑展览	1993.06－08	比利时	比利时安特卫普省政府行政大楼
31.	中国的黄金时代——唐王朝和丝绸之路文化遗产展览	1993.08－12	德国	多特蒙德市立艺术文化史博物馆
32.	丝绸之路——长安瑰宝展	1993.10－1994.01	中国香港	香港艺术馆
33.	物华天宝——唐代贵族的物质生活展	1993.11－1994.02	中国香港	香港沙田大会堂
34.	长安至宝与万里长城展（长安文物精华展）	1994.02－03	日本	东京古代文化博物馆
35.	中国秦始皇兵马俑展览	1994.05－1995.01	意大利	威尼斯圣马可广场对面岛上古建筑、罗马中心地区圆柱广场
36.	中国陵墓之宝——古西安的陪葬艺术展	1994.08－1995.06	美国	旧金山亚洲艺术博物馆、沃特堡基姆贝尔博物馆、夏威夷火奴鲁鲁美术馆

序号	展览名称	展览时间	展出国家或地区	展览场地
37.	中国秦代文物展	1994.08－1995.05	韩国	首尔民俗博物馆景福宫、釜山直辖市立博物馆、光州市民俗博物馆、大邱市博物馆
38.	大唐长安展	1994.09－11	日本	京都文化博物馆
39.	法门寺佛指舍利及出土文物珍宝展	1994.11.29－1995.02.19	泰国	曼谷佛统府佛教城
40.	中国秦兵马俑展览	1995.09－11	德国	汉堡工艺美术博物馆
41.	和平的使者——秦始皇帝铜车马展	1995	日本	日本静冈县中川美术馆
42.	秦始皇及其时代展	1995.12.25－1996.02.20	日本	福冈市博物馆
43.	大唐王朝之华——长安女性展	1996.03－1997.02	日本	兵库县立历史博物馆、岐阜市立历史博物馆、鸟取县立历史博物馆、和歌山市立博物馆、群马县立历史博物馆、三重县综合文化中心、京都高岛屋豪华厅
44.	中国秦始皇珍宝展	1996.07－09	美国	伯明翰艺术博物馆
45.	秦兵马俑展览	1996.07－09	日本	鸟取县燕赵园
46.	唐代金银器与建筑材料展览	1996.10－11	日本	福冈市博物馆
47.	中国秦始皇珍宝展	1997.02－05	美国	沃特斯艺术馆
48.	秦始皇帝和大兵马俑展	1997.03－06	日本	大阪万博博物馆
49.	秦兵马俑展览	1997.06－08	芬兰	拉赫迪市历史博物馆
50.	中国秦始皇珍宝展	1997.07－10	加拿大	多伦多国家展览中心
51.	秦始皇帝和兵马俑展	1997.09－1998.05	日本	德岛百货公司特设会场、广岛市福屋百货大楼八楼、冈山市天满屋特设会场、佐贺县立博物馆、岛根县立博物馆
52.	耀州窑展览	1997.10－1998.05	日本	山口县立萩美术馆·浦上纪念馆、大阪市立东洋陶瓷美术馆、爱知县陶瓷资料馆
53.	中国秦汉雕塑展	1998.02－10	美国	代顿艺术博物馆、圣巴巴拉艺术博物馆
54.	大唐文明展	1998.03－05	日本	香川综合展览会议中心

序号	展览名称	展览时间	展出国家或地区	展览场地
55.	西安碑林拓本展览	1998.05.07－07.04	韩国	延世大学博物馆
56.	中国黄河文明展	1998.09－11	韩国	1998年庆州文化博览会、庆州博物馆
57.	女皇武则天及其时代展	1998.10－1999.08	日本	东京都美术馆、神户市立博物馆、福冈市立博物馆、名古屋市立博物馆
58.	三藏法师的世界展	1999.06－12	日本	奈良县立博物馆、山口县立博物馆、东京都美术馆
59.	秦汉雕塑艺术展	1999.06－2000.06	日本	岐阜市历史博物馆、静冈县沼津市综合展览会馆、仙台会场、福井市立美术馆、石川县立美术馆、熊本县立美术馆、冲绳岛浦添市浦添美术馆、宫崎县立综合博物馆
60.	法门寺及唐代文物精华展	1999.09－2000.07	日本	新潟县立近代美术馆、东京三得利美术馆、山口县立秋市美术馆、浦上纪念馆、大阪市立东洋陶瓷美术馆
61.	陕西省文物精华展	1999.10－2000.02	英国	大英博物馆
62.	秦兵马俑展	2000.03－11	日本	山形美术馆、郡山美术馆、岩手县民会馆、青森产业会馆、秋田阿托利中心、松本市立博物馆
63.	中国历史上马的艺术展	2000.04－08	美国	肯塔基州国际马博物馆
64.	走向世界的唐代文明展览	2000.09－10	中国澳门	澳门市政局临时展厅
65.	帝王时期的中国——西安诸王朝展	2000.09－2001.03	墨西哥	墨西哥人类学和国家博物馆、蒙特雷城玻璃博物馆
66.	兵马俑——秦文化特展	2000.12－2001.05	中国台湾	台北历史博物馆、台中自然科学博物馆
67.	陕西出土文物精华展	2001.06－06	中国香港	香港国际会展中心
68.	秦始皇的世纪展	2001.07－08	摩纳哥	格里马尔迪会展中心
69.	走向世界的唐代文明展	2001.10－11	中国澳门	澳门市政局临时展厅
70.	法门寺真身佛指舍利供奉	2002.02－03	中国台湾	中台禅寺、金光明寺、佛光山等
71.	唐代文物展	2002.04－10	中国台湾	台北故宫博物院、高雄市立美术馆
72.	中华文明源流文物展	2002.09－2003.07	澳大利亚	珀斯西澳博物馆、悉尼新南威尔士博物馆

序号	展览名称	展览时间	展出国家或地区	展览场地
73.	中华文明源流文物展	2002.09－2003.07	新西兰	奥克兰市美术馆
74.	中国黄河文明展	2002.10－12	美国	关岛 DFS 免税店
75.	战争与和平——秦汉文物精华展	2002.11－2003.03	中国香港	香港历史博物馆
76.	永恒的中国——五千年文明展	2003.02－06	巴西	圣保罗奥卡博物馆
77.	秦代文化精华展	2003.07－2004.08	韩国	韩国首尔展览中心、釜山国际会议展览中心、大田市贸易展览展示馆
78.	长安陶俑之精华展	2004.01－06	日本	东京桥高岛屋、滋贺县 MIHO 博物馆
79.	西安的勇士展	2004.05－2005.04	西班牙	巴塞罗那 2004 FORUM 环球文化论坛、马德里卡斯迪亚中心、瓦伦西亚国际会展中心
80.	长安文物瑰宝展	2004.09－10	日本	新潟市乡土历史博物馆、新潟市美术馆
81.	大兵马俑展	2004.09－2005.01	日本	东京上野之森美术馆
82.	陕西考古新发现展	2004.11－11	中国香港	香港国际会展中心
83.	古史鉴今——中国汉景帝阳陵出土文物展	2005.01－09	挪威	斯塔旺格考古博物馆、奥斯陆大学文化历史博物馆、挪威科技大学自然科学博物馆
84.	中国秦兵马俑展	2005.04－2007.02	德国	莱比锡古典艺术博物馆
85.	法门寺出土文物展	2005.11－12	韩国	首尔奥林匹克特别展示场、釜山国际会议中心
86.	中德科技合作文物保护成果展	2006.04－2007.07	德国	联邦德国艺术展览馆
87.	中国秦兵马俑展	2006.06－09	哥伦比亚	波哥大国家博物馆
88.	中国秦兵马俑展	2006.06－11	俄罗斯	俄罗斯国家历史博物馆
89.	中国汉代文物展	2006.08－10	比利时	安特卫普省政府
90.	始皇帝和彩色兵马俑展——史记的世界	2006.08－2007.07	日本	江户东京博物馆、京都府文化博物馆、北九州市立自然历史博物馆、长野县信浓美术馆、新潟县立万代博物馆
91.	中国秦汉文物精品展	2006.09－2007.01	意大利	罗马总统府博物馆

序号	展览名称	展览时间	展出国家或地区	展览场地
92.	秦代新出土文物大展——兵马俑展Ⅱ	2006.11－2007.07	中国台湾	台中自然科学博物馆、台北历史博物馆
93.	中国秦兵马俑展	2007.03－07	马耳他	马耳他国家考古博物馆
94.	秦兵马俑文化（复制品）展	2007.07－08	中国香港	香港地铁公司
95.	陕西文物精华展	2007.08－09	韩国	韩国首尔历史博物馆
96.	西安碑林博物馆佛教造像展	2007.09－12	美国	美国华美协进社纽约中国美术馆
97.	中国秦兵马俑展	2007.09－2008.04	英国	大英博物馆
98.	黄河文明展	2008.01 04	美国	米德兰艺术中心埃尔顿陶氏科学艺术博物馆
99.	中国秦汉文物展	2008.02－2009.03	荷兰	荷兰德伦特博物馆
100.	中国秦汉文物展	2008.02－2009.03	比利时	比利时马塞可博物馆
101.	中国秦兵马俑展	2008.04－09	法国	法国巴黎美术馆
102.	中国秦兵马俑展	2008.05－2010.04	美国	美国圣安娜市宝尔博物馆、亚特兰大海伊博物馆、休斯敦自然科学博物馆、华盛顿国家地理协会博物馆
103.	西安碑林名碑拓本展览	2008.07.29 08.31	韩国	首尔历史博物馆
104.	微笑彩俑——汉景帝的地下王国展	2009.06－09	中国台湾	台北历史博物馆
105.	古代中国与兵马俑展	2009.11－2010.05	智利	智利总统府文化中心
106.	中国陕西唐代文物展	2009.12－2010.03	比利时	安特卫普省政府
107.	《石墨真宝》——西安碑林博物馆碑拓特展	2010	中国台湾	台湾中台禅寺中台山博物馆
108.	大遣唐使展	2010.04－06	日本	奈良国立博物馆
109.	中国陕西新出土唐代文物展	2010.04－06	日本	奈良县立橿原考古学研究所附属博物馆

续表

序号	展览名称	展览时间	展出国家或地区	展览场地
110.	中国秦兵马俑展	2010.06-2011.06	加拿大	加拿大皇家安大略博物馆、蒙特利尔艺术博物馆
111.	中国的兵马俑展	2010.08-2011.02	瑞典	瑞典东方博物馆
112.	平城迁都1300年纪念特别展——花鸟画—中国·韩国与日本	2010.09-11	日本	奈良县立美术馆
113.	法门寺地宫与唐代文物大展	2010.10-2011.04	中国台湾	台北历史博物馆、高雄科学工艺博物馆
114.	秦始皇及其地下大军展	2010.12-2011.03	澳大利亚	澳大利亚新南威尔士艺术博物馆
115.	千秋帝业——兵马俑与秦文化展	2011.06-10	新加坡	新加坡亚洲文明博物馆
116.	秦汉唐文物精品展	2011.10-2012.09	美国	美国圣安娜市宝尔博物馆、休斯敦自然科学博物馆
117.	中国的黄金时代——大唐遗珍展	2011.11-2012.04	荷兰	荷兰德伦特博物馆
118.	中国的黄金时代——大唐遗珍展	2012.05-10	比利时	比利时马塞可博物馆
119.	纪念友好交流10周年——中国陕西历史博物馆文物精品展	2012.04-06	韩国	韩国庆州国立博物馆
120.	中国秦兵马俑展	2012.04-08	美国	纽约探索时代广场展览馆
121.	中国秦兵马俑展	2012.04-2013.03	荷兰	荷兰民族学博物馆
122.	秦始皇文物大展	2012.07-11	中国香港	香港历史博物馆
123.	赫赫宗周——西周文化特展	2012.10-2013.01	中国台湾	台北故宫博物院
124.	中国秦兵马俑展	2012.10-2013.05	美国	明尼阿波利斯艺术博物馆、旧金山亚洲艺术博物馆
125.	兵马俑军队与统一的秦汉王朝——中国陕西出土文物展	2013.03-11	瑞士	瑞士伯尔尼历史博物馆
126.	当传奇与历史相会:陕西西安兵马俑——来自中国的始皇帝宝藏展	2013.06-12	芬兰	坦佩雷瓦普里克博物馆中心

序号	展览名称	展览时间	展出国家或地区	展览场地
127.	万法归宗—隋唐长安佛教宗派兴盛纪实特展	2013	中国台湾	台湾中台禅寺中台山博物馆
128.	中国陕西省法门寺与大唐文化展	2014.01-05	新加坡	新加坡亚洲文明博物馆
129.	"感知中国"文物展览	2014.03.26-27	法国	联合国教科文组织总部
130.	"丝路的故事"——陕西皮影展	2014	吉尔吉斯斯坦	吉尔吉斯斯坦国家历史馆
131.	中国陕西秦兵马俑——始皇帝的彩绘军阵展	2014.05-11	美国	美国印第安那波利斯儿童博物馆
132.	西安碑林博物馆书法家与韩国全罗南道书法家书法展	2014.06.17-21	韩国	木浦市文化艺术中心
133.	草原丝路壁画及翡翠精品展	2014.09.18-21	法国	联合国教科文组织总部
134.	"丝路的故事"——陕西皮影展	2014.10.03-12.30	哈萨克斯坦	哈萨克斯坦阿拉木图中央国家博物馆
135.	秦始皇——中国陕西兵马俑展	2015.04.01-09.30	丹麦	丹麦摩斯盖德博物馆
136.	始皇和大兵马俑	2015.10.27-2016.10.02	日本	东京国立博物馆、九州国立博物馆、大阪国立国际美术馆
137.	西安碑林博物馆书法家书法展	2015.08-2016.06	韩国	韩国国立忠北大学博物馆
138.	中国秦始皇兵马俑	2016.03.04-2017.01.08	美国	芝加哥费尔德博物馆
139.	来自丝路之都的唐代艺术展	2016.04.09-07.10	澳大利亚	悉尼新南威尔士艺术博物馆
140.	大秦文化特展	2016.05.07-12.18	中国台湾	台北故宫博物院、高雄科学工艺博物馆
141.	"为了保护与再现人类共同文化遗产——中德文物保护科技合作项目"图片展	2016.05.09-12	德国	柏林中国文化中心
142.	丝路起点"灿烂文明——陕西文化遗产"图片展	2016.06.03-07.03	哈萨克斯坦	哈萨克斯坦国家博物馆

续表

序号	展览名称	展览时间	展出国家或地区	展览场地
143.	中国秦始皇兵马俑文物展	2017.06.09－09.10	哈萨克斯坦	哈萨克斯坦国家博物馆
144.	兵马俑：秦始皇帝的永恒守卫展	2017.04.07－2018.03.05	美国	西雅图太平洋科学博物馆、费城富兰克林科学博物馆
145.	错彩镂金：陕西珍藏中国古代金银器展	2017.06.23－09.24	中国香港	香港中文大学文物馆
146.	辉煌大秦——兵马俑展	2017.11.14－2018.03.11	美国	弗吉尼亚美术馆、辛辛那提美术馆
147.	绵亘万里：世界遗产丝绸之路	2017.11.28－2018.03.05	中国香港	香港历史博物馆
148.	秦始皇和兵马俑展	2018.02.08－10.28	英国	利物浦世界博物馆
149.	玉与镜的世界——西安·新潟友好交流特别展	2018.09.15－10.28	日本	新潟市历史博物馆
150.	明万历年间皇家金器——东波斋珍藏展	2018.08.15－2019.02.15	斯洛文尼亚	斯洛文尼亚国家博物馆
151.	秦始皇兵马俑：永恒的守卫展	2018.12.15－2019.04.22	新西兰	新西兰蒂帕帕国家博物馆
152.	秦始皇兵马俑：永恒的守卫展	2019.05.24－10.13	澳大利亚	墨尔本维多利亚美术馆
153.	秦始皇——中国第一个皇帝与兵马俑展	2019.09.15－12.15	泰国	泰国曼谷国家博物馆
154.	明万历年间皇家金器——东波斋珍藏展	2019.11.26－2020.03.26	罗马尼亚	罗马尼亚国家历史博物馆

附件5
禁止出国（境）展览文物目录

▼ 附件5-1：首批禁止出国（境）展览文物目录[1]

序号	省份	名称	时代	现藏
1	河南省	彩绘鹳鱼石斧图陶缸	新石器时代	中国历史博物馆（现为中国国家博物馆）
2	陕西省	陶鹰鼎	新石器时代	中国历史博物馆（现为中国国家博物馆）
3	河南省	后母戊鼎	商代	中国历史博物馆（现为中国国家博物馆）
4	陕西省	利簋	西周	中国历史博物馆（现为中国国家博物馆）
5	陕西省	大盂鼎	西周	中国历史博物馆（现为中国国家博物馆）
6	陕西省	虢季子白盘	西周	中国历史博物馆（现为中国国家博物馆）
7	北京市	凤冠	明代	中国历史博物馆（现为中国国家博物馆）
8	河南省	嵌绿松石象牙杯	商代	中国社会科学院考古研究所
9	上海市	晋侯苏钟（一套14件）	西周	上海博物馆
10	陕西省	大克鼎	西周	上海博物馆
11	天津市	太保鼎	西周	天津艺术博物馆
12	浙江省	河姆渡出土朱漆碗	新石器时代	浙江省博物馆
13	浙江省	河姆渡出土陶灶	新石器时代	浙江省博物馆
14	浙江省	良渚出土玉琮王	新石器时代	浙江省考古研究所
15	浙江省	水晶杯	战国	杭州市博物馆
16	河南省	淅川出土铜禁	春秋	河南博物院
17	河南省	新郑出土莲鹤铜方壶	春秋	河南博物院
18	山东省	齐王墓青铜方镜	汉代	山东省淄博博物馆

1　依据：国家文物局关于印发《首批禁止出国（境）展览文物目录》的通知（文物办发〔2002〕5号）

序号	省份	名称	时代	现藏
19	安徽省	铸客大铜鼎	战国	安徽省博物馆（现为安徽博物院）
20	安徽省	朱然墓出土漆木屐	三国	马鞍山市博物馆
21	安徽省	朱然墓出土贵族生活图漆盘	三国	马鞍山市博物馆
22	安徽省	司马金龙墓出土漆屏	北魏	大同市博物馆
23	山西省	娄睿墓鞍马出行图壁画	北齐	山西省考古研究所
24	山西省	涅槃变相碑	唐代	山西省博物馆（现为山西博物院）
25	山西省	常阳太尊石像	唐代	山西省博物馆（现为山西博物院）
26	湖北省	大玉戈	商代	湖北省博物馆
27	湖北省	曾侯乙编钟	战国	湖北省博物馆
28	湖北省	曾侯乙墓外棺	战国	湖北省博物馆
29	湖北省	曾侯乙青铜尊盘	战国	湖北省博物馆
30	湖北省	彩漆木雕小座屏	战国	湖北省博物馆
31	辽宁省	红山文化女神像	新石器	辽宁省考古研究所
32	辽宁省	鸭形玻璃注	北燕	辽宁省历史博物馆
33	四川省	青铜神树	商代	四川省考古研究所
34	四川省	三星堆出土玉边璋	商代	四川省考古研究所
35	四川省	摇钱树	东汉	绵阳市博物馆
36	甘肃省	铜奔马	东汉	甘肃省博物馆
37	陕西省	铜车马	秦代	秦俑博物馆
38	陕西省	墙盘	西周	宝鸡周原博物院
39	陕西省	淳化大鼎	西周	淳化县博物馆
40	陕西省	何尊	西周	宝鸡市青铜器博物馆
41	陕西省	茂陵石雕	西汉	茂陵博物馆
42	陕西省	大秦景教流行中国碑	唐代	西安碑林博物馆
43	陕西省	舞马衔杯仿皮囊式银壶	唐代	陕西历史博物馆（陕西省文物交流中心）

序号	省份	名称	时代	现藏
44	陕西省	兽首玛瑙杯	唐代	陕西历史博物馆 （陕西省文物交流中心）
45		景云铜钟	唐代	西安碑林博物馆
46	陕西省	银花双轮十二环锡杖	唐代	法门寺博物馆
47	陕西省	八重宝函	唐代	法门寺博物馆
48	陕西省	铜浮屠	唐代	法门寺博物馆
49	新疆维吾尔自治区	"五星出东方"护膊	汉晋	新疆维吾尔自治区考古研究所
50	河北省	铜错金银四龙四凤方案	战国	河北省文物研究所
51	河北省	中山王铁足铜鼎	战国	河北省文物研究所
52	河北省	刘胜金缕玉衣	汉代	河北省博物馆
53	河北省	长信宫灯	汉代	河北省博物馆
54	广东省	铜屏风构件5件：D162-2，105-2，19-3，106-2，19-2	西汉	南越王墓博物馆
55	广东省	角形玉杯	西汉	南越王墓博物馆
56	湖南省	人物御龙帛画	战国	湖南博物院
57	湖南省	人物龙凤帛画	战国	湖南博物院
58	湖南省	直裾素纱襌衣	西汉	湖南博物院
59	湖南省	马王堆一号墓木棺椁	西汉	湖南博物院
60	湖南省	马王堆一号墓T型帛画	西汉	湖南博物院
61	青海省	红地云珠日天锦	北朝	青海省考古研究所
62	宁夏回族自治区	西夏文佛经《吉祥遍至口和本续》纸本	西夏	宁夏回族自治区考古研究所
63	江西省	青花釉里红瓷仓	元代	江西省博物院
64	江苏省	竹林七贤砖印模画	南朝	南京博物院

▼ 附件 5-2　第二批禁止出境展览文物目录（书画类）[1]

一、书法作品			
序号	名称	时代	收藏单位
1	陆机《平复帖》卷	西晋	故宫博物院
2	王珣《伯远帖》卷	东晋	故宫博物院
3	冯承素摹王羲之《兰亭序》卷	唐	故宫博物院
4	欧阳询《梦奠帖》卷	唐	辽宁省博物馆
5	国诠书《善见律》卷	唐	故宫博物院
6	怀素《苦笋帖》卷	唐	上海博物馆
7	杜牧《张好好诗》卷	唐	故宫博物院
8	唐人《摹王羲之一门书翰》卷	唐	辽宁省博物馆
9	杨凝式《神仙起居法帖》卷	五代	故宫博物院
10	林逋《自书诗》卷	北宋	故宫博物院
11	蔡襄《自书诗》卷	北宋	故宫博物院
12	文彦博《三帖卷》	北宋	故宫博物院
13	韩琦《行楷信札卷》	北宋	贵州省博物馆
14	王安石《楞严经旨要》卷	北宋	上海博物馆
15	黄庭坚《诸上座》卷	北宋	故宫博物院
16	米芾《苕溪诗》卷	北宋	故宫博物院
17	赵佶《草书千字文》卷	北宋	辽宁省博物馆
二、绘画作品			
1	展子虔《游春图》卷	隋	故宫博物院
2	韩滉《五牛图》卷	唐	故宫博物院
3	周昉《挥扇仕女图》卷	唐	故宫博物院
4	孙位《高逸图》卷	唐	上海博物馆
5	王齐翰《勘书图》卷	五代	南京大学
6	周文矩《重屏会棋图》卷	五代	故宫博物院

[1] 关于发布《第二批禁止出国（境）展览文物目录（书画类）》的通知 （文物博函〔2012〕1345号）

序号	名称	时代	收藏单位
7	胡瓌《卓歇图》卷	五代	故宫博物院
8	顾闳中《韩熙载夜宴图》卷	五代	故宫博物院
9	卫贤《高士图》轴	五代	故宫博物院
10	董源《山口待渡图》卷	五代	辽宁省博物馆
11	黄筌《写生珍禽图》卷	五代	故宫博物院
12	王诜《渔村小雪图》卷	北宋	故宫博物院
13	梁师闵《芦汀密雪图》卷	北宋	故宫博物院
14	祁序《江山牧放图》卷	北宋	故宫博物院
15	李公麟《摹韦偃牧放图》卷	北宋	故宫博物院
16	张择端《清明上河图》卷	北宋	故宫博物院
17	王希孟《千里江山图》卷	北宋	故宫博物院
18	马和之《后赤壁赋图》卷	南宋	故宫博物院
19	赵伯骕《万松金阙图》卷	南宋	故宫博物院
20	宋人摹阎立本《步辇图》卷	宋代	故宫博物院

▼ 附件 5-3 第三批禁止出境展览文物目录[1]

一、青铜器类			
序号	名称	时代	收藏单位	备注
---	---	---	---	---
1	商子龙鼎	商	中国国家博物馆	据传子龙鼎系 20 世纪 20 年代出土于河南辉县
2	商四羊方尊	商	中国国家博物馆	1938 年湖南宁乡月山铺出土
3	商龙纹兕觥	商	山西博物院	1959 年山西石楼桃花庄出土
4	商大禾方鼎	商	湖南博物院	1959 年湖南宁乡出土
5	商铜立人像	商	广汉三星堆博物馆	1986 年四川广汉三星堆遗址 2 号祭祀坑出土
6	西周天亡簋	西周	中国国家博物馆	陕西省宝鸡市

---

1 关于公布《第三批禁止出境展览文物目录》的通知 （文物博函〔2013〕1320 号）

序号	名称	时代	收藏单位	备注
7	西周伯矩鬲	西周	首都博物馆	1975 年北京房山琉璃河燕国墓地 251 号墓地出土
8	西周晋侯鸟尊	西周	山西博物院	1992 年山西曲沃北赵村晋侯墓地 114 号墓出土
9	西周㝬簋	西周	宝鸡周原博物院	1978 年陕西扶风法门镇齐村出土
10	西周逨盘	西周	宝鸡青铜器博物院	2003 年陕西眉县杨家村窖藏出土
11	春秋越王勾践剑	春秋	湖北省博物馆	1965 年湖北江陵望山出土
12	战国商鞅方升	战国	上海博物馆	出土于晚清时期
13	战国错金银镶嵌丝网套铜壶	战国	南京博物院	1982 年江苏盱眙南窑庄出土
14	西汉诅盟场面贮贝器	西汉	中国国家博物馆	1956 年云南省晋宁石寨山遗址出土
15	西汉彩绘人物车马镜	西汉	西安博物院	1963 年陕西西安红庙坡出土
16	西汉杀人祭柱场面贮贝器	西汉	云南省博物馆	1955 年云南晋宁县石寨山出土
		二、陶瓷类		
1	新石器时代仰韶文化彩陶人面鱼纹盆	新石器时代	中国国家博物馆	1955 年陕西西安半坡遗址出土
2	新石器时代马家窑文化彩陶舞蹈纹盆	新石器时代	中国国家博物馆	1973 年青海大通上孙家寨出土
3	新石器时代马家窑文化彩陶贴塑人纹双系壶	新石器时代	中国国家博物馆	1974 年青海乐都柳湾墓葬出土
4	新石器时代仰韶文化彩陶网纹船形壶	新石器时代	中国国家博物馆	1958 年陕西宝鸡北首岭遗址出土
5	新石器时代龙山文化彩绘蟠龙纹陶盘	新石器时代	中国社会科学院考古研究所	1980 年山西襄汾陶寺遗址第 3072 号墓出土
6	新石器时代仰韶文化彩陶人形双系瓶	新石器时代	甘肃省博物馆	1973 年甘肃秦安邵店大地湾出土
7	新石器时代大汶口文化彩陶八角星纹豆	新石器时代	山东省文物考古研究所	1974 年山东泰安大汶口遗址出土

序号	名称	时代	收藏单位	备注
8	吴"永安三年"款青釉堆塑谷仓罐	三国吴	故宫博物院	1935 年浙江绍兴出土
9	吴"赤乌十四年"款青釉虎子	三国吴	中国国家博物馆	1955 年江苏省南京赵士岗吴墓出土
10	吴青釉褐彩羽人纹双系壶	三国吴	南京市博物总馆	1983 年江苏南京雨花台区长岗村出土
11	西晋青釉神兽尊	西晋	南京博物院	1976 年江苏宜兴周处家族墓出土
12	北齐青釉仰覆莲花尊	北齐	中国国家博物馆	1948 年河北景县封氏墓群出土
13	北齐白釉绿彩长颈瓶	北齐	河南博物院	1971 年河南安阳范粹墓出土
14	隋白釉龙柄双联传瓶	隋	天津博物馆	/
15	唐青釉凤首龙柄壶	唐	故宫博物院	出土于河南汲县（现卫辉市）
16	唐鲁山窑黑釉蓝斑腰鼓	唐	故宫博物院	/
17	唐代陶骆驼载乐舞三彩俑	唐	中国国家博物馆	1957 年西安鲜于庭海墓出土
18	唐长沙窑青釉褐蓝彩双系罐	唐	扬州博物馆	1974 年江苏扬州石塔路出土
19	唐越窑青釉褐彩云纹五足炉	唐	临安市文物馆	1980 年浙江临安水邱氏墓出土
20	唐长沙窑青釉褐彩贴花人物纹壶	唐	湖南博物院	1973 年湖南衡阳出土
21	唐三彩骆驼载乐俑	唐	陕西历史博物馆（陕西省文物交流中心）	1959 年陕西西安中堡村唐墓出土
22	五代耀州窑摩羯形水盂	五代	辽宁省博物馆	1971 年辽宁北票水泉辽墓出土
23	五代越窑莲花式托盏	五代	苏州博物馆	1956 年江苏苏州虎丘云岩寺塔出土
24	五代耀州窑青釉刻花提梁倒流壶	五代	陕西历史博物馆（陕西省文物交流中心）	1968 年陕西彬县出土
25	北宋汝窑天青釉弦纹樽	北宋	故宫博物院	/
26	北宋官窑弦纹瓶	北宋	故宫博物院	/

序号	名称	时代	收藏单位	备注
27	北宋钧窑月白釉出戟尊	北宋	故宫博物院	/
28	北宋定窑白釉刻莲花瓣纹龙首净瓶	北宋	定州市博物馆	1969年河北定县净众院塔基地宫出土
29	北宋官窑贯耳尊	北宋	吉林省博物院	/
30	宋登封窑珍珠地划花虎豹纹瓶	宋	故宫博物院	/
31	元青花萧何月下追韩信图梅瓶	元	南京市博物总馆	江苏南京印堂村观音山沐英墓出土
32	元蓝釉白龙纹梅瓶	元	扬州博物馆	/
三、玉器类				
1	新石器时代红山文化玉龙	新石器时代	中国国家博物馆	1971年内蒙古翁牛特旗赛沁塔拉村出土
2	新石器时代良渚文化神人兽面纹玉钺	新石器时代	浙江省博物馆	1986年浙江余杭反山12号墓出土
3	夏七孔玉刀	夏	洛阳博物馆	1975年河南偃师二里头遗址出土
4	西周晋侯夫人组玉佩	西周	山西博物院	1992年山西曲沃M63墓（晋穆侯次夫人墓）出土
5	战国多节活环套练玉佩	战国	湖北省博物馆	1978年湖北随县曾侯乙墓出土
6	西汉"皇后之玺"玉玺	西汉	陕西历史博物馆（陕西省文物交流中心）	1968年陕西咸阳汉高祖长陵附近发现
7	东汉镂雕东王公西王母纹玉座屏	东汉	定州市博物馆	1969年河北定州中山穆王刘畅墓出土
8	西晋神兽纹玉樽	西晋	湖南博物院	1991年湖南安乡西晋刘弘墓出土
9	元"统领释教大元国师之印"龙纽玉印	元	西藏博物馆	/
四、杂项类				
1	商太阳神鸟金箔片	商	成都金沙遗址博物馆	2001年四川成都金沙遗址出土

续表

序号	名称	时代	收藏单位	备注
2	商金杖	商	广汉三星堆博物馆	1986 年 7 月于四川广汉三星堆壹号祭祀坑出土
3	战国包金镶玉嵌琉璃银带钩	战国	中国国家博物馆	1951 年河南辉县固围村 5 号战国墓出土
4	西汉"滇王之印"金印	西汉	中国国家博物馆	1956 年云南晋宁石寨山古墓群出土
5	西汉错金银镶松石狩猎纹铜伞铤	西汉	河北省文物研究所	1965 年河北定县三盘山出土
6	唐龟负论语玉烛酒筹鎏金银筒	唐	镇江博物馆	1982 年江苏丹徒丁卯桥唐代窖藏出土
7	战国彩绘乐舞图鸳鸯形漆盒	战国	湖南博物院	1978 年湖北随县曾侯乙墓出土
8	西汉识文彩绘盝顶长方形漆奁	西汉	湖南博物院	1973 年湖南长沙马王堆 3 号墓出土
9	西汉黑漆朱绘六博具	西汉	湖南省博物馆	1973 年湖南长沙马王堆 3 号墓出土
10	吴彩绘季札挂剑图漆盘	三国吴	安徽省文物考古研究所	1984 年安徽马鞍山三国吴朱然墓出土
11	吴皮胎犀皮漆鎏金铜扣耳杯（2 件）	三国吴	安徽省文物考古研究所	1984 年安徽马鞍山三国吴朱然墓出土
12	北宋木雕真珠舍利宝幢（含木函）	北宋	苏州博物馆	1978 年江苏苏州瑞光寺塔出土
13	新石器时代大汶口文化象牙梳	新石器时代	山东省博物馆	1959 年山东泰安大汶口遗址出土
14	新石器时代河姆渡文化双鸟朝阳纹象牙雕刻器	新石器时代	浙江省博物馆	1977 年浙江余姚河姆渡遗址出土
15	隋绿玻璃盖罐	隋	中国国家博物馆	1957 年陕西西安李静训墓出土
16	隋绿玻璃小瓶	隋	中国国家博物馆	1957 年陕西西安李静训墓出土
17	汉红地对人兽树纹罽袍	汉	新疆维吾尔自治区文物考古研究所	1995 年新疆尉犁营盘遗址墓地出土
18	北魏刺绣佛像供养人	北魏	敦煌研究院	1965 年甘肃敦煌莫高窟出土
19	北朝方格兽纹锦	北朝	新疆维吾尔自治区博物馆	1968 年新疆吐鲁番阿斯塔那北区 99 号墓出土

续表

序号	名称	时代	收藏单位	备注
20	北宋灵鹫纹锦袍	北宋	故宫博物院	1953 年新疆阿拉尔出土
21	战国石鼓（1组10只）	战国	故宫博物院	/
22	唐昭陵六骏石刻（什伐赤、白蹄乌、特勒骠、青骓4幅）	唐	西安碑林博物馆	1950 年原陕西历史博物馆移交
23	宋拓西岳华山庙碑册（华阴本）	宋	故宫博物院	/
24	明曹全碑初拓本（"因"字不损本）	明	上海博物馆	/
25	唐写本王仁煦《刊谬补缺切韵》	唐	故宫博物院	/
26	北宋刻开宝藏本《阿惟越致经》（1卷）	北宋	中国国家图书馆	/
27	北宋刻本《范仲淹文集》（30卷）	北宋	中国国家图书馆	/
28	唐章怀太子墓壁画马球图（1组）	唐	陕西历史博物馆（陕西省文物交流中心）	1971 年陕西乾县李贤墓
29	唐章怀太子墓壁画狩猎出行图（1组）	唐	陕西历史博物馆（陕西省文物交流中心）	1971 年陕西乾县李贤墓
30	唐懿德太子墓壁画阙楼图（1组）	唐	陕西历史博物馆（陕西省文物交流中心）	1971 年陕西乾县懿德太子墓
31	唐永泰公主墓壁画宫女图（1组）	唐	陕西历史博物馆（陕西省文物交流中心）	1960 年陕西乾县永泰公主墓
32	战国简《金縢》	战国	清华大学	/
33	战国郭店楚简《老子（甲、乙、丙）》	战国	荆门市博物馆	1993 年湖北省荆门市郭店壹号楚墓 M1 发掘
34	战国楚简《孔子诗论》	战国	上海博物馆	/
35	秦云梦睡虎地秦简《语书》	秦	湖北省博物馆	1975 年在湖北深云梦县睡虎地秦墓出土
36	秦简《数》	秦	湖南大学	/
37	西汉马王堆汉墓帛书《周易》	西汉	湖南博物院	1973 年湖南长沙马王堆汉墓 3 号

参考文献

1. 2017 年 7 月，中央全面深化改革领导小组会议审议通过的《关于加强和改进中外人文交流工作的若干意见》。

2. 2021 年 11 月，中央全面深化改革委员会第二十二次会议审议通过的《关于让文物活起来、扩大中华文化国际影响力的实施意见》。

3. 国家文物局. 文物出境展览管理规定（文物办发〔2005〕13 号）[Z]. 2005-05-27.

4. 文化部. 文物进出境审核管理办法（2007 年中华人民共和国文化部令第 42 号）[Z]. 2007-07-18.

5. 国家文物局. 文物出境审核标准（文物博发〔2007〕30 号）[Z]. 2007-06-05.

6. 国家文物局. 文物入境展览管理暂行规定（文物博发〔2010〕23 号）[Z]. 2010-06-08.

7. 国家文物局. 关于规范文物出入境展览审批工作的通知（文物博函〔2012〕583 号）[Z].2012. 2012-05-08.

8. 国家文物局. 首批禁止出国（境）展览文物目录（文物办发〔2002〕5 号）[Z]. 2002-01-18.

9. 国家文物局. 第二批禁止出国（境）展览文物目录（书画类）（文物博函〔2012〕1345 号）[Z]. 2012-06-26.

10. 国家文物局. 第三批禁止出境展览文物目录（文物博函〔2013〕1320 号）[Z]. 2013-08-19.

11. 国家文物局. 秦俑出国（境）展览管理暂行规定（文物政发〔2010〕20 号）[Z]. 2010.

12. 中华人民共和国国家文物局. 馆藏文物展览点交规范（WW/T 0019-2008）[S].2009-03-01.

13. 中华人民共和国国家文物局. 馆藏文物出入库规范（WW/T 0018-2008）[S]. 2009-03-01.

14. 中华人民共和国国家质量监督检验检疫总局、中国国家标准化管理委员会. 文物运输包装规范（GB/T23862-2009）[S].2009-12-01.

15. 中华人民共和国国家文物局. 文物出境展览协议书编制规范（WW/T 0064-2015）[S].2016-01-01.

16. 中华人民共和国国家文物局.博物馆展览内容设计规范（WW/T 0088–2018）〔S〕.2019–06–01.

17. 中华人民共和国国家文物局.博物馆陈列展览形式设计与施工规范（WW/T 0089–2018）〔S〕.2019–06–01.

18. 中国文物交流中心.金色名片：2018 年度文物进出境展览集粹〔M〕.北京：北京时代华文书局，2020.

19. 中国文物交流中心.金色名片：2017 年度全国文物进出境展览集粹〔M〕.北京：文物出版社，2019.

20. 中国文物交流中心.金色名片：2016 年度全国文物进出境展览集粹〔M〕.北京：文物出版社，2019.

21. 中国文物交流中心.金色名片：2015 年度全国文物进出境展览集粹〔M〕.北京：文物出版社，2018.

22. 中国文物交流中心.全球文明视野中的文物交流〔J〕.文明，2021（09–10）：10–13.

23. 中国文物交流中心.文物交流的开端与文明史观的树立〔J〕.文明，2021（09–10）：14–21.

24. 鲍安琪.文物外交 50 年：办文物展览就像"导演"一场戏〔J〕.中国新闻周刊.2021（1004）.

25. 国家文物局.春华秋实——国家文物局 60 年纪事〔M〕.北京：文物出版社，2010.

26. 国家文物局.中国文化遗产事业法规文件汇编（1949–2009）〔M〕.北京：文物出版社，2009.

27. 陈昀.中华人民共和国成立以来文博行业人才队伍建设研究〔J〕.中国文物科学研究 2019（2）：28–37.

28. 赵荣主编，陕西省文物局编.交流与互鉴：陕西文物对外交流五十年〔M〕.西安：三秦出版社.2015.

29. 田静.秦军出巡——兵马俑外展纪实〔M〕.西安：三秦出版社.2002.

30. 中国文物交流中心.光荣使命——中国文物交流中心四十年〔M〕.北京：文物出版社.2011.

31. 张西平，管永前.中国文化"走出去"研究总论〔M〕.北京：北京大学出版社.2016.

32. 胡文涛等.文化外交与国家国际形象建构［M］.北京：中国社会科学出版社.2015.

33. 单波，刘欣雅.国家形象与跨文化传播［M］.北京：社会科学文献出版社.2017.

34. 庞雅妮.陕西文物出境展览三十年大数据分析［J］.文博.2016（1）：58-67.

35. 庞雅妮.国际交流背景下的秦兵马俑展览现象之分析［J］.考古学研究，2013（0）：631-638.

36. 张钊.外交战略格局中的对外文物展览［N］.中国文物报.2014-5-16（6）

37. 盛夏.构建"联结"，做好出境文物展览策划［N］.中国文物报，2018-01-05（7）.

38. 王卓然.用文物出境展览讲好"中国故事"［N］.中国文物报，2018-11-23（3）.

39. 孙小兵.文物外展交流中的"文化软实力"［N］.中国文物报，2015 07 21（3）.

40. 中国文物交流中心.文物承载中华文明 交流促进沟通互鉴［N］.中国文物报，2016-06-17（3）.

41. 沙莎，陈艳.文物外展：筑起文化传播桥梁［N］.陕西日报，2012-01-11（10）.

42. 顾伯平.我国文物展览在海外［J］.瞭望周刊，1986（38）：43.

43. 董劲林.博物馆对外文化交流展览运作模式探索［J］.史前研究，2010（0）：389-391.

44. 郑艳.美国博物馆对外展览的策划与实施［N］.中国文化报，2016-01-24（7）.

45. 韩翙玲.提升我国博物馆对外展览对策研究［D］.复旦大学，2011.

46. 丛志远.文化自信与文化使命［J］.世界华文文学论坛，2017（2）：11-13

47. 陈履生.文化自信与国家典藏［N］.人民日报，2012-08-26（8）.

48. 丁义忠.日本学术界人士谈《中国两千年之美——古陶瓷和西安碑林拓本展览》［J］.文物，1966（2）：56-59.

49. 夏鼐.巴黎、伦敦展出的新中国出土文物展览巡礼［J］.考古，1973（3）：171-177+150.

50. 吴英.中华人民共和国赴日汉唐文物展览简介［J］.文物，1979（1）：62-66+106-107.

51. 孔达.试论博物馆对外展览建构国家形象的价值与路径［J］.东南文化，2018（5）：107–114+128.

52. 张文彬.面向世界的中国博物馆——展览交流开辟的新天地［J］.中国文化遗产，2005（4）：109–112.

53. 黄雪寅.博物馆展览大纲的设计与解读［J］.首都博物馆丛刊，2008（0）：273–281.

54. 谭前学，尹夏清编著.人文陕西［M］.西安：陕西旅游出版社.2010.

55. 葛承雍.丝绸之路的世界回响［J］.艺术设计研究，2019（1）：9–15.

56. 王宁.欧洲人眼中的中国［C］.东方丛刊.桂林：广西师范大学出版社，1998.12.

57. 吴玮瑛.发挥文物独特优势促进对外交流与发展［J］.中国博物馆，2010（3）：118–121.

58. 姚安.博物馆大展搭建文化交流桥梁［N］.中国文物报，2013–06–07（8）.

59. 张殿军.改革开放后的中国文化外交浅析［J］.黑龙江社会科学，2012（1）：35–38.

60. 潘忠岐，黄仁伟.中国的地缘文化战略［J］.现代国际关系，2008（1）：44–49.

61. 张殿军.试论中国对外文化交流的战略构建［J］.中国城市经济，2011（8）：210–211.

62. 陆建松，韩翊玲.我国博物馆国际交流与合作的现状、问题及其政策思考［J］.四川文物，2011（3）：89–96.

63. 张阳.陕西省文物出境展览研究［D］.西安：西北大学，2019.

64. 刘德斌.公共外交时代［J］.吉林大学社会科学学报，2015（3）.

65. 刘德斌.中国叙事、公共外交与时代博弈［J］.探索与争鸣2017（12）.

66. 韩方明主编.公共外交概论［M］.北京：北京大学出版社，2011.

67. 肖条军.博弈论及其应用［M］.上海：上海三联书店，2004.

68. 袁莎.话语制衡与霸权护持［J］.世界经济与政治，2017（3）.

69. 曾向红、李琳琳.国际关系中的污名与污名化［J］.国际政治科学，2020（3）.

70. 俞新天.构建中国公共外交理论的思考［J］.国际问题研究2010（6）。

71. 陈敦德.文物外交的序幕［J］.党政论坛（干部文摘）.2011（2）.

72. 陈振裕."文化大革命"期间出土文物展览亲历记［J］.湖北文史.2009（1）.

73. 张建威 . 改变世界的一周：尼克松日记（1972 年 2 月 21–28 日）译注［J］. 大连大学学报 .2014（4）.

74. 邬吉成口述、王凡执笔 . 目击历史瞬间——亲历尼克松总统访华的若干细节（下）［J］. 秘书工作 .2008（8）.

75. 汤世稼 . 王冶秋先生讲解故宫历史［J］. 世纪 .2003（1）.

76. 马起来 . 新中国文物事业的奠基人——记王冶秋［J］. 江淮文史 .1995（3）.

77. 王富国 .《中国出土文物展览》在英国［J］. 江汉考古 .1995（1）.

78. 石伟杰 . "文革" 期间，故宫见证了文物外交［J］. 澎湃新闻 .2015–09–18.

79. 鲍安琪 . 文物外交 50 年［J］. 中国新闻周刊 .2021–07–27.

80. 庞雅妮 . 我从秦国来：兵马俑出境展览亲历记［M］. 西安：陕西师范大学出版总社 .2020.

81. 单霁翔文博文集编辑组 . 单霁翔文博文集［M］. 北京：文物出版社 .2013.

82. 谭平 . 系统性推动 "文物活起来" . 瞭望东方周刊［J］.2021–12–07.

83. 谭平 . 用文物阐释 "何以中国" . 环球［J］.2022.03.28.

84. 陈昀 . 馆藏文物价值阐释的一点思考［N］. 中国文物报 .2020–02–19（7）.

85. 陈昀 . 文物旅游的融合发展之路 . 交通建设与管理［J］.2022（5）：53–55.

86. 陈昀 . 中国文物交流中心发展分期与统计特征研究 . 中国文物交流中心成立 50 周年文集［M］. 北京：北京出版社：98–141.